PROMESAS QUEBRANTADA

Esperanza y sanidad para
la mujer traicionada
sexualmente

PROMESAS QUEBRANTADAS

DEBRA
LAASER

La misión de Editorial Vida es ser la compañía líder en comunicación cristiana que satisfaga las necesidades de las personas, con recursos cuyo contenido glorifique a Jesucristo y promueva principios bíblicos.

PROMESAS QUEBRANTADAS
Edición en español publicada por
Editorial Vida – 2009
Miami, Florida

© 2009 by Debra Laaser

Originally published in the USA under the title:
Shattered Vows
© **2008 by Debra Laaser**
Published by permission of Zondervan, Grand Rapids, Michigan.

Traducción, edición, diseño interior: *Grupo Nivel Uno, Inc.*
Diseño de cubierta: *Pablo Snyder*

ISBN: 978-0-8297-5652-4

CATEGORÍA: Vida cristiana/Amor y matrimonio

IMPRESO EN ESTADOS UNIDOS DE AMERICA
PRINTED IN UNITED STATES OF AMERICA

09 10 11 12 ❖ 6 5 4 3 2 1

*A mi hermana gemela, Barbara Mauro, que perdió
su batalla contra el cáncer de colon mientras me encontraba
en la etapa final de la edición de este libro.*

Contenido

Reconocimientos

Si hace veinte años alguien hubiera venido a decirme que un día las adversidades en mi vida servirían para crear un libro acerca de la traición sexual, le habría dicho que estaba loco. A pesar de mis esfuerzos por mantenerme a las sombra de aquellos que tienen un entrenamiento más formal, Dios parecía seguir buscándome a través de algunas personas muy especiales para escribir un libro que ayudara a las mujeres heridas.

Quiero agradecerle a Jennifer Cisney, amiga y colega de la Asociación Cristiana Estadounidense de Consejeros, que creó la primera plataforma segura para que hiciera pública mi historia. Con su gentil apoyo y aliento y sus habilidades para las entrevistas, me introdujo al mundo de la videograbación, donde comencé a «salir a la luz». Luego de revisar cintas y cintas de grabaciones en vídeos de nuestro trabajo, redactó el principio de mi historia para que yo pudiera comenzar. Jennifer fue mi porrista en este viaje de años y me dio el ímpetu que necesitaba para escribir.

Amo y aprecio mucho a mi mejor amiga y compañera de negocios durante más de veinte años, Mary Muner. Ella fue la primera en aparecer «en escena» cuando mi vida parecía destrozada a causa de la traición sexual. Compartió mis pensamientos, mis sentimientos y mis altibajos más que cualquier otra persona que conozca. Es un ángel disfrazado con pizcas de sabiduría que fluyen en toda conversación. Recuerdo que cuando le conté que escribiría este libro, le dije: «Tengo mucho miedo de volver a revivir todos esos años de incertidumbre». Ella respondió con sabiduría: «Deb, estoy segura de que será difícil, pero por lo menos esta vez conocerás el desenlace». Sus regalos rodean mi lugar de escritura para recordarme lo que soy capaz de hacer. Mary, gracias por ser una amiga tan devota.

También fui bendecida por Johna Hale, una mentora espiritual y amiga que me guió por la difícil transición desde la carrera secular hasta mi ministerio con las mujeres. Del mismo modo, ella me respaldó con sus oraciones a través del proceso emocional de escribir y me mantuvo enfocada en el deseo de Dios de que compartiera mi experiencia, fortaleza y esperanza con las demás mujeres.

Elizabeth Griffin accedió a trabajar conmigo en el año 2001 a fin de organizar en conjunto grupos de ayuda para mujeres en nuestro centro de sanidad. Con sus veinticinco años de experiencia trabajando en el campo de las ofensas sexuales y las adicciones y mi experiencia personal como esposa de un adicto que se recuperó, formamos un equipo dinámico para servir a las mujeres. Elizabeth ha sido maestra, sostén y amiga, agradezco haber crecido de manera inmensa al trabajar junto a ella. Muchas de las cosas de este libro surgieron mientras enseñábamos y guiábamos a nuestros grupos de mujeres.

Al escribir recuerdo el gran amor de mis padres y los padres de Mark. Fui testigo de lo que es «quedarse» y perseverar en un matrimonio al ver a estas dos parejas. Sé que lo que me mantuvo «en mi matrimonio» en lugar de escapar del mismo durante los primeros meses de dolor fueron sus ejemplos de matrimonios duraderos. Mis padres celebraron más de sesenta años de matrimonio, y por eso es que aprecio todo lo que hicieron para mantener una relación comprometida y demostrar que una familia es algo por lo que vale la pena luchar.

Si no hubiera sido por los años de terapia con Maureen Graves no estaría aquí, escribiendo como una mujer transformada. Ella es la mejor terapeuta que conocí en mi vida. Estoy bastante segura de que Dios nos llevó a Mark y a mí con Maureen y Tom Graves como parte de su plan maestro para nuestras vidas.

No hay palabras para describir mi gratitud por la presencia y la gentileza que Maureen trajo a mi recuperación. ¡Ella conoce cada rincón y escondite de mi alma! Si alguna vez quisiera emular a una persona, esa sería Maureen.

Me siento privilegiada de tener a Sandy Vander como mi editora. Sandy se acercó a mí hace muchos años —¡en realidad, creo que fueron diez!— y me alentó a escribir un libro para mujeres. Hablamos muchas veces, ella oró por mí, y esperó con paciencia la respuesta de Dios. Cuando acepté el «codazo» de Dios para contarles todo lo que me había sucedido a aquellas mujeres heridas, Sandy me aseguró que era la persona indicada para escribir este libro. ¡Que Sandy creyera en mí cuando me era tan difícil creer en mí misma fue un gran regalo!

Mi escritora colaboradora, Traci Mullins, se convirtió en «el viento bajo mis alas». Fue Sandy Vander Zicht quien me presentó a Traci. ¡Y pronto se convirtió en mi compañera, amiga, experta editora y terapeuta como autora! Con ingenio y paciencia fue entrenándome a fin de que pudiera encontrar mi ritmo, y logró que ganara confianza en mi habilidad para escribir. De la mano, me llevó al nacimiento de mi primer libro... ¡y fue un parto de veras! Le estaré siempre agradecida a Traci por su talento profesional como escritora y sus dones personales como amiga.

Mi corazón está lleno de gratitud hacia muchas otras personas que me apoyaron y alentaron como escritora y oradora, así como en mi labor de apoyo a las mujeres: Patrick Carnes, Jennifer Schneider, Mike y Linda Richards, Tim Clinton, Daniel Amen, Carol y Darv Smith, Heidi Brizendine, Eli Machen y Dave Carder, por nombrar solo a algunos. Agradezco a los cientos de mujeres y parejas que me han contado sus detalles más íntimos y las dificultades de sus vidas durante esos años en que «agitaba la bandera de la esperanza» delante de ellos. Sus historias le han dado claridad a lo que sé sobre el camino a la sanidad luego de la traición sexual, y me recuerdan la fidelidad de Dios para transformarnos si tan solo estamos dispuestos a dejarnos guiar para salir del dolor.

Aunque mi hermana gemela Barb nunca se inscribió oficialmente en un programa de recuperación, era para mí un recordatorio constante del deseo de tantos por mejorar las relaciones. El corazón de Barb estaba abierto para comprender las historias que había tras las personas que conocía y amaba. Ella fue una de las que más me apoyó y forma parte de mí en maneras que no puedo siquiera describir... una conexión entre gemelas. Te echo mucho de menos, Barb.

Mis tres hijos, Sarah, Jonathan y Benjamin, iluminan de veras mi vida. Sus preciosos rostros me mantenían avanzando cuando ya no sentía deseos de hacerlo, veinte años atrás. Gracias, Sarah, Jon y Ben por su genuino interés y el aliento hacia este proyecto mío como autora durante todo este año. Ustedes y sus corazones llenos de amor son una bendición para mí.

Llevo puesto el anillo de nuestro treinta aniversario con gran orgullo, porque simboliza la recompensa de la gran dedicación a este camino de sanidad. También estoy orgullosa de Mark y lo que ha logrado con su vida. Mi destino habría sido muy diferente si él no hubiese tomado en serio sus conductas y no hubiera estado dispuesto a cambiar. Es una persona que en realidad quedó quebrantada por su traición y que desde entonces siempre ha buscado la guía y la redención de Dios. Es para mí un honor poder estar junto a un hombre que busca servir a Dios con todo su corazón en su «segunda oportunidad». Gracias, Mark, por servir a Dios con tanta fidelidad y ser un esposo devoto.

No hay duda alguna de que Dios le ha dado a mis dedos la capacidad de escribir las miles de palabras que aparecen en este libro. Sé que él fue quien deseó que usara mi historia para llevar esperanza a su pueblo Me avergüenza admitir que me resistí, dudé de mi capacidad, quedé atascada y «abandoné» en muchas ocasiones. Sin embargo, una y otra vez, cuando le entregaba a Dios este proyecto al final de cada día, las palabras e historias comenzaban a surgir de nuevo. Gracias, Señor, por tu fidelidad en mi camino y a lo largo de este libro. Que las páginas que sigan sean de bendición para quien las lea...

El día más oscuro
y solitario

El verano pasado nuestro canal de televisión local emitió imágenes y noticias sobre la devastación que dejó un tornado, el cual arrasó con una granja entera en nuestro estado de Minnesota: catorce edificaciones en total. No había adultos en la casa en ese momento. Solo estaban los tres hermanos adolescentes, que se escondieron bajo la escalera del sótano y literalmente vieron cómo su casa era arrancada de los cimientos y desaparecía ante sus ojos. Ellos informaron que el aullido del viento y el golpeteo loco de la lluvia duraron unos tres minutos. Y luego todo quedó en calma. Sin ruidos. Sin lluvia. Solo había escombros.

Mi corazón se condolió por esa familia. No obstante, también volvió a sentir el dolor que causó el tornado que había arrasado con mi «casa» casi vente años atrás. En aquel momento me encontraba viviendo la vida que siempre había querido. Me enamoré estando en la escuela secundaria y me casé luego con el hombre de mis sueños. Con treinta y siete años, llevaba quince de casada y tenía tres hijos hermosos. Mi esposo era un respetado y exitoso consejero pastoral en nuestro pueblo del medio oeste. Acababa de iniciar mi propio negocio con mi mejor amiga. La vida me sonreía. Jamás podría haber imaginado que en cuestión de minutos un tornado arrancaría el techo y las paredes de mi hogar. Sin embargo, así como aquel tornado destruyó todo lo que había a su paso en tres minutos nada más, aunque sin herir a nadie, en la misma cantidad de tiempo los vientos de la mentira y el engaño en mi matrimonio arrasaron con mi vida.

Una mañana de marzo, un día común y corriente según creía yo, mi mundo se detuvo de repente cuando mi esposo Mark llegó del trabajo con dos colegas suyos: el terapeuta matrimonial y familiar y el médico que trabajaba en el centro de salud donde Mark era consejero pastoral. Me pidieron que me sentara con ellos en la sala porque tenían algo que decirme. Antes de sentarme, le solicité a mi socia que se llevara a nuestro hijo menor. Los otros dos estaban en la escuela. Había cierto sentido de urgencia, algo sombrío en las visitas que habían llegado sin invitación de mi parte. Me irritaba que no me hubieran llamado por teléfono al menos para anunciarse. Pensaba que era de mala educación considerar que yo estaría libre para recibirlos sin aviso. Estaba confundida, tratando de llenar el ominoso silencio con *algo*. Se sentaron y Mark se dejó caer en nuestro sofá de color azul marino. Recuerdo que estaba muy pálido. Nadie sonreía. Nadie hablaba del tiempo o de cosas comunes. Así que me senté en el sofá, un tanto inquieta.

En unos minutos nada más, me contaron que Mark había estado viviendo una vida secreta. Había tenido una conducta sexual impropia con algunas de sus clientas y había mentido en casa y el trabajo sobre todo eso. Me informaron acerca de todas las formas en que había quebrantado sus votos matrimoniales y hasta dijeron que era un pervertido sexual. Se mostraban tranquilos, correctos pero firmes al anunciar que habían despedido a Mark. Después de varias frases presentando sus explicaciones, me preguntaron si quería saber algo más. Eso fue todo... ¿tenía alguna pregunta que hacerles?

¡Claro que tenía mucho que preguntar! ¿Es que son idiotas? ¿Están seguros de que fue él? No están hablando de *mi* esposo, ¿verdad? Él no haría esas cosas. Lo sé, hemos sido compañeros íntimos, marido y mujer, durante quince años. Me ama y ama a los niños. Jamás haría algo así. ¿Están locos al pensar que pueden meterse en mi casa y en cinco minutos revelar secretos horribles, y para colmo despedir a mi esposo? ¿Cómo piensan que viviremos ahora? ¿Qué quieren que haga? ¿Dónde está su compasión? ¿Es tan malo como parece todo esto? ¿Cómo pueden mantenerse tan calmados si son sus verdaderos colegas y amigos? ¿Por qué se quedan ahí sentados tan correctos? *¿Por qué no lo defienden y nos ayudan?*

En cambio, dije: «No. No tengo preguntas». Y se fueron. Nada más. Solo cinco minutos fue lo que tardó en derrumbarse toda mi realidad.

Atónica y desorientada, pero con una extraña calma, levanté la mirada hacia Mark. Seguía echado a un costado del sofá, sin expresión en su rostro. No se movía, pero vi que las lágrimas rodaban por sus mejillas. Sé que solo puede haber sido Dios el que hizo que me levantara, me acercara para abrazarlo, y llorara junto a él. No hablamos durante un largo rato, pero oí un susurro que tiene que haber venido de Dios: «En la vida de ambos faltan piezas. Confíen en mí y les llevaré a un lugar más próspero». Tenía dentro ese sentido inexplicable de que de algún modo Dios estaba obrando en mi vida, incluso en esta hora tan terriblemente oscura y llena de soledad.

Este libro trata de la esperanza que existía aun en esos momentos de oscuridad. Una esperanza que se hizo más profunda, me apoyó y me sostuvo en el tiempo mientras tomaba decisiones críticas que en última instancia producirían una sanidad que jamás podría haber imaginado. Si tu esposo te ha traicionado sexualmente, es muy posible que te preguntes si alguna vez podrás volver a sentir el amor en tu matrimonio. Al llorar la pérdida de lo que creías tener, quiero que sepas que la transformación es posible en tu vida y también en tu matrimonio. Cuando leas mi historia y la de muchas otras personas, espero que de igual forma puedas encontrar esperanza y sanidad.

Eso de...
«Felices por siempre»

Toda mujer que haya sido sexualmente traicionada recuerda con vívida claridad ese día oscuro y lleno de soledad en que la traición entró en el santuario de su matrimonio y cambió su vida para siempre. El matrimonio que creía basado en la verdad y la confianza estaba contaminado con la mentira y el engaño. Y ella se pregunta cómo podrá lidiar con el dolor que siente.

¿Cuál es exactamente la traición sexual que causa heridas tan profundas? La infidelidad de un marido puede consistir de diversos componentes: fantasías sexuales, pornografía, masturbación, sexo cibernético, salas de chat en la Internet, salones de masaje, aventuras emocionales o físicas y prostitutas. El problema que enfrenta la esposa es que el esposo ha sido infiel a sus votos matrimoniales. Ha deseado con lujuria, tocado o tenido algún tipo de relación sexual con otra persona. Y a veces con varias. No importa cómo salga a la luz esta noticia horrorosa, la esposa se siente sola. Escucha las experiencias de otras mujeres cuyas historias tal vez no sean iguales a la tuya, pero cuyos corazones sufren de la misma manera.

Candace

Era un día común: empaqué el almuerzo de los niños, hice algunos quehaceres y luego me ocupé de las llamadas de mi negocio, el cual manejaba desde casa. Llevaba la ropa de mi esposo a la lavandería cuando del bolsillo cayó una hoja de papel que tenía varios nombres de mujeres. Sentí que me sonrojaba y se me aceleraba el pulso. Una oleada de náuseas me invadió. Casi no pude indicarle al empleado de la lavandería qué era lo que necesitaba. Caminé hasta el auto como en sueños, caí redonda en el asiento del conductor y empecé a temblar. Me invadió el pánico. Ya no podía pensar en qué tenía que hacer. «Respira... respira...» era o único que se me ocurría en ese momento.

Ese día no pude hacer nada. Casi todo el tiempo estuve con la mirada perdida. En la noche confronté a Jeff y negó saber nada acerca de esos nombres. ¡En realidad, no tenía idea de cómo había llegado ese papel a su bolsillo! Mi ansiedad no cesaba, y al día siguiente me invadió el terror. Seguía llorando, mi ira crecía, pero no contaba con información para respaldar mi reacción. En privado planeaba una tarea de detective para descubrir más sobre esos nombres. Mi cerebro estaba enfocado en el modo de encontrar la verdad.

La segunda noche Jeff confesó que había estado viendo a una mujer durante un viaje de negocios. «Nada serio», dijo. «Solo tomamos unos tragos y conversamos». Descubrí que dudaba de su confesión. No podía evitar la furia que me invadía... así como mi obsesión con los nombres de esas mujeres. Sentí que enloquecía. Lloré durante toda esa semana, culpando a Jeff y distanciándome de él. Luego admitió que mi intuición era correcta: había tenido varias aventuras. Algunas de una noche, otras más duraderas.

Por fin había conseguido la verdad que tanto quería, pero en realidad me sentía peor, no mejor. Siempre había pensado que podría con cualquier cosa. Era una mujer independiente, ingeniosa, líder. No obstante, ese día no supe qué hacer. Caí al suelo y no pude levantarme sino para llamar con un último aliento a mi pastor.

Paula

Siempre sospeché que Jerry tenía algo entre manos cuando se quedaba despierto hasta tarde y presentaba excusas para no venir a la cama conmigo. Apenas podía mantenerme despierta para ver el noticiero y detestaba que no fuéramos a dormir al mismo tiempo. Sentía que lo estaba desilusionando porque ya no tenía energía para conversar o ser sensual después de un largo día con nuestros tres pequeños. Una noche en que no podía dormirme me levanté y fui a la sala. Allí encontré a Jerry masturbándose mientras veía pornografía en su computadora. Me quedé atónita y quería preguntarle muchísimas cosas. Él apagó la computadora y me dijo que en verdad esa era la primera vez que pasaba algo así. Lo lamentaba y no volvería a hacerlo. Parecía sincero y yo deseaba creerle. Volví a la cama, temblando de enojo y tristeza.

Unas semanas después volví a atraparlo haciendo lo mismo. Sabía que no le iba a gustar que me enojara, y esperaba que al no armar un escándalo tal vez él dejaría de hacerlo. No me imaginaba hablando con nadie acerca de esto. Era vergonzoso y no se correspondía con la forma de ser de mi esposo, pero en el fondo me sentía muy avergonzada y asustada, ya que había algo entre nosotros que andaba mal.

Delores

Siento que me alejo de mi esposo cada vez más porque parece que siempre está mirando a otras mujeres. Me siento dolida e incómoda cuando estoy con él. Seguramente soy yo la que tiene un problema. Sé que estoy un poco más gorda desde que nacieron los niños. No obstante, aun así no me gusta nada ir a un restaurante o a la iglesia y ver que siempre está fijándose en otras mujeres o tratando de iniciar una conversación con ellas. Cuando le pregunto, dice que soy insegura, que tengo que cambiar. No sé qué puedo hacer.

Denisha

Mi esposo Jerome asistió hace un tiempo atrás a su reunión de antiguos compañeros de la escuela secundaria. Era el decimoquinto aniversario de su graduación. Desde entonces ha estado intercambiando mensajes de correo electrónico con una vieja «amiga». Cuando le pregunté, dijo que solo era una chica con la que salía en la escuela secundaria. No se habían hablado desde entonces, y cada uno había estudiado en una universidad diferente. Han pasado varios meses y he observado que le envía fotografías y regalitos. También veo que lo llama seguido. Me siento incómoda con la situación, pero Jerome dice que no pasa nada y que no debería ser tan paranoica y celosa.

Rita

Nico se comportaba de manera extraña un día y finalmente le pregunté qué pasaba. Dijo que no se soportaba más a sí mismo y que debía confesarme algo. Tenía una aventura amorosa con alguien que yo conocía. Ese «alguien» resultó ser una de mis mejores amigas. Creo que jamás sentí tanta rabia. Una vez que la verdad fue expuesta a la luz, me enfrenté a la realidad de que en verdad había dormido con tres amigas mías, además de las prostitutas a las que veía cada cierto tiempo. Empecé a preguntarme si mis dolores de cabeza durante el último año estaban relacionados con esto que acababa de contarme Nico.

Patty

Mi esposo y yo somos los mejores amigos. Nos contamos todo, excepto los secretos que ha estado ocultando acerca de espiar a las mujeres del barrio por las ventanas. Siempre creí que salía a caminar. Una noche un agente de policía lo trajo a casa porque lo encontró espiando por la ventana de una casa vecina. Toda mi vida quedó trastornada.

Danika

Kristoffer es mi segundo esposo y en estos tres años siempre ha sido atento conmigo en todos los aspectos. Jamás me sentí tan amada y protegida por un hombre. Le he confiado mi corazón por completo. Aun después de haber pasado por la dolorosa experiencia de un divorcio, jamás habría podido imaginar la angustia que representaría descubrir que mi nuevo marido tenía una relación amorosa con otra mujer. Kristoffer dice que me ama profundamente y que no ha tenido contacto físico con esta persona. Dice que solo se ven en restaurantes y se escriben por correo electrónico. Quiero creerle, no obstante, ¿cómo sentirme amada como antes? Es evidente que se encuentra confundido por lo que siente por esa mujer. ¿Cómo pudo dejar que eso sucediera? ¿Qué se supone que hagamos ahora?

Kim

En los trece años que llevamos casados mi esposo ha tenido que viajar todos los meses por razones de negocios. No tenía idea de que había colocado su perfil en la Internet a fin de conectarse con mujeres en las ciudades que visita. Una de mis vecinas vio su aviso y me llamó. Al principio me dijo que solo era un experimento y que no tenía intención de conocer a nadie en realidad. Sin embargo, después que una de sus «conexiones» descubrió que él era casado, la mujer me llamó para contarle lo que hacía mi esposo. Presenté entonces una petición para el divorcio. Me quedé sola, con cuatro niñas pequeñas y siendo ama de casa. Me siento atascada. Me arruinó la vida.

Simone

Mi esposo era ejecutivo y lo despidieron después de descubrir que usaba la computadora del trabajo para ver pornografía. Yo trabajo para la misma organización, así que la situación es extremadamente incómoda para mí. Sin su salario no puedo dejar mi empleo, pero me avergüenza saber que todos allí conocen la situación. Me cuesta levantarme de la cama por la mañana.

Secretos y señales

En todo el mundo hay mujeres que viven con este tipo de angustia, sin embargo, las mujeres afectadas por la traición sexual suelen sentir que no hay nadie que pueda comprender lo que sienten, lo que están viviendo.

Cuando la historia de Mark, que incluía el contacto sexual con varias de las mujeres que acudían a él como consejero, salió publicada en primera plana en el periódico local, creí que era la única esposa que había tenido que pasar por una pesadilla como esta. «Mejor solo hagan que llevemos la A escarlata prendida al pecho y que el mundo se burle y nos juzgue», pensé con amargura.1 No tenía alternativa, más que permitir que el mundo conociera mi secreto. Me sentía humillada, avergonzada, marcada para toda la vida. No me imaginaba que alguien quisiera aceptarnos. Puede resultar extraño que fuera yo la que sintiera todo esto. ¡Después de todo, la noticia era sobre la conducta de Mark! Más tarde me enteré de que existe la «vergüenza en pareja», la cual casi siempre acompaña al pecado sexual en el matrimonio.

Entre mi historia y las que oigo día a día al trabajar con mujeres cuyos esposos han sido infieles, hay muchas cosas en común. Aunque había estado casada durante quince años, más los cuatro años que fuimos novios, esta noticia de la conducta sexual de Mark me cayó como un cubo de agua fría. No tenía idea de que él estuviera viviendo una doble vida... siendo un amoroso marido, padre, pastor y consejero además de un hombre solitario, engañoso, lleno de lujuria y cosas ocultas. ¿Cómo pude estar tan ciega? Aunque algunos serán duros con Mark al juzgarle por haber mentido durante todos estos años, lo que yo siento es: «¿Cómo pude ser tan tonta e ingenua?» No había visto las señales. Pensé que era una mujer inteligente, una «buena esposa». ¿Cómo es que jamás me di cuenta de algo que conformaba una parte importante de la vida de mi esposo?

---

1 N. del T.: *La letra escarlata*, de Nathaniel Hawthorne (1850), presenta el castigo que debían cumplir las adúlteras: llevar prendido sobre el pecho un cartel con la letra A en color escarlata.

Otras mujeres notan señales de una potencial conducta sexual problemática aun antes de casarse o comprometerse. Encuentran películas pornográficas en la casa de sus novios, o los ven mirando imágenes pornográficas en la Internet. Algunas saben que sus novios acompañan a sus amigos a clubes de desnudistas o salones de masajes cuando salen «solos con los muchachos». Y muchas mujeres se han sentido presionadas a tener relaciones desde el comienzo de su noviazgo. Otras saben que fue una aventura la que dio inicio a su relación con su pareja actual. O han notado que el hombre que les dijo que solo tenía ojos para ellas también los tenía para otras mujeres, o que tocaba o abrazaba a otras más allá de lo que corresponde. En casi todos los casos, estas mujeres pensaron que la conducta desaparecería una vez pronunciados los votos matrimoniales, y por eso hacen caso omiso de las señales que indican que algo puede andar mal.

No obstante, incluso cuando las señales son claras, las mujeres reaccionan de mil maneras diferentes. Por ejemplo, cuando Anika se enteró de que su nuevo esposo tenía una aventura, lo confrontó e insistió en que fueran a ver a un terapeuta. Después de pasar varios meses «resolviendo las cosas», Anika supuso que el problema estaba solucionado y ya no volvió a hablar de ello. Vanessa sabía del gusto por la pornografía de su esposo desde antes de aceptar ser su mujer. Cuando después de la boda vio que él continuaba con la pornografía, pensó que no estaba mal debido a su idea de que todo hombre necesita canalizar sus impulsos sexuales. Y como ella no podía seguirle el ritmo en cuanto a sus deseos sexuales, de cierta forma fue un alivio para ella saber que él podría «encargarse de eso». Frances era una misionera cristiana y una esposa devota, y aunque su marido parecía no poder dejar de sentirse atraído por las prostitutas, creyó que estaba llamada a amarle y seguir junto a él pasara lo que pasara. Por otra parte, Lorena decidió que la mejor forma de manejar el excesivo deseo de su esposo por la «pasión» era unirse a él en ciertos juegos sexuales con los que ella se sentía muy incómoda.

Cuando contamos con nueva información sobre la traición sexual en nuestros matrimonios, casi todas solemos repasar el pasado buscando reconocer señales de conductas inaceptables, incómodas o indeseadas en nuestra relación. Una siempre busca cómo lidiar con esas señales: las ignoramos, nos resentimos, participamos de ellas aunque no nos gusten, las minimizamos o las negamos. Y mientras buscamos sanar, aprenderemos a escuchar lo que nos dice nuestra sabiduría sobre las señales que vemos, y a responder de manera congruente con nuestros sentimientos y necesidades. Este es un proceso que lleva tiempo.

No estás sola

No importa cómo te hayas enterado de la traición sexual en tu relación, desde cuándo lo sepas y qué hayas elegido hacer con esa información, tienes que saber que no estás sola. Muchas mujeres han luchado en silencio y con vergüenza, intentando encontrar cómo lidiar con esta información sensible que les parte el corazón. Es terriblemente confuso sentir que tu vida con tu esposo es «normal» en muchos aspectos —sientes que son los mejores amigos, pasan tiempo juntos, crían a unos niños felices, son exitosos en sus profesiones u ocupaciones— para luego sentirte destrozada por la conducta de un esposo que se aparta de ti.

Tarah, una esposa inteligente y extrovertida, en su primera visita me dijo: «Puede ser que te suene raro, pero me parece que es más fácil para alguien que se entera de que tiene cáncer, porque al menos uno puede hablar de ello con otros y recibir apoyo. Yo no puedo hablar porque la gente solo me juzgaría. No lo entenderían».

Tu mente se llena de preguntas cuando te enteras: ¿Cómo puede haber sucedido esto? ¿Cómo podría volver a amarlo? ¿Podré confiar en él otra vez? ¿Por qué quedarme con él? ¿Cómo me sentiré cuando me toque? ¿Debo dormir con él? ¿Tengo que echarlo de casa? ¿Sanará este dolor alguna vez? ¿Hay alguna esperanza de que nuestras vidas vuelvan a ser como antes? ¿Recuperaré alguna vez al hombre con quien creí casarme?

Cuando la infidelidad sexual, del tipo que sea, hace añicos tus sueños de sentirte elegida y amada para siempre, tus emociones te conducen a un viaje en una montaña rusa. Lo amo. Lo odio. ¡Quiero que se vaya! No puedo pensar en cómo será vivir sin él. No puede ser cierto. No puede estar pasándome esto. Tiene que ser una pesadilla. Mis amigos me dicen que lo deje. Mis hijos quieren que sigamos juntos. Mi pastor me dice que intente ser una mejor esposa. Mi mundo se derrumba y no hay nada que pueda hacer. Todo lo que pensé que tenía se ha acabado. Dios seguro salvará mi matrimonio. Tengo que ser paciente. No soporto este caos ni un minuto más. No sé qué hacer. No permitiré que esto me destruya. ¿Puede tener sentido este sufrimiento? Tal vez Dios no nos ha abandonado. Quizás haya algo más...

Sí hay algo más. Es posible crecer y hasta sanar de la traición sexual. No tienes que permanecer atascada en los pensamientos de indecisión, soledad, furia, vergüenza y desesperanza. No necesitas ser una víctima, estar en la ruina, sin opciones. Y por cierto, no tienes por qué estar sola.

Si tus sueños de «felices por siempre» han sido pisoteados, te invito a que vengas conmigo. Iniciaremos un viaje hacia la esperanza y la transformación. No es un viaje para los miedosos, porque hace falta coraje, paciencia y resistencia. Aun así, tu historia de votos quebrantados no tiene por qué terminar aquí. En las páginas que siguen recibirás las herramientas y la oportunidad para conocerte mejor a ti misma, de forma que puedas encontrar el poder a fin de tomar decisiones correctas para ti.

Durante los últimos años he organizado grupos de terapia para esposas y a través de sus historias amplié mi comprensión de lo que se siente. Cada uno de los nueve capítulos de este libro se basa en mi experiencia y también en la de estas mujeres.

1. *¿Qué se supone que debo hacer ahora?* Cuando una mujer sufre la traición sexual tiene preguntas específicas sobre qué puede hacer. Esta guía le enseñará a confiar en sus sentimientos, buscar la sabiduría, escuchar lo que Dios le indica hacer y los pasos a seguir.

2. *¿Por qué debería yo pedir ayuda si él es el del problema?* El mayor enemigo de todo problema es el aislamiento. Si participas de una comunidad segura, tendrás lo esencial para conseguir el apoyo y la sanidad que necesitas después de la traición. Cuando un hombre y una mujer comparten una vida emocional y espiritual, la intimidad sexual se convierte en una expresión saludable de tal conexión. Y si la conexión en el matrimonio enferma, o si irrumpe la tragedia de la traición, tienen entonces la oportunidad de sanar su problema más profundo, el desorden de la intimidad.

3. *¿Cómo pudo haber sucedido esto?* Entender lo que yace debajo de la devastación de la traición sexual puede llegar a ser muy útil. Las conductas que tanto te han lastimado son solo una pequeña parte de lo que en realidad se siente, se cree y se desea. Hace falta entender los problemas más profundos para poder sanar.

4. *¿Dónde puedo esconder mi corazón?* La mujer traicionada siente muchas pérdidas, tanto prácticas como emocionales. Ante la realidad de esas pérdidas necesita encontrar cómo protegerse de la tristeza, la ira, la soledad y la angustia. Es importante llorar la pérdida para poder sanar, pero también es importante encontrar un propósito en el dolor y la pérdida.

5. *¿Cuándo dejaré de sentirme tan fuera de control?* La mujer no puede controlar sus reacciones, sus emociones. El hombre no puede controlar sus conductas. Si aceptamos esta falta de poder, llegaremos a la entrega, el quebranto, la humildad y la empatía. Si tanto el esposo como la esposa llegan a este lugar, podrán comenzar a ser compañeros íntimos en el camino hacia la sanidad. Y si el esposo de esta mujer ha elegido no aceptar que necesita gracia, ella podrá aceptarla para sí misma a fin de librarse de la ira, la amargura, los fútiles esfuerzos por lograr el control y la mentalidad de víctima.

6. *¿Qué quieres decir con: «Deseo sentirme mejor»?* Este capítulo presenta una pregunta que toda esposa traicionada necesita responder: ¿Hasta dónde estoy dispuesta a ir para sanarme y sanar mi matrimonio? Entender lo que yace debajo de la traición toma tiempo y compromiso. Puede llevarte a un camino de autoanálisis y al cambio para lograr relaciones más ricas en tu vida.

7. *¿Cómo puedo volver a confiar en él?* La reconstrucción de la confianza lleva tiempo. Es un proceso. A veces la esposa cree que si su cónyuge viviera «perfectamente» podría volver a confiar en él. Como parte de ese proceso aprenderá a confiar en la intención del corazón de su esposo. Y descubrirá que es importante confiar en sí misma y confiar en Dios.

8. *¿Es posible en realidad perdonarlo?* El perdón es otro proceso que requiere paciencia. Es saludable y bíblico perdonar al cónyuge infiel, pero hay muchos obstáculos en el camino. El perdón que se ofrece demasiado rápido en realidad puede minar el proceso de una sanidad perdurable. Cuando la mujer se esfuerza por perdonar de verdad, verá un cambio en su conducta y su actitud hacia su esposo. También se sentirá libre de ser una víctima de las conductas de él.

9. *¿Cómo podremos reconstruir nuestra relación?* Este capítulo ofrece esperanza y una guía práctica a los matrimonios que buscan el más profundo nivel de sanidad para su relación quebrantada. Al estar en la misma frecuencia —tal vez por primera vez— y forjar una potente alianza nueva después del desastre de quebrantar los votos, verán que tienen un nuevo sueño a su alcance. La creatividad y la pasión comienzan a fluir cuando el matrimonio aprende a establecer un verdadero compañerismo, a trabajar como un equipo, complementando con sus puntos fuertes la visión integral de las formas en que Dios bendecirá su matrimonio.

En muchos aspectos, no soy diferente a ti que comienzas hoy este viaje de descubrimiento y sanidad: solo he recorrido unos años más en este camino hacia la recuperación. Todavía sigo tratando de conocer a Dios más íntimamente y de depender de él de una forma más completa. Continúo reaccionando a ciertas situaciones como si se repitiera el dolor del pasado, aun cuando no es así. A veces permanezco sin saber qué hacer y daño mis relaciones. Persisto en sentirme incómoda en ocasiones, asustada, excluida, rechazada y perdida. Y también puedo mostrarme irritable, impaciente y desesperada porque otros se ocupen de mí. Lo que hoy es muy distinto para mí es que me conozco mucho mejor: sé lo que siento, por qué reacciono de cierta forma, qué necesito y a quién acudir cuando necesito ayuda. Y me lleva mucho menos tiempo maniobrar para salir de una situación incómoda o cambiar conductas no saludables. Los frutos del Espíritu de Dios: el amor, el gozo, la paz, la paciencia, la benignidad, la bondad, la fidelidad y el dominio propio son ahora definitivamente una parte más importante de mi vida en comparación con lo que sucedía hace ya veinte años. Elegí no estar sola cuando sufro. Vivo con más espontaneidad, disfrutando los momentos de cada día. Tengo más entendimiento, aceptación, empatía, confianza y capacidad para entregar... y siento un amor más incondicional por mí misma y los demás. Además, tal vez lo más importante sea que sé que tengo opciones, en todo momento.

Aunque mi historia y las de otras mujeres tratarán sobre los temas específicos de sobrevivir y vivir más allá de la traición sexual, para mí este viaje sigue teniendo que ver mucho más con el crecimiento espiritual luego de la traición sexual. Todo en esta adversidad ha sido para mí una invitación a avanzar hacia una mayor dependencia de Dios y los demás. Jamás había conocido lo que es ser totalmente honesta con alguien, excepto con mi esposo. No sabía cómo permitir que otros entraran bien profundo en mi vida. No sabía ser auténtica desde el fondo mismo de mi ser. Poco conocía lo que me esperaba. Tendría que dejar mi zona de comodidad para elegir la sanidad y la plenitud por medio de este proceso de hablar con personas seguras sobre mi sufrimiento, mis sentimientos, mis dudas, temores y debilidades. Dios utilizaría a la verdadera comunidad cristiana para hablarme la verdad y hacerme crecer espiritualmente.

Mientras leas este libro, sabrás que oro que tú también vivas el don del crecimiento espiritual como resultado de haber atravesado por la devastación de los votos quebrantados. ¡Sé que en este momento esa idea te parece inconcebible y hasta indeseable! Sin embargo, la adversidad puede llevarnos a hacer cosas extraordinarias y a buscar la grandeza en el carácter y las relaciones. A medida que aprendas a apoyarte en Dios a cada paso de tu viaje, espero que descubras mucho más de esa mujer que has de llegar a ser y una vida más llena de gozo y propósito. Una vida más auténtica.

CAPÍTULO 1

¿Qué se supone que debo hacer ahora?

Primeros pasos para los corazones rotos

La perseverancia prevalece más que la adversidad, y muchas cosas que no pueden vencerse cuando van juntas, se vencen cuando uno las descompone parte por parte.

Adaptado de Vidas, de Plutarco (46-120 d.C.)

Fíjense en los cuervos: no siembran ni cosechan, ni tienen almacén ni granero; sin embargo, Dios los alimenta. ¡Cuánto más valen ustedes que las aves!

Lucas 12:24

Conocí a Mark cuando yo tenía diecisiete años. Y aunque planeaba estudiar en la universidad, estaba más interesada en lo que haría él y cuáles eran sus sueños. Tales sueños eran magníficos. Mark sabía debatir en la escuela, jugaba al tenis para el equipo de la universidad, había ganado premios por su desempeño académico y planeaba asistir al seminario para ser pastor. ¡Genial! Seguí con mis planes de estudiar en la universidad, pero mi atención se centraba en hacerlo lo más rápido posible para poder casarme con el hombre de mis sueños. Todo ese tiempo en que Mark y yo estudiamos en universidades diferentes mi corazón estaba a kilómetros de distancia, soñando con el día en que podría formar parte de la vida de mi esposo. Ya estaba haciendo pequeños sacrificios para poder estar con él. No tenía idea de que eran los primeros pasos en un largo camino de silencioso resentimiento y tristeza, sin contar con una forma saludable en que pudiera hablar de ello.

Ese día, en la sala de mi casa, cuando me enteré de la conducta secreta de Mark, quedé atónita. Paralizada. Los primeros pasos para Mark habían sido llevados a cabo muy rápidamente por sus colegas antes de que me dieran la noticia. Primero, lo despidieron. Segundo, le aconsejaron buscar una profunda e integral ayuda psicológica y espiritual para sus «síntomas» de una conducta sexual tan destructiva.

Uno de los hombres que participó en la confrontación con Mark era un alcohólico en recuperación. Luego supe que este colega le había dicho a mi esposo que sus problemas se parecían, y se ofreció a ayudarle para encontrar ayuda. Tres días más tarde, Mark partió hacia un programa de tratamiento para adicciones sexuales, donde permanecería internado durante treinta días. Fue un remolino de conversaciones telefónicas, entrevistas de admisión, valijas que había que empacar. Vivimos en modo de emergencia, con todas las sirenas aullando. Mi esposo partió para encontrar ayuda y yo quedé en casa con tres niños pequeños y sin forma alguna de generar ingresos, al menos en el futuro previsible.

La vida no me sonreía para nada. Mark al menos estaba siendo rescatado de la desesperanza y le habían proporcionado un plan. Sin embargo, nadie me habló de unos primeros pasos para mi situación. ¿Qué tendría que hacer ahora? ¿Podría alguien aconsejarme sobre cómo manejar mis emociones, mis cuentas por pagar, mis decisiones o mi matrimonio? Aunque la historia de lo que había hecho Mark había aparecido en primera plana en el periódico local, nadie de nuestra iglesia o círculo social vino en mi auxilio. Me sentí completamente sola.

Enseguida adopté el papel que había adoptado en otras ocasiones tormentosas de mi vida: traté de verme perfectamente calmada. Casi no podía pensar o sentir, y ni hablar de tomar decisiones prácticas. Así que puse el piloto automático, que en mi caso significaba «estar siempre ocupada haciendo algo». Decidí que saldríamos de esta. No tenía urgencia por irme porque en la práctica esa no era una buena opción para mí. Tenía tres niños y mi familia estaba a ochocientos kilómetros de casa. Además, no era eso lo que conocía: mis padres habían sido un modelo de compromiso para mí y seguían juntos después de cuarenta y dos años de matrimonio. Jamás habían hablado de separarse.

Supongo que podría haber pensado en acudir a alguien para pedirle ayuda o consejo. No obstante, jamás se me ocurrió. Lo único que sabía hacer era arreglármelas ante las situaciones difíciles. Me daba demasiada vergüenza proporcionar más información o mostrar que necesitaba ayuda. Hice lo que mejor sé hacer: me guardé mis sentimientos y trabajé de modo incesante para descubrir cómo manejar mi vida. Me mantuve todo el tiempo ocupada, y tanta distracción me impedía pensar en la devastación. Agradecía el hecho de tener que hacer cosas para no pasarme el día llorando.

Después que Mark partió hacia la clínica de rehabilitación, me sentí inundada por los dilemas prácticos: ¿Qué les digo a los niños? ¿A quién más se lo cuento? ¿Cómo pagaré las cuentas? ¿Me habré contagiado con alguna enfermedad de transmisión sexual? ¿Cómo concentrarme en mi trabajo y en las necesidades de los chicos si soy un desastre por dentro? ¿Alguna vez dejaré de llorar? ¿Sé de veras todo lo que pasó? ¿Habrá más? ¿Cómo impido que vuelva a suceder? ¿Están a salvo los niños? ¿Estoy loca porque pienso que podremos vencer esto? ¿Soy ingenua al pensar que podré volver a confiar? ¿Existe de veras la posibilidad de que un matrimonio «se arregle» después de algo como esto?

Era muy buena en el papel de mártir, y por ahora me servía. ¡Ya me las arreglaría para hacer todo lo que había que hacer! Lo primero para mí era ver cómo me sostendría económicamente. Mark siempre se había ocupado de los asuntos relacionados con el dinero en casa, así que necesitaba ver las facturas y las cuentas por pagar. Quedé devastada al encontrar meses y meses de estados de cuenta del banco sin abrir y montones de facturas que saldar. Podía ver que nadie se había ocupado de los detalles de la administración del hogar, y sentí terror. Además, se acercaba el momento del pago de los impuestos. Debíamos miles de dólares, pero no teníamos recursos para pagarle a la agencia encargada del servicio de la recaudación de impuestos (IRS). Y ahora estaba sola para descubrir qué hacer. La compasión y la paciencia que había sentido en los primeros días después que Mark aceptara recibir ayuda ahora daban lugar a la frustración y la rabia. Una cosa era que hubiese violado nuestros sagrados votos matrimoniales, pero ahora me sentía abandonada y descuidada en un aspecto distinto. Los niños y yo no teníamos ninguna seguridad financiera, y ni siquiera me había enterado de ello.

¡Cuando no me siento a salvo puedo moverme muy rápido! La tarea de encontrar cómo vivir me ayudó a salir de mi tristeza. Me ocupaba todo el tiempo de hacer lo que había que hacer en el momento. Decidí aumentar el tamaño de la compañía que acababa de crear para que de alguna manera nos proporcionara ingresos y un respaldo. Mi socia y yo trabajamos para desarrollar un plan que me permitiría trabajar más horas y viajar más. Viajé cuarenta y tres de los cincuenta y dos fines de semana del año siguiente, vendiendo obras de arte en diversas exposiciones del medio oeste. Trabajar me proporcionaba un sentimiento de estar en control —al menos de mi propio destino— y me hacía ver que era capaz de cuidarme y ocuparme de los niños si hacía falta. El trabajo era mi amigo. Era mi consuelo. Era un lugar donde podía dejar atrás la ansiedad y la confusión en cuanto al resto de mi vida.

Poco después de que Mark se internara para el tratamiento, sus padres llamaron para saber si podían ayudarme en algo. Preguntaron si me hacía falta dinero. Quise decir que no, que estábamos bien. No obstante, el miedo ahogó la respuesta preparada: «Sí», dije con humildad. «No sé cómo ocuparme de los impuestos». Acordé con ellos que me ayudarían con el dinero, aunque para mí fue casi la muerte. Me enviaron un cheque que cubriría todos nuestros impuestos, sin hacer preguntas.

Descubrí que casi todo lo que pasaba en esas primeras semanas y meses venía acompañado de sentimientos ambiguos. Aunque me aliviaba saber que no tendríamos problemas con el gobierno, sentí demasiada vergüenza al tener que admitir que estábamos en la ruina. Me dije que la gente buena y trabajadora tiene que administrar bien el dinero. Creí que algo debía estar muy mal para haber llegado al punto de tener que aceptar dádivas.

Una semana después que los vecinos leyeran el relato de la «caída» de Mark en el periódico, uno de ellos vino y me dio doscientos dólares. Dijo que sabía que las cosas eran difíciles para mí, así que él y su esposa querían ayudar. ¿Podría aceptar su regalo, por favor? Con lágrimas en los ojos le agradecí y le dije que el dinero me venía muy bien. Cuando se cerró la puerta, mi llanto incontrolable me mostró cuánto necesitaba ser comprendida y escuchada. El gesto de mi vecino me había servido de consuelo. «Tal vez haya alguien ahí afuera que sabe lo difícil que es todo esto para mí», pensé.

La ayuda

Afortunadamente, los centros de tratamiento invitan a los cónyuges y familiares a participar de la «Semana de la Familia», un tiempo de interacción controlada con el paciente, consejería e información. La tercera semana del tratamiento de Mark fue el momento en el que inicié el viaje de cinco horas en auto hasta la clínica. Me paralizaba el miedo de conocer a los terapeutas y ser un desastre emocional, preguntándome qué pasaría con nosotros. Jamás había conducido tal distancia (cinco horas) y estaba preocupada pensando si llegaría bien.

No obstante, la Semana de la Familia resultó ser una excelente semana de conexión con Mark a través de conversaciones nuevas y vulnerables. Compartimos nuestro dolor y las historias del pasado. Aprendimos de los terapeutas y profesionales. Conocimos a otros hombres y mujeres que intentaban sanar de la traición sexual. Me asombró sentirme más viva y auténtica que antes en mi relación con Mark. Sentí que este era un nuevo comienzo para nosotros. Y también experimenté por primera vez lo que es una *comunidad segura*. Estaba muy agradecida de que esos primeros pasos estuvieran disponibles para mí. Tiemblo al pensar cómo se habría afectado nuestra recuperación si hubiera tenido que valerme por mí misma durante ese mes entero.

Algunas mujeres han dado el primer paso para buscar ayuda o consejo de parte de un amigo, pastor o terapeuta, pero en ese momento abandonan el esfuerzo porque oyen algo que las desalienta: «Sé mejor esposa y estos problemas desaparecerán», sugiere un pastor. «Tu esposo es totalmente egoísta y jamás cambiará», le dice una hermana indignada a la confundida y furiosa esposa. «Estarás mejor si lo dejas y encuentras a un hombre que te ame como lo mereces», afirma un amigo preocupado. «Jamás seguiría con mi esposo si hiciera algo así». Los consejos de la gente que intenta ayudar llueven. Sin embargo, todo esto solo paraliza y confunde a tu herido corazón.

Sé lo difícil que es encontrar la motivación para dar los primeros pasos después de una tragedia que altera la vida, sin que importe de la naturaleza que sea. Uno se siente invadido por los sentimientos provocados por la noticia que nos lastima. Tiene que atender asuntos prácticos e importantes, pero no cuenta con la energía para hacer nada. Tal vez recibe demasiados consejos y poca ayuda para saber cómo seguir adelante. Sin embargo, solo tú puedes dar los primeros pasos a fin de iniciar un camino hacia la sanidad, y estos son pasos que tienen que ser *para ti*. Si tu relación ha sido dañada por la traición sexual, no hay nada que importe más en este momento que la ayuda para ti misma. ¡Lo vales! Si tienes hijos, lo siguiente que puedes hacer es conseguir ayuda para ellos. Si eres como yo solía ser en esa época, estarás llorando mucho, a solas. Te obsesionan las preguntas de cómo puede haberte pasado esto. Rebobinas la película de tu vida y te preguntas qué hiciste mal. Empiezas a sentir que enloqueces, que pierdes el control... a solas. Necesitas y mereces compañía, ahora mismo.

Aunque puedas pensar que tu madre, tu hermana o tu mejor amiga son las personas más seguras para hablar, no siempre será así. Muchas veces nuestros amigos o familiares se esfuerzan tanto en tratar de ayudarnos a no sufrir que pueden hacer poco más que arreglar algunos problemas o darnos consejos. Es muy difícil ver cómo sufre tu hija, tu hermana o tu amiga, y lo primero que uno busca es tratar de sacar a la persona de la situación problemática. Lo más fácil de hacer es brindar soluciones o explicaciones, así que te sientes bombardeada por aquellos que intentan llevarte a un lugar más feliz. Por desdicha, todos estos intentos pueden no ser de ayuda, y si lo son, solo funcionan como un vendaje que pronto se despega. Las personas verdaderamente seguras que necesitas en este momento son las que han pasado por una traición y han recibido consejería para sanar. Saben cómo escucharte, no le temen a los sentimientos, no te juzgarán y te ayudarán compartiendo sus problemas contigo, siendo vulnerables. Descubrirás que son compañeros de verdad, no solo observadores o «arregladores».

Hablaremos mucho más sobre la ayuda y la participación en una comunidad segura en el próximo capítulo. Por ahora, sé que tienes muchas preguntas de índole práctico. Recibo llamadas telefónicas y mensajes de correo electrónico casi a diario provenientes de mujeres que preguntan qué hacer. Algunas dicen que ni siquiera saben cómo pasarán el día. Otras se preguntan qué cosas pueden hacer de manera distinta para impedir que sus esposos vuelvan a hacer lo mismo. Muchas sienten confusión en cuanto a quién es la persona indicada para conversar con ellas. La mayoría no sabe si irse, si echarlo, si quedarse juntos aunque parezca que las paredes se derrumbaron. Estas mujeres anhelan soluciones específicas. Y también garantías. Pienso que todas queremos creer que si hacemos las cosas bien, recuperaremos la seguridad de que nuestras vidas pueden volver a ser como antes. O al menos, mejor de lo que lo son hoy.

No hay respuestas o fórmulas preestablecidas para estas preguntas. No hay respuestas correctas o incorrectas con relación a cómo responder a la noticia sobre la infidelidad. Todas tenemos experiencias distintas y reacciones diferentes, necesidades distintas y soluciones diferentes. Quiero alentarte a tomar lo que se sirva y a desechar lo que no. Tal sabiduría proviene de los excelentes programas de doce pasos que han ayudado a tanta gente a salir del profundo pozo de la devastación. Solo tú sabrás qué es lo que te sirve, así que necesitarás conectarte con tus sentimientos, tu cuerpo, tu intuición y con Dios. Este libro te ayudará a hacerlo. Lo que descubras te llevará al siguiente paso que Dios tiene preparado para ti: «Porque yo sé muy bien los planes que tengo para ustedes —afirma el SEÑOR—, planes de bienestar y no de calamidad, a fin de darles un futuro y una esperanza» (Jeremías 29:11). Me asombró sentir que la esperanza volvía siempre que tomaba una clara decisión en cuanto a mí misma, o hablaba con toda franqueza con alguien, o admitía alguna conducta o sentimiento en lugar de pasar el tiempo culpando. Cada uno de esos pequeños pasos prácticos me ayudó a vivir la verdad de que Dios estaba conmigo y en mí, y me daría todo lo que necesitaba si tan solo acudía a él.

Las preguntas prácticas que tienen las esposas al enterarse de la infidelidad sexual por lo general caben en tres amplias categorías:

Preguntas sobre tu cónyuge. Son preguntas que tienen que ver con entender lo que ha hecho tu cónyuge y cómo responder mejor ante esta realidad.

Preguntas sobre tus hijos: Son preguntas que se refieren al efecto que esta traición tendrá en los niños si la pareja tiene hijos.

Preguntas sobre ti misma. Son preguntas que se relacionan con las emociones personales, fuertes y a veces abrumadoras que surgen después que te enteras de la traición.

El resto de este capítulo explorará cada uno de estos temas en detalle. Si alguna de las preguntas no se aplica a tu caso, podrás saltarla y pasar a la que sí tiene que ver contigo.

Preguntas sobre tu cónyuge

Siempre resulta impactante enterarse de la traición del cónyuge. Tal vez sientas que te acosan las preguntas sobre sus problemas y tu realidad. Veamos algunas de las preguntas más comunes.

¿Tiene mi esposo una adicción sexual?

Una de las primeras preguntas para la mayoría de las esposas es saber exactamente bajo qué términos tendrán que lidiar con la traición del esposo. En algunos casos el esposo cometió un pecado sexual una sola vez. En otros casos sus comportamientos podrán indicar que existe una adicción sexual. La diferencia está en que los incidentes aislados de pecado sexual son más fáciles de detener si hay una intención de hacerlo. En cambio, la adicción tiene que ver con un desarrollo gradual, con la tolerancia y la incapacidad de dejar de hacerlo a pesar de que se quiera abandonar tal conducta. La conducta adictiva indica una necesidad de «medicación» para los sentimientos dolorosos.

Al igual que con la adicción al alcohol o las drogas, la adicción sexual comienza despacio y va en aumento... ya sea mediante nuevas conductas que se agregan o al incrementar la participación en una conducta determinada. Si alguien descubre la masturbación a una edad temprana, tal vez lo haya hecho una o dos veces al mes. Entonces, el progreso en este caso implica que empezará a masturbarse una vez a la semana, y luego una vez al día. Algunos adictos al sexo se masturban varias veces al día, al punto de causarse lesiones físicas.

Además, como la adicción activa lleva a la tolerancia, la conducta necesita repetirse cada vez más para volver a sentir el mismo «placer» de nuevo. Sabemos que así sucede con el alcohol: en los primeros tiempos se necesitan unos pocos tragos para lograr una sensación de placer o alivio, mientras que hace falta mucho más alcohol para lograr la misma sensación luego de varios meses o años de alcoholismo crónico. De la misma manera, los pensamientos y rituales sexuales crean neuroquímicos en el cerebro como la adrenalina, la dopamina y la serotonina. Estos químicos contribuyen al placer que siente y luego busca el adicto. La neuroquímica del cerebro se va ajustando con el tiempo al nivel de neuroquímicos cada vez mayor, y luego con el tiempo hacen falta más pensamientos y conductas sexuales para lograr la misma euforia.

Muchas conductas sexuales conllevan consecuencias riesgosas. A pesar de la posibilidad de perder el empleo, su dinero y su matrimonio, los adictos sexuales continúan con su conducta. Muchas esposas me dicen: «No sé cómo puede ser tan loco... mira imágenes pornográficas cuando está sentado ante su escritorio en la oficia. ¡Cualquiera podría verlo!» O: «¿No pensó que olería el perfume en su ropa cuando está con ella una y otra vez?» O: «No sé cómo pensó que yo no vería el balance de la tarjeta de crédito. Tarde o temprano iba a pasar. Ha estado cargando todo tipo de gastos que sabe que yo cuestionaría». La conducta no tiene sentido, y esto nos describe cuál es el primero de los doce pasos en el programa: «Lo que no se puede controlar». Seguimos haciendo algo a pesar de las consecuencias negativas que podrían ocurrir y ocurrirán.

Si te enteras de una aventura, el uso de pornografía o alguna otra conducta sexual, tal vez tu esposo decida abandonar de inmediato lo que estuvo haciendo, pedirá perdón y dirá que no volverá a ocurrir. No obstante, si su problema es la adicción, sus intentos no funcionarán. Mark intentó conseguir ayuda en los primeros años de su matrimonio, confesando que salía con otra mujer ante su supervisor terapeuta. El supervisor le dijo: «A todos los hombres nos sucede. No le digas nada de esto a Deb. Solo lograrías hacerla sufrir. Y no lo hagas nunca más». Mark siguió su consejo de mantener en secreto su conducta, con toda la buena intención de ser un esposo fiel. Sin embargo, la conducta continuó y empeoró hasta que años después debió enfrentar el desastre. Los hombres buenos caen y no se detienen, no porque no quieran, y no siempre porque no lo hayan intentado. Una adicción es algo que te hace perder el poder de detenerte, a pesar de todos tus esfuerzos por lograrlo.

Mary me dijo que su esposo había tenido una aventura durante su primer año de casados. Aunque le partió el corazón, acordaron ir juntos a consejería. Mary dijo que su relación mejoró después de estas sesiones, por lo que supuso que el problema había sido resuelto. Ocho años después, lo descubrió teniendo otra aventura y él confesó que había estado usando pornografía y saliendo con mujeres todos esos años. Lo que parecía haber sido un incidente aislado en realidad era una auténtica adicción. El esposo de Joann había estado experimentando con la pornografía durante años. Por último, ella le dijo que estaba harta y que pensaba que tenía una adicción sexual. Él negó que fuera un problema. Era un hombre como todos, y tomó una bolsa de basura para tirar todas las revistas, vídeos y juguetes sexuales que había estado coleccionando. Le dijo: «Te mostraré que no necesito nada de esto. Lo tiro todo a la basura». Después de varios meses, ella lo descubrió viendo pornografía por la Internet y también encontró facturas de teléfono con cargos de líneas sexuales. Era obvio que él no había podido detenerse.

La adicción sexual también es una manera de lidiar con los sentimientos dolorosos. En el capítulo 3 miraremos más de cerca los mecanismos y tipos de sentimientos que podrían «medicarse» con el pecado sexual.

¿Me voy o me quedo?

Muchas mujeres me preguntan si deberían irse o pedirles a sus esposos que abandonen el hogar al enterarse de la traición. Algunas creen que el hombre necesita un castigo para enfatizar el hecho de que ha cometido una falta terrible. Otras sencillamente están tan enojadas que no soportan la idea de compartir el espacio con sus esposos, al menos durante un tiempo.

La decisión de irte porque necesitas tiempo para pensar o de pedirle que se vaya porque necesitas un espacio donde lidiar con tu dolor es un ejemplo de estar actuando a partir de tus sentimientos y necesidades, no por venganza. Y de paso, te digo que no soy defensora de la separación, en especial cuando hay hijos.

Si es posible que ambos tomen en serio la traición sexual, no es absolutamente necesario que se separen para tratar de resolver el problema.

Aunque hay circunstancias en las que la separación sí puede ser necesaria durante un tiempo, no hace falta para poder iniciar el proceso de sanidad. Hay relaciones que son muy tóxicas, es decir, que incluyen batallas verbales o físicas, y en ese caso se trata de una cuestión de seguridad. La única forma de estabilizar el entorno es creando un espacio entre las dos personas. Sin embargo, aun si hace falta ese espacio, lo puedes crear con una separación «dentro de casa». Pueden vivir en dormitorios separados durante un tiempo, en pisos separados si es posible, excluir ciertos temas de conversación sin la ayuda profesional de un tercero, o decidir no socializar o ir de viajes con la familia mientras buscan sanar. Los matrimonios pueden ser muy creativos a la hora de respetar el espacio de cada uno si se busca la reflexión y el crecimiento individual. He visto que este tipo de separaciones ofrece lo necesario como para que las heridas más profundas puedan empezar a sanar.

Janet y Jeffrey acordaron separarse «dentro de la casa» porque estaban reaccionando el uno ante el otro de manera tan tóxica que no podían conversar sobre ningún tema. Todo derivaba en discusiones. Cada vez había más resentimiento. Para Janet, el sexo no era algo que la hiciera sentir a salvo, y a veces le preocupaba su seguridad física porque Jeffrey tenía ataques de ira cada vez peores. Después de un mes de separación «dentro de casa», Mark y yo nos reunimos con ellos. Ambos estaban evidentemente más serenos. Aunque durante todas esas semanas no habían hablado mucho, el concentrarse en vivir cada uno en su espacio había contribuido a que las expectativas mutuas se redujeran. Ya no se esforzaban tanto por hacer que cada uno cumpliera con las expectativas del otro, y así pudieron tener una mayor conciencia de sus sentimientos y necesidades, buscando ocuparse de ellos. Después de ese mes estaban más preparados para poder conversar e interactuar. La separación había probado ser útil al darles un espacio donde descontaminarse de la relación durante un tiempo.

Por supuesto, la forma de separación más dramática será la de vivir en casas separadas. Es más cara, es posible que sea más difícil si hay niños, y puede distanciarlos lo suficiente como para sentir que a solas cada uno está mucho más cómodo. No obstante, si en realidad usas ese tiempo con el propósito de reflexionar, crecer individualmente y orar, verás que es una herramienta potente para lograr la recuperación. He visto matrimonios que se separan durante meses y al hacerlo buscan comunidades seguras, se toman el tiempo para leer y estudiar la Biblia, y acuden a sesiones de terapia individual a fin de examinar sus vidas. El objetivo es descansar, reponerse y prepararse para volver a la relación. Este tipo de separación intencional puede servir de mucho.

Si hay apoyo suficiente como para evitar las conversaciones difíciles, siempre creo que es mejor que el matrimonio siga bajo el mismo techo. Solo al enfrentar lo que desencadena o provoca ciertas conductas y reacciones podrán practicar cómo lograr un cambio. Si viven separados puede resultar fácil llegar a la conclusión de que es mucho mejor vivir sin el otro, y tal vez te convenzas de que el problema está en que te casaste con la persona equivocada. No obstante, al enfrentar la realidad de las cosas que provocan los problemas y esforzarte por formar nuevos patrones en la relación, verás que se fortalece tu carácter y también la intimidad. ¡Aunque necesitas a alguien para lograrlo! Y de paso, quiero decirte que la forma en que te comunicas y comportas no cambiará solo porque cambies de pareja. «A fin de cuentas, donde vayas, seguirás siendo tú».1 Toma la decisión de hacer los arreglos que te den la oportunidad de analizar tu vida. No busques escapar de ti misma y de la persona que te ha herido.

Consecuencias: ¿sería bueno crearlas?

Hace poco hablé con una mujer que encontró a su esposo en la cama con una compañera de trabajo. Después de hacer las preguntas referentes al caso, descubrió que no era la primera vez. A eso hay que añadirle que ella sabía que su marido había estado usando pornografía durante toda la vida. Así que se daba cuenta de que el problema era grave. Me dijo lo que estaba haciendo y lo que no. Sentía que él solo se había comprometido en parte con la recuperación y quería saber si eso era normal. No expresó emoción alguna mientras hablaba conmigo. Incluso mencionó que cuando encontró a su esposo desnudo con la otra mujer solo se sentó al borde de la cama y le habló sobre ello. No se enojó. Tampoco exigió nada. Preguntó un par de cosas, nada más. Se sintió frustrada cuando al día siguiente el hombre volvió a trabajar, compartiendo la oficina con la misma mujer. No obstante, aceptó la explicación de que él no quería despedir a la mujer para no despertar sospechas. «¡No puedo creerlo! No hubo consecuencia alguna después de dormir con otra mujer», me dijo. Por desdicha, ni siquiera sufrió la consecuencia natural de ver la tristeza o el enojo de su esposa.

Las consecuencias pueden tener impacto sobre nuestras reacciones y decisiones. No es inusual que un hombre sea condescendiente en cuanto a su necesidad de conseguir ayuda o cambiar algo en su vida si las consecuencias han sido mínimas. Si no perdió el empleo, o mucho dinero, o su familia, si no lo arrestaron, o si no fue públicamente humillado por sus conductas vergonzosas, tal vez no sienta dolor como para buscar un cambio. Lo que nos hace buscar ayuda casi siempre es el dolor, el sufrimiento. Y el temor a las consecuencias también hace que queramos cambiar.

Cuando despidieron a Mark por su conducta y luego tuvo que pasar por la humillación pública de ver publicada su historia en primera plana, tanto él como yo sufrimos mucho. En ese momento detesté cada minuto. Parecía que nada podría ser peor. Sin embargo, hoy puedo ver que esa experiencia de destrucción total fue una bendición. Su compromiso con la recuperación fue del cien por ciento. El diagnóstico de la adicción sexual parecía el de una enfermedad terminal. Iba a pelear con esta enfermedad. Y yo también tuve mi propia batalla.

Aquellos que experimentan pocas consecuencias no se comprometen tanto con todo lo que conlleva la recuperación y la redención de verdad. «¡No lo haré nunca más!», dirán. «Veo que cometí un error y prometo cambiar. Solamente no deseo que nadie piense que tengo un problema o no soy normal. Ni quiero arriesgar mi carrera tampoco». Todo eso es lo que dirán. No obstante, hasta tanto se tome la decisión de salir del aislamiento y aceptar el quebranto personal, no habrá un cambio permanente. He hablado con muchas esposas cuyos maridos prometieron abandonar su conducta sexual sin cumplir su palabra. Esto se debió a que estas mujeres creyeron y no hicieron nada más. Tampoco los esposos hicieron algo en cuanto a ello. Y meses o años más tarde las conductas volvieron o empeoraron.

Como esposa que ha sido traicionada creas la consecuencia más natural a partir de tus sentimientos y necesidades. Habrá problemas si no te mantienes en sintonía con tus sentimientos. En mi caso, aunque el dolor me llevó a las lágrimas y el enojo, hubo ocasiones en que levanté un muro para apartarme de mis emociones. No puedo contar la cantidad de esposas con las que hablé que ni siquiera o apenas demostraban emoción alguna al contarme sus historias. La consecuencia más sincera que puede ver y vivir el esposo es la expresión precisa de lo que sentimos. Algunas mujeres montarán en cólera, culparán, amenazarán. Otras demostrarán una gran compasión y paciencia. No importa cuál sea la respuesta, debajo yacerá mucho dolor y tristeza. Son emociones que tu esposo puede entender y le recuerdan a ese precioso corazón que acaba de lastimar.

Joanna sintió ira al saber que su esposo había comprado vídeos pornográficos para verlos mientras ella estaba fuera de la ciudad visitando a su familia. Como Joanna es el sostén económico del hogar, reaccionó negándole el acceso al dinero «de ambos», y además determinó cuánto efectivo recibiría su esposo cada semana. Este castigo sirvió de combustible para el enojo del esposo, que la culpó de ser una controladora. Y a Joanna esto no le sirvió de mucho tampoco, porque la consecuencia creada no modificó las conductas de su marido.

El cónyuge de Antoinette tenía dificultades para dejar de mirar pornografía. Él estaba haciendo mejores decisiones, pero no había dejado por completo esta conducta dañina. Antoinette era una esposa comprensiva, paciente y razonable, que siempre buscaba ver el lado positivo de los esfuerzos de su esposo. Rara vez lloraba o se enojaba, y se esforzaba mucho por ser una buena cristiana, llena de gracia. Sin embargo, cuando su esposo continuó con su conducta y luego intentó ocultarla varias veces después de que ella se enterara, Antoinette sintió que la invadían la pena y la desesperanza. Ya no quería seguir viviendo así. Aunque quisiera fingir y poner buena cara ante el mundo, no podía hacerlo. Su desesperanza y su falta de ganas de vivir fueron demasiado para su esposo, ya que el hombre vio que era una reacción auténtica. La consecuencia de quizás perder a su esposa y su familia hizo que tomara una decisión importante: buscaría tratamiento profesional y trabajaría para recuperarse del todo.

Hay mujeres que quieren crear consecuencias para sus esposos sencillamente porque ellos han hecho algo malo y ellas creen que necesitan un castigo para que no vuelvan a hacerlo nunca más. Con todo, si decides castigar a tu esposo con el fin de reprenderlo, no funcionará. Verifica qué es lo que motiva tu reacción: si tu motivación reside en mostrarle lo que sientes y en tomar decisiones para cuidarte a ti misma, estarás siendo auténtica. Las consecuencias que nacen de la autenticidad son las que más probabilidades tienen de tener efectos positivos.

¿Cómo asegurarme de que buscará una solución a su problema?

Las consecuencias para Mark fueron tan devastadoras que él se preparó para conseguir ayuda. Permitió que otros le ayudaran. Al mirar hacia atrás hoy, veo que su voluntad de recibir ayuda fue un verdadero regalo para mí. Por desdicha, no todas las mujeres tienen esta experiencia. Aunque tal vez hayas descubierto que tu marido usa pornografía o tiene una aventura, o tal vez haya sido sorprendido por alguien más, es posible que él no quiera aceptar que tiene necesidad de que lo ayuden.

Una vez que su traición te ha lastimado, puedes empezar a exigirle que vea a tal o cual terapeuta o que asista a una u otra reunión, y si solo va una vez a la semana, le dirás que quieres que vaya dos o tres veces. Debido a tu dolor y tus ansias de que las cosas vuelvan a tener un dejo de normalidad en tu vida, por supuesto querrás que todo avance más rápido de lo que lo está haciendo él. Créeme, este sentido de urgencia es común y muy entendible. Sin embargo, al mismo tiempo, tal urgencia creará un peligro parecido al de quien va por la autopista y tiene un auto detrás que casi va pegado al parachoques del suyo. Seguramente entiendes a qué me refiero. No sé qué te suceda a ti, pero cuando estoy en esa situación de exigencia, puedo querer hacer tres cosas: acelerar para alejarme, reducir la velocidad para que el otro tenga que sufrir un rato más, o pisar los frenos y que deba enfrentar las consecuencias. Ninguna de mis respuestas le dará al que va detrás lo que está buscando.

Piensa si tu tristeza o tu enojo no se están convirtiendo en ese auto que va detrás. ¿Presionas a tu esposo a tal punto que ya no puede decidir dónde conseguir ayuda? Si sus decisiones solo son para que te calmes, crearán una frustración y un enojo dirigidos hacia ti. No lograrán una reflexión sincera y útil con relación a sí mismo y lo que ha hecho. Su foco de atención se centrará en la persona equivocada y en realidad el proceso de sanidad podrá demorarse todavía más.

Puedo percibir que tu ansiedad va en aumento. Si no puedes lograr que vaya más rápido, ¿qué podrías hacer? No digo que te sientes a esperar sin hacer nada. Eso sería el otro extremo: ¡o le exijo y controlo cada uno de sus movimientos o no hago ni digo nada! Existen alternativas. Puedes aprender a expresar tus sentimientos diciendo: «Estoy realmente dolida y enojada por lo que hiciste». Y puedes pedir lo que necesitas: «Preciso que encontremos ayuda para solucionar esto. ¿Estás dispuesto a hacerlo?» También puedes presentar las consecuencias: «No sé qué voy a hacer si no hay ninguna acción de tu parte, pero sé que no puedo vivir con este dolor. Estoy segura de que todo esto me llevará al paso siguiente».

¿Lo hará de nuevo si no lo controlo?

Una de las cosas que preocupan a muchas mujeres es hasta dónde ejercer el control sobre el esposo que ha tenido una conducta sexual inapropiada. Las esposas tenemos muchas formas de tratar de controlar a los esposos que se han comportado mal: revisar su cuenta de teléfono, ver qué sitios de la Internet ha estado visitando, pasar por su lugar de trabajo para asegurarnos de que está allí, eliminar los canales de cable con contenido promiscuo, quitar todas las computadoras de la casa, viajar con el esposo cada vez que deba dejar la ciudad por cuestiones de trabajo, no permitir que vaya solo a hacer las compras, insistir en que «se reporte» cada vez que vuelve a casa a fin de que cuente si ha hecho algo «malo» ese día, o vigilarlo para ver si sus ojos miran a otras mujeres de manera inadecuada. Una mujer me dijo: «Tengo que tener las riendas bien cortas con él».

Si te encuentras implementando alguno de estos controles, quiero alentarte a que dejes de dirigir el proceso de recuperación de tu esposo. Si no puedes o quieres renunciar a ser la Directora de Seguridad de Maridos, él seguirá encontrando cómo sortear tus dispositivos de seguridad. Y lo peor es que te verás, hablarás y te comportarás como si fueras su madre y no su esposa. No te conviene ese rol, ya que no lograrás que abandone su mala conducta y tampoco podrás edificar una relación de verdadera intimidad con tu esposo.

En ocasiones he visto que hay hombres que buscan que sus esposas se comporten como si fueran sus madres. Una mujer de uno de mis grupos comentó con frustración que su marido le confiesa todo lo que hace sin que ella le pregunte. Se muestra arrepentido y se siente mejor después de contarle estas cosas, como se sentiría un niño después de confesarle una travesura a su madre. No obstante, Carol se siente furiosa y justifica las consecuencias que crea para su marido a fin de que aprenda que su conducta es inaceptable. En cambio, él se enoja porque ella busca castigarlo, y este patrón se repite varias veces a la semana.

Como este sistema en realidad no funcionaba para que él dejara de comportarse como lo hacía y tampoco creaba una cercanía entre ambos, mi sugerencia para Carol fue que se desentendiera de esta dinámica y de su rol de madre con respecto a su esposo. Le pedí que hiciera que él les confesara su pecado sexual a los hombres de su grupo de apoyo. Ellos le pedirían cuentas por lo que hacía. Las mujeres del grupo de Carol le ayudarían a lidiar con el enojo y la ansiedad que sentía.

La rendición de cuentas es una forma práctica de poder discernir quién es la persona que supervisa las conductas. Los hombres del grupo de Mark eran personas seguras, que le recordaban los cambios que quería hacer en su vida, lo alentaban a hacerlos y lo confrontaban si hacía falta. Su primer objetivo era la pureza sexual. De la misma manera, yo tuve un grupo de mujeres que me pedía cuentas de mis acciones, palabras y decisiones. Cuando tú y tu esposo pasan por momentos de tanto dolor, no puedes esperar que él reaccione de manera objetiva ante lo que dices o haces. Y si nadie más les ayuda a efectuar los cambios que hay que hacer, te convertirás en la voz crítica que resuena dentro de su cabeza, en la controladora que lo juzga. Ninguno de los dos podrá sentir una conexión de intimidad. Si piensas que puedes supervisar las conductas de tu esposo sin ayuda de nadie, estás equivocada, y mucho. El segundo gran error es pensar que también puedes supervisar tus propios cambios. Necesitas a otras mujeres que sean personas seguras en tu vida para que te ayuden. Y tu esposo necesitará acudir a un grupo de hombres que también sean personas seguras.

Hay otra razón importante por la que debes dejar de controlar las conductas de tu esposo. Si existen otros hombres ante los que él rinde cuentas, esto significa que tiene más poder para avanzar en su camino de crecimiento y pureza. Si tú estás controlando, manipulando, creando miedo y escatimando el amor para lograr que la conducta de tu esposo sea perfecta, lo que recibirás de él no será auténtico. Es solo cuando él decide amarte y honrarte que podrás recibir lo que te ofrece como un amor y un respeto genuinos.

¿Dónde tengo que trazar la línea?

Hablamos de trazar líneas con relación a conductas que se convierten en rupturas del compromiso en tu relación. Se trata de esas conductas que ya no tolerarás en tu matrimonio. No siempre tendrán que ser de naturaleza sexual. Hay muchas esposas con las que hablo que en realidad se sienten más heridas por las mentiras y el engaño que por la infidelidad.

El esposo de Tracy había tenido una aventura y se negaba a ir con ella a ver a un terapeuta. Quería convencerla de que todo había terminado y nunca volvería a hacerlo. Ella trazó la línea y le dijo que debía obtener ayuda profesional para entender qué era lo que le había llevado a tener una aventura. CeeCee estableció un límite con su esposo haciendo que le revelara todas sus conductas impropias. Se sentía confundida y destrozada porque no conocía toda la verdad. Necesitaba una total franqueza para poder poner en orden la realidad que representaba su vida. Hillary ya no iba a tolerar que su esposo se fuera durante horas e incluso días sin decirle a dónde iba. Cheryl determinó que ya no se quedaría con su esposo si él volvía a tener una aventura.

Cuando decides trazar la línea para tu esposo tendrás que estar dispuesta a cumplir con ello. Necesitas saber qué es lo que vas a hacer. Muchas veces oigo límites que implican un final abierto, como: «Y no soportaré que mires pornografía». «No voy a tolerar que vuelvas a mentirme». «No aceptaré que mires con lujuria a otras mujeres». Sin embargo, no hay ninguna consecuencia que acompañe a estas declaraciones. Tal cosa me hace recordar mis intentos de ser firme como madre. Podía hablar de lo que quería o no quería que hiciera alguno de los niños, pero lo más difícil era cumplir lo que establecía con sus debidas consecuencias. Los chicos ponían a prueba mis límites, y era natural que lo hicieran. Significó un reto para mí ser más clara sobre lo que deseaba y lo que haría si no se me respetaba.

¿Sientes que tu esposo pone a prueba tus límites? Tienes que ser clara en cuanto a las consecuencias, y necesitar estar preparada para cumplirlas. Ahí es donde muchas fracasamos. Tal vez notarás un patrón en tu conducta: «Me cuesta cumplir mi parte de los límites». «No sé vivir en conflicto». «No me gusta ver sufrir a los demás».

Muchas veces Brandy veía que su esposo salía de la casa después de una discusión para volver horas o días más tarde. Le pidió a Luke que no la abandonara ni dejara a su hijo, pero él volvía a hacerlo una y otra vez. Por último, ella le indicó que si volvía a irse, sería «para siempre». Fue el límite, la línea que trazó.

Brandy tenía tanto miedo de tener que criar sola a su hijo que seguía recibiendo a Luke cuando volvía, a pesar del límite que había impuesto. La escena se había repetido tantas veces que el límite ya no tenía valor. Luke sabía que ella no lo cumpliría por mucho que lo amenazara.

Si quieres establecer un límite, tienes que estar dispuesta a hacer lo que dices. Para la mayoría de las mujeres esa es la parte más difícil.

También tendrás que tener en cuenta que los límites pueden provocar más mentiras. Si tu consecuencia es que lo dejarás o te divorciarás, es posible que tu esposo tenga tanto miedo de lo que pueda suceder que vuelva a mentir, encubra o niegue sus conductas para impedir esta consecuencia. Y la dinámica se repetirá en tu relación: exiges algo, él se asusta y oculta la verdad, entonces te enojas por su falta de sinceridad, él por su parte se enfurece o se retira, y te sientes desesperanzada al pensar que nunca cambiará.

Hay alternativas a estas exigencias de todo o nada en los límites. Estas opciones son un poco menos drásticas. Podrías decir: «No estoy segura de lo que haré cuando _____, pero sé que no continuaré viviendo con el sufrimiento que eso me provoca». Gabrielle habló con Phillip sobre lo que le preocupaba: «Me enojé mucho por las mentiras que me dijiste. Si vuelves a mentir, en realidad necesitaré un tiempo para decidir qué hacer. Es muy importante para mí que podamos ser sinceros el uno con el otro en nuestro matrimonio». Por desdicha, Phillip volvió a mentir unos meses más tarde y Gabrielle tuvo que tomar una decisión. Decidió que no estaba dispuesta a seguir esforzándose por su matrimonio a menos que él fuera con ella a ver a un consejero para resolver la causa de su hábito de decir mentiras.

Confiar en ti misma significa que cuando las conductas destructivas de tu esposo vuelvan a aparecer, volverás a revisar tus sentimientos y necesidades y tomarás una decisión consciente con respecto a lo que harás. Tal vez hayas aprendido más cosas para ese momento o entiendas mejor qué es lo que te enoja o provoca tus emociones en determinada situación. Las opciones menos drásticas te permiten ir haciendo ajustes a medida que avanzas hacia tu crecimiento y haces las cosas de manera diferente.

¿Qué límites necesito yo?

Todos necesitamos límites en la vida. Los límites nos ayudan a determinar quién es responsable de qué cosas… y no solo en lo material, sino también en cuanto a los sentimientos, pensamientos, actitudes, conductas y decisiones.[2] Esto no solo nos ayudará a permitir que lleguen las cosas buenas, sino que además contribuirá a mantener alejado lo malo. Algunos tenemos demasiados límites o muros que impiden que recibamos lo bueno. Suelo mantenerme muy ocupada cuando estoy nerviosa o para no aburrirme, y esto puede crear un muro con los demás que les haga pensar que no estoy disponible. También puedo decidir ser pasiva o alejarme, lo que en verdad me impide crear un límite real. Lo cierto es que tal vez le tengo miedo al conflicto, así que en vez de crear un límite sano y seguro, me abandono o no hago nada.

Uno de mis límites consiste en no firmar ningún documento legal que no haya leído o entendido. Otros de mis límites nuevos es aceptar un trabajo solo si me permite pasar tiempo con mi familia. Es posible que establezcas límites en el sentido físico: nadie puede tocarte de manera impropia. O quizás el límite que determines sea que no usen insultos, malas palabras o gritos en tu presencia. Del mismo modo que creas límites para tus acciones, tu esposo deberá establecer los suyos para sus conductas. No puedes controlar los límites del otro. Solo puedes controlar las acciones que te corresponderá llevar a cabo cuando la falta de límites de tu cónyuge represente un daño potencial para ti.

Para este momento, quizás hayas visto que los límites tienen efectos secundarios: no puedes controlar la conducta de tu esposo, pero sí puedes decidir que harás algo para protegerte. Tus sentimientos, pensamientos, actitudes, conductas y decisiones son responsabilidad tuya. Puedes controlar solo lo que te incumbe a ti, y es imposible controlar a cualquier otra persona. Una de las

primeras formas en que podrás obtener poder con un nuevo límite es reconociendo tus propios sentimientos: «Yo me siento feliz,
triste, enojada», y otras cosas por el estilo, en lugar de afirmar:
«¡Tú me haces enojar!» Así estarás reconociendo tu parte al iniciar la oración diciendo «yo» en vez de «tú». Haz la prueba. Es un
cambio sencillo, pero permite un giro de ciento ochenta grados
en cuanto a la responsabilidad que le compete a cada uno.

¿Tengo que protegerme en términos financieros?

El dinero de la familia a veces se va en llamadas a ciertas líneas de
servicios sexuales, pagos por sexo cibernético, compras de material pornográfico, contratos de masajistas o prostitutas, o compras
de regalos a las amantes. A veces se trata de miles de dólares mal-
gastados de este modo, y todo esto ocurre sin tu conocimiento. Si
después de enterarte de la conducta de tu esposo no estás convencida de que ha abandonado sus comportamientos impropios
y crees que está en riesgo la seguridad y la estabilidad económica
de tu familia, tal vez debas tomar decisiones para protegerte. La
deuda de un cónyuge se comparte con el otro, aun si la relación
no perdura. Es posible que necesites asesoría legal para entender
las consecuencias de las deudas contraídas por un cónyuge que
gasta sin control o se niega a recibir ayuda.

En general será mejor que estés al tanto de lo que tienes,
cómo lo administras, dónde está el dinero de ambos y en qué
se gasta. Conozco a muchísimas esposas que delegan toda decisión monetaria en sus esposos. No comprenden casi nada de
los asuntos financieros de la familia, así que cuando les golpea la
crisis, no saben qué hacer. Si eres una de estas mujeres, es tarea
tuya involucrarte. Necesitas estar al tanto. Hace falta tu firma para
muchas transacciones financieras, como los impuestos, los prés-
tamos, las tarjetas de crédito y demás. La víctima renuncia a su
poder y lo delega, y luego siente ira y frustración porque no tiene
alternativa. No obstante, cuando de las finanzas de la familia se
trata, sí tienes alternativas.

Preguntas sobre los hijos

Aquellas que tenemos hijos también poseemos un poderoso instinto de protegerlos de todo daño. A la luz de la traición sexual, queremos saber en qué se verán afectados y qué tenemos que hacer.

¿Qué les digo a los niños?

Aunque no tenía idea de qué era lo «correcto» para decirles, sí sabía que no pasarían por alto mi sufrimiento y el ambiente pesado del hogar. Cuando Mark volvió de su tratamiento nos sentamos con todos y él les contó de manera general que me había sido sexualmente infiel. No obstante, antes de eso, quise reconocer con ellos que nuestro hogar estaba atravesando por un gran dolor. Decidí decirles que su padre se había ido por unas semanas para obtener ayuda. Les dije que no se sentía bien consigo mismo y con algunas cosas que había hecho, por lo que necesitaba ayuda para resolver esas cuestiones. También les recordé que él los amaba y siempre se ocuparía de ellos. Los chicos tenían diez, seis y cuatro años, y me asombró su fortaleza y sus ganas de cooperar. Decirles que yo estaba triste pero que recibía ayuda fue importante, porque impidió que sintieran que ellos tenían que cuidarme.

En la actualidad continuamos conversando sobre nuestra historia y los alentamos a formular las preguntas que quieran. También somos sinceros en cuanto a que si tienen problemas, pueden recibir ayuda profesional y apoyo de parte de nosotros.

¿Están a salvo los chicos?

Por lo general la protección de los hijos es lo primero que una madre tiene en mente. Aunque la conducta sexual de Mark incluía la pornografía y a otras mujeres, jamás se extendió a una conexión con algún niño. Al repasar toda la información después de su revelación, tuve que preguntarle de forma muy directa si había tenido conductas impropias con nuestros hijos u otros chicos.

Sencillamente no sabía qué pensar dada su doble vida. Nerviosa, esperé su respuesta, sin estar segura de lo que haría si decía que sí. ¡Afortunadamente, me aseguró que su pecado sexual solo había tenido que ver con adultos, aunque supongo que podría haber dudado, ya que después de todo me había estado mintiendo durante años! Sin embargo, al ver el quebranto y el sufrimiento por el que estaba atravesando, aprendí a confiar en mi intuición y en los sentimientos de él. De otro modo, habría estado menos dispuesta a confiar en la información que me diera.

Si sabes con seguridad que tu esposo ha tocado a tus hijos o a cualquier otro niño, tenido relaciones con ellos, o abusado de un chico de manera alguna, tendrás que pedirle que abandone el hogar de inmediato. Necesitarás hablar con tu pastor o terapeuta sobre cómo informarles a las autoridades locales de la conducta de tu esposo. En todos los estados, por ley, hay que informar de cualquier conducta sexual impropia que tenga que ver con menores.

Muchas de las mujeres que establecen relaciones con los adictos sexuales han sido víctimas de abusos sexuales ellas mismas. Si este es tu caso, seguramente serás más sensible a la posibilidad de abuso en tu hogar. Hace poco recibí un mensaje por correo electrónico de una esposa que tenía «miedos irracionales», según los describía. Aunque su esposo solo ha estado usando pornografía, se pregunta si su conducta podrá ir empeorando hasta que llegue a lastimar a los niños. Sabe que al haber sido víctima de abuso, tal vez no perciba la realidad con toda la claridad del caso. No obstante, si al igual que ella tienes esta preocupación, podrás dedicar un tiempo para explorar con un terapeuta si tu ansiedad no proviene de tu propia historia de vida. También puedes pedirle a tu esposo que se haga algunos exámenes con un profesional para ver si está diciendo la verdad o si es propenso a abusar de menores.

La cantidad de adictos al sexo que abusan de los menores de edad es en extremo pequeña. En última instancia, tal vez no te sientas del todo a salvo hasta que le pidas a tu esposo que se haga exámenes para descubrir alguna predisposición o tendencia a abusar de los menores. Hay muchos psicólogos que se han capacitado en este tipo de evaluaciones, por lo general conocidas como pruebas psicosexuales. Puedes presentarle tales pruebas a tu esposo como un límite útil y positivo. Podrás decir: «Quiero confiar en ti, y deseo que nuestra familia pueda sentirse a salvo. Me resultaría muy útil si te sometes a esas pruebas. Quiero que seamos unos buenos padres y necesito que lo hagas».

Preguntas sobre ti misma

La traición sexual se siente como un ataque personal. Es una herida que perfora el alma. Cuando las emociones son confusas y abrumadoras, surgen muchas preguntas en cuanto a cómo reaccionar y qué decisiones tomar.

¿Debo seguir teniendo sexo con mi esposo?

La decisión de si seguirás teniendo sexo con tu esposo después de enterarte de su infidelidad es algo bien importante. Cuando Mark estaba en tratamiento, los terapeutas hacían un pacto con los pacientes: abstinencia durante noventa días. La abstinencia significaba que no te involucrarías en ningún tipo de práctica sexual contigo mismo ni con otras personas (incluyendo a tu cónyuge). La conducta sexual solo se refería al orgasmo, no a los abrazos, besos u otras expresiones físicas. Cuando llegué para esa Semana de la Familia, en realidad tenía mis dudas en cuanto a si podría cumplir con esta «tarea». Aunque estaba dolida y me disgustaba mucho saber que Mark había estado con otras mujeres, seguía necesitando saber que le resultaba atractiva y seguía prefiriéndome a mí. Por otra parte, su presión constante en cuanto al sexo me molestaba y paralizaba, así que me alivió saber que tendría un descanso. ¡Mis sentimientos encontrados persistían!

Esta es una decisión que tendrás que tomar de inmediato, apenas te enteres. ¿Aceptarás tener contacto sexual con tu esposo solo para preservar la paz? Hay esposas que temen decir que no, aun cuando sus maridos les han sido infieles, porque tienen miedo del enojo que causará el rechazo. Otras esposas deciden estar disponibles en toda ocasión debido a que sienten que es su obligación como cristianas. Y otras dirán que sí solo porque al menos esta es una forma de sentir cierta conexión con sus esposos. Ninguna de estas razones es sana. Ninguna te servirá para sanar de la traición sexual. Ninguna te proporcionará una intimidad auténtica en tu relación. Y ninguna impedirá que tu esposo vuelva a serte infiel. Si cambias el patrón sexual de tu relación crearás una reacción... y por lo general será negativa. La visión de una sexualidad sana implica que tu sí en realidad signifique sí, y que tu no en verdad signifique no. De ese modo, el amor que comparten al decir que sí se corresponde con lo que siente tu corazón. Cualquier pareja que busca vivir una intimidad real tendrá que permitirse mutuamente la libertad de decir que no y tener la seguridad de que no serán castigados cuando lo hagan.

Si tu esposo viene a casa y quiere tener relaciones sexuales contigo después de haber tenido un sexo inseguro con otras personas, literalmente tiene tu vida en sus manos. Existen muchas enfermedades de transmisión sexual. Si quieres saber que no tienes ninguna enfermedad, necesitas ver a un médico y hacerte algunos análisis. Tendrás que pedirle a tu esposo que haga lo mismo. Si no acepta tomar esa precaución, precisarás tomar una decisión en cuanto a las relaciones sexuales con él. Es tu cuerpo. Eres responsable de tu salud.

¿Qué tan pronto debo perdonarlo?

Otra de las preguntas de índole práctica para muchas esposas es qué tan pronto han de perdonar a sus esposos por la conducta que han tenido. Aunque hablaré del perdón con mayor detalle en otro capítulo, dedicaré un momento a advertirte algo: el perdón apurado no es bueno. Hay muchas mujeres cristianas que desean perdonar enseguida, ya que sienten que eso es lo que Dios quiere. Y creo que hay algunas que se apresuran porque anhelan volver lo antes posible a la «normalidad» o dejar atrás la dolorosa experiencia. Cuando se hace de manera apresurada, perdonar puede sentirse como olvidar o negar, y nunca he visto que esto sirva para sanar la herida de la traición a largo plazo.

Asimismo he visto esposos a los que han descubierto en pecado sexual que exigen que sus esposas los perdonen y las culpan por desobedecer las enseñanzas cristianas si no lo hacen. Cuando el esposo exige el perdón de este modo, también parece querer que la esposa deje atrás sus sentimientos. Si la esposa sigue enojada, triste o confundida, el hombre se vuelve impaciente o distante. «Pensé que me habías perdonado», dirá. El dolor no desaparece con el perdón apresurado. El dolor se mantiene guardado en tu corazón y tu cuerpo y surgirá en algún momento para dañar la tranquilidad temporal que puedas haber conseguido.

El perdón es un proceso, no un hecho de una única vez. Decidir que vas a quedarte y seguir adelante aun en medio de una realidad dolorosa como lo es la traición ya forma parte del perdón. Es el primer paso de un proceso complejo que veremos en mayor detalle en el capítulo 8.

¿A quién le cuento lo que me pasa?

Contar tu historia inevitablemente creará ansiedad, ya que es muy difícil saber a quién contársela y qué cosas decir. Yo decidí hablar solo con mi mejor amiga y mis padres, y al inicio mantuve la doble vida de Mark en secreto. ¡Oh, casi olvido que la ciudad entera lo sabía gracias al periódico! En realidad, la verdad completa no se hizo pública. Tuve la opción de contarles la historia a otras personas, pero con franqueza no sentía motivación alguna al principio. Sí experimenté mucha vergüenza por la naturaleza del pecado sexual. Pensaba que nadie volvería a aceptarnos ni a Mark ni a mí. Afortunadamente, pude asistir a la Semana de la Familia y luego a mi grupo de terapia, y allí comencé a contar lo que había sucedido. Si no hubiera tenido esas dos vías de desahogo, con seguridad mis pensamientos obsesivos y mi desesperación hubieran aumentado hasta ya no poder manejar la situación.

¿Con quién hablas? ¿Hay alguien que pueda conocer toda la historia, con todos los detalles? Muchas veces oigo que alguna esposa dice que su marido se negó a contárselo todo. Sentía vergüenza y no quería que nadie hablara de él. El esposo tal vez temía perder el empleo si se enteraba alguien de su compañía, por ejemplo. Suelo decir que la mujer traicionada necesita tener a dónde acudir, con quién hablar. Si estás en esta situación, te aconsejo que pienses en algún grupo de mujeres confiables y seguras que sepan mantener la confidencialidad en cuanto a lo que les comentas. Decide por qué vas a contarles la historia a estas mujeres. Si puedes decir con sinceridad que no es por venganza ni para que se pongan en contra de tu esposo, así como que deseas que tu relación con esta mujer o este grupo de mujeres se haga más fuerte, tal vez sea la persona o el grupo indicado. La mujer con la que podrás hablar con confianza tendrá ciertas características: sabe escucharte y no intenta arreglar tu situación; no te juzga por tus decisiones; es vulnerable ante la adversidad en su propia vida; afirma tus esfuerzos; respeta tu deseo de no contar las cosas a veces y no te presiona; no usa tu historia para enorgullecerse de su relación contigo. ¿Hay alguien así en tu vida? No puedes mantenerte aislada y creer que sanarás sola. A la larga caerás en la depresión, la tristeza e incluso la desesperanza. Tu cuerpo se hará cargo de los sentimientos que no pudiste procesar y lidiará con ellos de algún modo.

¿Qué es lo que me está diciendo mi cuerpo?

Nuestros cuerpos cargan con gran parte de lo que sucede en nuestras vidas. Un sábado por la mañana desperté mientras Mark empacaba para salir de la ciudad a fin de asistir a una conferencia. Esto fue exactamente un mes antes de que me enterara de su conducta en la sala de casa. No tenía idea de la doble vida que llevaba, pero creo que de alguna manera mi cuerpo sabía algo de lo que vendría. Mientras hacia la cama ese sábado por la mañana, el lado derecho de mi cuerpo se durmió, como si estuviera paralizado. No tuve esa sensación de cosquilleo que tenemos cuando hemos estado sentados sobre la pierna durante mucho tiempo. No. Mi brazo quedó como muerto, y cuando intenté caminar caí al suelo. Traté de llamar a Mark, pero tampoco podía hablar. Solo logré balbucear. Tiene que haber oído algo, ya que en ese momento entró corriendo y me encontró sentada al borde de la cama, asustada.

El ataque isquémico transitorio (AIT) fue como una especie de infarto cerebro vascular temporal, y en unos diez minutos mi sistema lo reparó. Aunque mis funciones de motricidad fina no quedaron bien sino hasta después de unas horas, me sentí aliviada al ver que recuperaba la sensibilidad. Me enviaron directamente al hospital y durante tres días me hicieron pruebas y análisis del cerebro y el corazón. Varias veces oí que gritaban «STAT», y hoy sé que se referían a que me encontraba en una crisis. Los médicos no encontraron nada más que un pequeño prolapso de la válvula mitral. Hasta el día de hoy, jamás he vuelto a sentir esa combinación de síntomas.

Tenía solo treinta y siete años y estaba en excelente estado físico. Pregunté qué podría haber causado este AIT. ¿Sería la tensión, el estrés o algún problema psicológico? Los médicos sencillamente no pudieron responder a mis preguntas. Más tarde supe sobre la angustia de reprimir los sentimientos y la forma en que las emociones se pueden expresar mediante síntomas físicos. Le pregunté a un amigo médico si creía posible que el ataque hubiera tenido su origen en los sentimientos reprimidos. Me indicó que esto era muy factible. Él y sus colegas habían investigado la codependencia y su manifestación a través de ciertas dolencias físicas. Me contaron lo que habían hallado en sus estudios. Supe en ese momento que mi cuerpo sabía algo que mi intelecto todavía desconocía. En medio de mi aislamiento mi cuerpo se expresaba a gritos por medio del dolor. Una parte de mí sabía que algo andaba mal, pero yo había decidido no reconocerlo. Hice lo que sabía hacer: me retraje. En la actualidad, si reprimo mis sentimientos y no encuentro cómo hablar acerca de ellos, mi brazo derecho comienza a temblar. Esto es un recordatorio de que no debo ignorar la necesidad de hablar con alguien.

¿Está hablando tu cuerpo? ¿Hay algo que tienes que dejar de ignorar, minimizar o justificar? ¿Necesitas analizar tus dolores físicos?

¿Tengo que comprometerme?

«Estoy tan confundida que no sé lo que quiero», tal vez dirás. «En ocasiones siento que no puedo más y otras veces sé que lo amo tanto que quiero resolver todo esto». Si te sientes como si estuvieras en una montaña rusa, debes saber que no eres la única. En los primeros días, semanas y meses después de la revelación de la noticia, quizás hayas sentido conflictos en cuanto a lo qué harás. Me preocupa que algunas esposas tomen la decisión de dejar a sus maridos cuando están en medio del caos, con tanto dolor emocional. Ese es el momento más fácil para tomar esta decisión. Después de todo, a nadie le gusta sufrir.

Quiero alentarte a esperar antes de tomar la decisión de ponerle fin a la relación. Pocas veces tomamos buenas decisiones cuando estamos en medio de una crisis emocional. Si dedicas un tiempo para conseguir ayuda y analizar lo que sucede en tu vida, es más probable que tomes una decisión que no lamentarás más adelante. ¿Puedes decidir que durante un período de tiempo no abandonarás tu matrimonio? Es posible que este intervalo de tiempo sea solo un mes, o puede tratarse de seis meses o un año. ¡No tiene que ser para toda la vida! No obstante, sí significa que honrarás tu compromiso... sin amenazas de dejarlo, sin papeles de divorcio. Sé que te estoy pidiendo algo difícil y que sientes que esta sería la única forma de que te escuchen. Yo utilicé una forma sutil de «abandonarlo» diciendo: «No sé si podré seguir con esto durante mucho tiempo más». En realidad, nunca quise decir que me divorciaría, pero Mark lo entendió de esa manera. Nuestras conversaciones siempre terminaban de forma abrupta. Fue solo cuando acepté dejar de decir eso que Mark comenzó a sentirse más libre para hablar sobre lo que en realidad sentía.

Al final de este período de compromiso podrás revisar tu decisión de irte o divorciarte. Sin embargo, mientras tanto, tendrán libertad para ser en verdad sinceros, sabiendo que no se separarán durante ese período de tiempo. Esa libertad para ser honestos no es posible si no hay seguridad. Y si estás preocupada por un divorcio en potencia, no puedes sentirte a salvo.

Pequeños pasos

Cuando te enfrentas a la trágica noticia de la infidelidad en tu matrimonio, puedes sentirte tan impactada y abrumada que no sabes qué hacer. Casi todas permanecemos en este estado durante horas o un día entero. Y ni hablar de los meses que vendrán. Con todo, puedes empezar por pensar en las cosas prácticas y actuar en base a ellas para sentir que recuperas algo del control de la realidad, justo ahora que sientes que ya no te quedan fuerzas para nada. Cuando tomes una decisión por pequeña que sea o decidas contarle a alguien confiable qué es lo que sientes, podrás percibir que la vida continúa. Planea las cosas a corto plazo, un paso a la vez, un día a la vez. ¿Qué es lo que tienes que hacer con mayor urgencia, lo que necesitas hoy mismo? Ten fe en que Dios tiende su mano hacia ti en este preciso instante para guiarte hacia el próximo paso, por pequeño que sea.

Pensándolo de nuevo

1. ¿Tratas de actuar como un detective en la vida de tu esposo? Si es así, ¿por qué te cuesta dejar de buscar evidencias de su traición?

2. ¿Permites que otros te lastimen? ¿Cómo puedes crear seguridad (límites) para ti misma?

3. ¿Estás al tanto de los muros que creas para dejar fuera a otras personas de tu vida; muros como la ira, el aislamiento, el sentirte mártir o el hecho de no hablar?

4. Si sientes dolor o molestias físicas, ¿qué puede estar tratando de decirte tu cuerpo con esto? ¿Está soportando sentimientos como el miedo, la ira, la ansiedad o la tristeza?

5. ¿Cuáles son los pequeños pasos que puedes dar para iniciar tu camino hacia la sanidad?

CAPÍTULO 2

¿Por qué debería yo pedir ayuda si él es el del problema?

Acepta el apoyo que mereces

Acepta el regalo que les has dado a tantos otros. Permite que los demás te amen.

Jeanette Osias

En ti, Señor, busco refugio ... Inclina a mí tu oído, y acude pronto a socorrerme. Sé tú mi roca protectora, la fortaleza de mi salvación.

Salmo 31:1-2

Cuando Mark salió del centro de tratamiento para adicciones sexuales, el encargado de su caso, Jeff, hizo los arreglos para su «tratamiento ambulatorio»: las sesiones de consejería que recibiría en nuestra localidad después del tratamiento. Me extrañó que Jeff también tuviera un plan para mí. Supuse que había malinterpretado las cosas: *¡Mark tenía el problema, no yo!* Era Mark el que había quebrantado nuestros votos matrimoniales. Mark había cometido pecado sexual. Yo era fiel, responsable, sincera y recta en todo lo que hacía. ¿Para qué tenía que ver a un terapeuta?

Me asignaron los días martes para asistir al grupo de mujeres, y accedí a ir si con eso ayudaba a Mark a recuperarse. No quería verme desafiante o enojada. No me gustó la etiqueta de «codependiente» que la gente del centro de tratamiento me colocaba encima, así que quise demostrarles que era independiente y cooperaba, habiendo decidido ir porque me parecía buena idea. Cuando llegué a la sesión de mi grupo, tal vez lo haya hecho por los motivos equivocados. Aun así mi terapeuta, Maureen, me dio la bienvenida con amabilidad y me invitó a contarles mi historia a las otras mujeres. A pesar de que mi mundo se había derrumbado solo cuatro semanas antes y me sentía abrumada por la ira, la tristeza y la incertidumbre, pude resumir mi situación sin derramar una sola lágrima, sin que se me cortara la voz siquiera. Lo consideré como una victoria. Había logrado presentarme sin quebrantarme. ¡Tal vez no era un desastre emocional como creía! Maureen no hizo comentario alguno sobre mi estado emocional. Me dio la bienvenida a la comunidad segura de mujeres y empezó a alentarme a sentir mis emociones. Todas mis emociones.

Vi que formar parte de una comunidad saludable de mujeres significaba mucho más que reunirnos y hablar o hacer cosas. Esta comunidad es un lugar seguro, donde puedes sentirte libre para contar todos tus miedos, frustraciones o conductas. Es un lugar donde puedes abrir tu corazón, admitir qué es lo que te hace sentir mal, contar tus errores, hablar de tu ira y tu dolor, o solo desahogarte. Puedes ser tú, con todos tus defectos, y aun así te aceptarán, te alentarán y te amarán. A cambio, las otras mujeres también contarán sus historias, serán vulnerables y no intentarán «arreglarte». Te escucharán, te consolarán y te alentarán. Es una comunidad segura. Y eso no se ve con frecuencia. La mayoría de las personas no conoce lo que es una comunidad segura. Muchas veces tenemos que disfrazar nuestras actitudes, acicalarnos y sonreír para que el mundo piense que estamos bien, incluso si por dentro estamos hechas pedazos.

Después de esa primera noche con el grupo, sentí que había encontrado un «hogar», un lugar donde había mujeres seguras y una terapeuta con muchos dones que supo guiarme a través de mi dolor, escuchándome como nadie me había escuchado jamás. La experiencia fue liberadora. La autenticidad que me demostraban resultó contagiosa. Por primera vez en mi vida yo era igual por dentro y por fuera. Lo que decía y lo que mostraba reflejaban lo que sentía. Cuando estaba triste, me permitía sentir tristeza. Me mostraba afligida y lloraba. Si me sentía enojada, frustrada o ansiosa, aprendí a hablar de esos sentimientos en lugar de ocultarnos o mantenerme ocupada con algo. Me llevó tiempo poder ser congruente, y mi comunidad segura fue mi lugar de ensayo y práctica. No obstante, pronto sentí que el lugar era mío, para mí, a fin de que sanara y creciera, sin importar lo que sucediera con Mark o nuestra relación.

Si te resistes a recibir ayuda

Cuando la vida se derrumba después de la traición, hay mujeres que se sienten paralizadas. También pueden quedar enojadas, devastadas, confundidas y avergonzadas, resistiéndose a recibir apoyo. Si puedes identificarte con las razones que tenían estas mujeres para «guardar el secreto de la familia», distanciándose de su dolor o tomando una postura pasiva que las mantenía aisladas y atascadas, entenderás de qué hablo.

Jennie no tenía idea de a dónde ir para obtener ayuda. No quería preguntarle a nadie porque entonces debería admitir que tenía un problema serio. Se sentía atascada en la vergüenza y el desastre de su vida. Así que decidió que tendría que arreglárselas sola para resolver su dolor.

Amiko temía hablar con cualquiera que no fuera de su familia. Le habían enseñado toda su vida que la ropa sucia se lava en casa. La idea de hablar con extraños sobre temas tan sensibles era impensable.

El marido de Brenda le prohibió contarle a nadie lo que había pasado. Era un abogado importante y no podía arriesgarse a que la gente se enterara de lo que había hecho. Decía que el problema era suyo y que sentiría vergüenza y hasta podría perder su trabajo si lo contaba. A ella no le gustaba que le dijeran qué hacer y qué no. Sin embargo, tuvo que admitir que no quería que nada impidiera que su esposo siguiera proveyendo para la familia. Así que aceptó la conspiración del silencio.

La familia de Rosa no tenía mucho dinero. Su esposo estaba desempleado y ella trabajaba medio tiempo. Dijo que como había poco dinero era mucho más importante que su esposo consiguiera ayuda primero. Ella podía esperar y ver si las cosas mejoraban más adelante.

Gretchen tenía un dilema económico también, pero no como el de Rosa. Ella y su esposo tenían la bendición de tener muchos recursos. No obstante, Gretchen consideraba que buscar ayuda profesional cuando no había intentado lo suficiente arreglar los problemas por sí misma sería un desperdicio de dinero. Su marido le había contado de su infidelidad unas semanas antes, y ella se convenció de que tenía que esforzarse por arreglarlo todo sola antes de buscar ayuda.

Cecilia tenía tres niños y dos trabajos de medio tiempo, además de ser voluntaria en las actividades de la iglesia. No podía imaginarse ocupando más tiempo fuera de casa. Decidió que cuando los chicos fueran un poco mayores, dispondría de más tiempo para dedicarle a la solución de los problemas que tenía con su esposo. Estaba demasiado ocupada ahora, y no podía pensar en eso.

Peg decidió que el problema era de su esposo, no suyo. No iba a perder su precioso tiempo quejándose de su vida con otras mujeres. Tampoco quería perderse los juegos de golf con los amigos, las noches del club de lectura o el estudio bíblico semanal, solo para ir asistir a sesiones de terapia debido al «problema de él».

El marido de Caroline era querido y admirado por todos sus amigos. Cuando cayó en el pecado sexual, todos sintieron compasión por él y le dieron a Caroline miles de sugerencias para ayudarlo. Ella sintió que la descartaban y hasta la culpaban por todo este lío. No podía identificar sus propias necesidades, y mucho menos buscar ayuda. Se sentía una víctima, sin opciones ni un lugar a donde ir.

Robin pensaba que las mujeres que se quedaban «con ese tipo de hombres» eran débiles y dependientes. No quería ser una «de esas», así que decidió empacar su dolor y su confusión y dejar a su esposo sin mirar atrás.

Brianne era pastora, una mujer muy popular en su comunidad. Conocía a todos los terapeutas de su pueblo y a todos los grupos de apoyo, pero seguramente en todos ellos habría gente que la reconocería por su rol pastoral. Sentía que no habría un lugar seguro donde pudiera resultar anónima y se mantuviera la confidencialidad en cuanto a su problema.

Es común y comprensible que haya una resistencia a hablar con otras personas después de la traición sexual. Y por diversas razones. Sin embargo, quedar aislada, sumida en tu dolor y tu confusión, tal vez sea lo peor que puedes hacer si es que de veras quieres sanar. Cuando salí de mi escondite y encontré otras personas que también estaban dispuestas a hacer lo mismo, pude empezar a sanar. Dios usa a las demás personas para mostrarnos su gracia, su consuelo, su aceptación y su amor. La comunidad segura se convierte en el lugar donde podemos ver a los demás en la piel de Jesús. Es el lugar donde aprendemos a dejar de controlarlo todo y esperar que podemos sanar solas sin ninguna ayuda. Es el lugar donde podemos admitir que tenemos problemas y que tenerlos es normal.

Al principio permití que el hecho de haber sido traicionada me hiciera sentir anormal y avergonzada. Con todo, no quería pensar que yo o mi familia teníamos «problemas». «La gente normal no pasa por cosas como estas», me decía. Sin embargo, John Ortberg, en su excelente libro Everybody's Normal Till You Get to Know Them [Todos somos normales hasta que nos conocen], examina algunas de las percepciones más comunes sobre lo que es «normal»:

> Todos queremos vernos normales, pensar que somos normales, pero los autores de las Escrituras insisten en que no hay nadie que sea «totalmente normal», al menos no según la definición que Dios hace de la normalidad. «To-

dos somos como ovejas perdidas», nos dicen. «Todos hemos pecado y estamos alejados de la gloria de Dios».[1]

Y añade luego:

¿Has notado cuántas familias con problemas hay en Génesis? He aquí un resumen: Caín está celoso de Abel y lo mata. Lamec introduce la poligamia en el mundo. Noé, el hombre más recto de su generación, se emborracha y maldice a su propio nieto. Lot, cuando su hogar es rodeado por los residentes de Sodoma que quieren violar a sus visitantes, les ofrece en cambio que tengan sexo con sus hijas. Luego sus hijas lo emborrachan y quedan encintas de él, ¡y Lot es el hombre más recto de Sodoma! ... Abraham tiene sexo con la sierva de su esposa y más tarde envía a esta mujer y a su hijo al desierto porque su esposa se lo pide. Jacob se casa con dos mujeres y termina teniendo por concubinas a las doncellas de las dos, mientras participan en un concurso de fertilidad ... El autor de las Escrituras intenta establecer una profunda verdad teológica: todos tenemos problemas.

Todos, como las ovejas, tenemos hábitos que no podemos controlar, un pasado que no podemos deshacer, defectos que no podemos corregir ... y todos fingimos estar más sanos y ser más buenos de lo que en realidad somos ... Desde los tiempos de Adán en el Jardín del Edén, el pecado y el ocultamiento han sido tan inevitables como la muerte y los impuestos. Hay personas que son muy buenas en esto de ocultar. No obstante, las rarezas siguen ahí. Acércate a cualquier persona lo suficiente y lo verás. Todos somos normales hasta que nos conocen.[2]

Cuando piensas en esto, o tienes la oportunidad de formar parte de un grupo de personas que admiten sus etiquetas de «producto de segunda», verás que todo el mundo tiene problemas, ya sea de una naturaleza u otra. Solo aquel que oculta parte de su vida puede fingir ser normal.

¿Te sientes identificada con alguna de las historias de las mujeres que describí al principio de esta sección? Todas son mujeres muy fuertes, exitosas y atractivas. Si las conocieras en tu estudio bíblico o tu barrio, no pensarías que son anormales en lo absoluto. Con todo, así como te sucede a ti, hay cosas de sí mismas que les asustan demasiado como para hablar de ellas, se sientan demasiado inseguras como para contarlas ante un mundo que muchas veces juzga y rechaza. ¿Quieres que te conozcan y al mismo tiempo sentirte segura? ¿Quieres dejar de esconder todo lo auténtico que hay en ti, con problemas y todo? Oro que encuentres el coraje que necesitas para buscar la compañía de otras personas que intentan sanar su dolor, su confusión y sus problemas.

Mis amigas más cercanas solían ser las que compartían algunas clases o actividades conmigo. Madres cuyos hijos jugaban con los míos. Mujeres con las que servía en la iglesia o en los comités de la escuela. Aunque pensaba que teníamos una relación de cercanía, no supe lo que significa la intimidad hasta que logré compartir el dolor y la «anormalidad» de mi vida con otras mujeres que hacían lo mismo. Esto representó una experiencia totalmente diferente de lo que es conectarse con otras mujeres. El dolor y la honestidad fueron el cimiento para la formación de unas relaciones auténticas.

No creo que me habría embarcado en este viaje del autoanálisis y una mayor dependencia de Dios si no hubiera sufrido tanto. Me gusta controlar mi vida. Pensé que era una buena esposa, mujer y madre, que estaba haciendo las cosas bien. No veo que haya grandes problemas con mi carácter. No tenía idea de que Dios quisiera más para mí y que a través de la adversidad del pecado sexual pudiera llevarme a este viaje de gran descubrimiento. El primer paso fue decidir que necesitaba participar de un proceso de revelación de mi dolor y que precisaba confiar en tal proceso... el proceso de Dios para que mi carácter se desarrollara y sanara mi corazón.

Espero haberte convencido de que continuar aislada o evitando la realidad no es la solución para librarte del dolor de la traición. Esos sentimientos no desaparecen con el tiempo. No pensar en las decisiones pecaminosas de tu esposo no es la fórmula mágica que hará que desaparezcan. Perdonar a tu esposo enseguida, solo para «seguir adelante», no será más que enterrar tus sentimientos de enojo y tristeza... pero con el tiempo estos volverán a surgir en lugares y momentos inesperados. Lo mejor es esforzarte por conseguir el apoyo que mereces a fin de poder sanar y vivir a plenitud. No tienes por qué conformarte con sobrevivir y nada más.

Tres componentes del proceso de sanidad

Este tipo de ayuda que transformará tu dolor tiene tres componentes principales. Para entender la importancia de cada uno, tendremos que imaginar que tu matrimonio es un taburete con tres patas. Cada pata representa un componente vital de la ayuda que necesitas para recuperarte de la traición sexual.

1. *Mi lugar seguro.* La primera pata es tu lugar seguro, donde podrás hablar de tus sentimientos y trabajar para sanar tus heridas.
2. *El lugar seguro de él.* La segunda pata es el lugar donde tu esposo podrá lidiar con las consecuencias, su trauma, sus sentimientos y comprometerse con una nueva conducta.
3. *Nuestro lugar seguro.* La tercera pata será el lugar en el que ambos, como pareja, podrán hablar de lo que va sucediendo, practicar nuevas formas de comunicación y compartir lo que piensan de sus vidas. También es un lugar donde pueden oír al otro, enterarse de lo que siente, llorar sus pérdidas y crear una nueva visión juntos.

Las tres patas tienen igual importancia. Cuando falta una pata, el taburete se cae. El mismo representa un matrimonio sano, un esposo y una esposa conectados emocional y espiritualmente. Para mantener el taburete fuerte y sano —una relación saludable— hace falta comprometerse con los tres componentes esenciales de la sanidad.

Si bien no puedes tener control sobre las decisiones de tu esposo, y ya sea que él busque ayuda o no, sí podrás decidir que darás un primer paso por ti misma y —por qué no— en beneficio de ambos. No hace falta que esperes a que él lo haga primero. Tu deseo de crecer a través de este dolor no implica que tu esposo también crezca. Tu matrimonio tal vez ya no pueda salvarse ni llegue a ser lo que te gustaría que fuera si él decide no participar. Sin embargo, podrás tomar decisiones en pos de tu propio crecimiento.

He visto mujeres que dieron sus primeros pasos de diversas formas. Tal vez una esposa que está harta de un pecado sexual que continúa lastimándola sencillamente siente que tiene que hacer algo. Y una vez que ha hecho una cita con la persona que puede ayudarla, su esposo decide que la acompañará. Otras veces la esposa recorrerá el camino a solas durante mucho tiempo, efectuando cambios en su vida. Su esposo entonces podrá creer que si pide ayuda las cosas podrán ser diferentes y decide unirse a este proceso. O quizás la esposa inicie el proceso de recuperación para sí misma y su esposo nunca tome la decisión. En el caso ideal, ambos decidirán buscar ayuda juntos confiando en que Dios de alguna manera utilizará esta adversidad para el crecimiento del matrimonio. No importa cuál sea la situación, tu primer paso hacia la sanidad tendrá su recompensa: serás más plena como persona por haberte tomado el tiempo de analizarte.

Hacer algo que te resulta tan poco familiar como buscar ayuda puede parecerte muy difícil. Y más difícil todavía será si no tienes quién te acompañe. No obstante, quiero asegurarte que cualquier paso que dé uno de los dos tiene el potencial de comenzar a cambiar la dinámica del sistema familiar. Tu familia es como un móvil de esos que cuelgan del techo. Si tiras de cualquiera de las partes, todas las demás empezarán a moverse. Si la traición sexual te hace sentir atascada o paralizada, tu decisión de buscar ayuda podrá iniciar el proceso de sanidad para los que te rodean.

Encuentra el apoyo adecuado

El apoyo emocional y espiritual, los consejos sabios y la comunidad segura pueden encontrarse en distintos lugares. Es posible que primero recurras a tu pastor. Él o ella podrán ofrecerte una referencia a un consejero profesional para tener entrevistas privadas. Los consejeros tienen capacitación en diversas áreas. No hay un título específico que pueda garantizar la mejor ayuda, y no todos los profesionales saben cómo ayudar a las parejas que sufren debido a la infidelidad sexual.

Si en realidad crees que vale la pena luchar por tu matrimonio, sigue buscando hasta encontrar la ayuda que les sirva. Hay preguntas que tal vez quieras formular al conocer a la persona que puede ayudarte como profesional (esto incluye a tu pastor):

- ¿Ha trabajado antes con otras parejas que tuvieron problemas con la pureza sexual? ¿Y con la adicción sexual? ¿Con cuántas? ¿Les aconseja que sigan juntos?
- ¿Recomienda la consejería individual además de las sesiones para la pareja?
- ¿Conoce a algunos de estos autores que escriben sobre la pureza sexual: Dr. Patrick Carnes, Dr. Mark Laaser, Dr. Dave Carder, Dr. Harry Schaumburg?
- ¿Se ocupa de los temas relacionados con la familia de origen?
- ¿Apoya el programa de doce pasos o los grupos de apoyo?

Mark y yo hemos visto a mucha gente que perdió las esperanzas en su matrimonio porque la «ayuda» que recibieron no fue efectiva. Por ejemplo, Melissa visitó con su esposo a un consejero cristiano para hablar por primera vez de la conducta de él con relación a la pornografía y las prostitutas. Después de hacerles preguntas que tenían que ver más que nada con su vida sexual, el consejero le dijo a Melissa que sencillamente tenía que ser más sensual con su esposo.

Nancy visitó a su pastor cuando su esposo se negó a buscar ayuda. El pastor le dijo que tenía que tener más fe y orar más por su problema. Si tenía fe suficiente, Dios cambiaría a su esposo. Cuando Kiesha y Damola asistieron a su primera sesión de consejería, se les dijo que tenían que «salir» juntos más a menudo. La evaluación del terapeuta indicó que no tenían bastante tiempo a solas sin los niños, y que si tan solo se concentraban más en su relación, podrían volver a sentirse conectados... ¡y Damola ya no sentiría la necesidad de quebrantar sus votos matrimoniales!

Si recibes consejos que no te ayudan o te parecen incorrectos, confía en tu intuición y sigue buscando hasta encontrar lo que te sirva. Un terapeuta efectivo o un grupo de apoyo adecuado te darán esperanza y herramientas prácticas para lograr un cambio que tenga sentido y la sanidad que buscan en lo más profundo. No solo participé en un grupo liderado por la terapeuta durante dieciocho meses, sino que además encontré una comunidad segura en los grupos con programas de doce pasos. Ambas experiencias fueron invalorables para mi proceso de crecimiento, así que te recomiendo de una forma especial los grupos de apoyo. He aquí algunos de los grupos que podrán ayudarte.

Grupos de terapia. Son grupos que bajo la dirección de un terapeuta profesional buscan que los participantes puedan «procesar» sus problemas. También los hay de naturaleza más educativa, con conferencias, estudio de libros y ejercicios. Por lo general el grupo es de tamaño limitado y se cobran honorarios, que pueden ser reintegrados o no por el seguro de salud.

Grupos de apoyo de la iglesia. El grupo de apoyo de la iglesia suele trabajar bajo la dirección de un líder laico que ya ha tratado con problemas similares, pero tiene recorrido gran parte del camino hacia la sanidad. Los grupos suelen utilizar algún tipo de material o libro de ejercicios para conducir las reuniones. De modo habitual no se paga por participar y no hay límite para la cantidad de miembros en cada grupo.

Grupos con programas de doce pasos. Son grupos que guían a los participantes para ayudarles a examinar sus sentimientos y conductas. También suelen formar comunidades muy fructíferas, donde hay personas que buscan cambiar y crecer, todo en medio de la seguridad que ofrece el anonimato. Suelen ser numerosos y gratuitos. Menciono aquí algunos de estos grupos que podrán ser de utilidad en tu caso. (En la sección de recursos al final del libro se ofrece más información.)

- COSA (Codependents of Sex Addicts Anonymous [Codependientes de la adicción al sexo anónimos]): Para aquellos que se han visto afectados por la conducta sexual compulsiva de otra persona.
- CODA (Codependents Anonymous [Codependientes anónimos]): Para quienes desean evaluar los patrones o características de la codependencia en sus relaciones.
- Al-Anon: Para los que tienen una relación con un alcohólico. Aunque tal vez no sea el alcoholismo lo que afecta a tu familia, el grupo puede ayudarte mucho a que aprendas más sobre la codependencia en cualquier relación.
- OA (Overeaters Anonymous [Glotones anónimos]): Para aquellos cuya estrategia primaria consiste en «medicarse» con la comida. Muchos cónyuges que sufren buscan consuelo en la comida, o por el contrario padecen de bulimia o anorexia nerviosa. Si encuentras que esta es la forma en que lidias con tu tristeza o ira, OA puede ayudarte y ser un refugio seguro donde podrás encontrar apoyo y herramientas que te ayudarán a sanar.

Un grupo propio. Aunque la idea de formar tu propio grupo pueda darte un poco de temor, hay muchas mujeres que hallaron que el mejor apoyo estaba en solo una o dos mujeres con las que trabajaban guiándose por algún libro en especial o un programa de ejercicios. Yo recomiendo *A L.I.F.E. Guide: Spouses Living in Freedom Everyday.*[3] También podrán elegir un libro para leer juntas. En la sección de los recursos al final de este libro hay una lista que podrá resultarte útil. Pregúntale a tu pastor o terapeuta si conoce a alguien que esté recorriendo a solas el camino de la recuperación de la traición sexual. En total confidencialidad él o ella podrán conectarte con personas que deseen trabajar en grupo. También puedes asistir a reuniones de grupos de doce pasos y escuchar historias con las que te identifiques. Luego podrás invitar a las mujeres que cuentan estas historias a unirse a un grupo en específico para aquellos que necesitan recuperarse de la traición.

Pídele a Dios que te guíe a encontrar mujeres seguras que puedan acompañarse mutuamente en este viaje. Hace poco recibí un mensaje por correo electrónico de parte de una mujer a la que había animado a buscar apoyo. Ella escribió: «He aprendido mucho sobre mí misma y en cuanto a por qué entró la traición sexual en nuestras vidas. He formado buenas amistades, las mejores de mi vida. Ahora cuento con personas que pueden alentarme y a las cuales alentar. Quiero agradecerte por haberme animado a iniciar mi camino hacia la recuperación».

Piensa que estás «entrenando»

Me encanta jugar al golf, y Tiger Woods es alguien a quien admiro y también observo con frecuencia. Él ha ganado más torneos a su edad que cualquier otro jugador. En una entrevista le preguntaron cuál era la diferencia entre un buen jugador y uno grandioso, y él respondió: «Poder repetir lo que haces». También le preguntaron por qué había cambiado dos veces su forma de golpear la pelota después de tantas victorias, a lo que contestó: «Para mejorar. Estoy construyendo algo, y eso lleva tiempo».

Mi experiencia con el tenis me ha enseñado lecciones muy valiosas sobre lo que significa construir algo que valga la pena a lo largo del tiempo, «entrenando» para poder cambiar y sanar tanto mi matrimonio como mi persona. Como parte de mi proceso de recuperación me he comprometido a volver a jugar, pero nunca tengo mucho tiempo. Tomé algunas lecciones y practiqué, y luego pasé a formar un equipo con otras cinco mujeres. Una semana practicábamos los ejercicios con nuestro entrenador y a la semana siguiente jugábamos con otros equipos. Después de cada partido el entrenador comentaba lo que habíamos hecho. Era amable y buscaba alentarme, destacando en lo que había prosperado y señalando qué estrategias o movimientos podía practicar para ser mejor. En realidad, yo era mucho más dura conmigo misma de lo que lo era él, y me sentía desilusionada si algo me salía bien en las prácticas y no en el juego. Estaba intentando en verdad ser una buena jugadora. Sin embargo, debía ocuparme de mi negocio y el trabajo me exigía mucho. Además, tenía tres niños y participaba en las actividades del proceso de recuperación. De modo que no contaba con mucho tiempo para este nuevo emprendimiento.

Mi entrenador vio que estaba siendo muy crítica conmigo misma y me dijo con sabiduría: «Debbie, eres buena jugadora. Solo necesitas pegarle a miles de bolas hasta que el movimiento forme parte de ti, de modo que ni siquiera tengas que pensarlo. Hace falta tiempo y mucha práctica. No esperes jugar bien si solo tienes tiempo para practicar un día a la semana».

Entrenar o intentar

Sabía que para sanar del dolor de la traición sexual necesitaría el mismo tipo de compromiso y práctica que hacían falta para mejorar como jugadora de tenis, y eso implicaba entrenamiento. Unas pocas sesiones de terapia o una charla ocasional con una mujer que me entendiera no bastarían.

Podemos engañarnos diciéndonos que estamos esforzándonos o haciendo más de lo que en realidad hacemos. Podemos no ser objetivos en cuanto a nuestros esfuerzos, queriendo mucho obtener resultados, pero sin tomar las decisiones que nos llevarán a conseguirlos. Es difícil cambiar viejos hábitos. El modo en que nos hemos comunicado con el otro, la manera en que lidiamos con los sentimientos y nuestra forma de seguir juntos en medio de los secretos o señales de la impureza sexual son cosas que serán difíciles de sacar a la luz y reformular. Somos humanos y buscamos lo conocido. Hacemos las cosas como las hicimos siempre. Si solo «intentamos» un par de cosas para ver si «funcionan», no lograremos nada. A menudo cuando la vida cambia un poco y ya «empezamos a sentirnos mejor», abandonamos nuestra búsqueda de «la grandeza». Tenemos que comprometernos con un entrenamiento a largo plazo para crear nuevas conductas y formas más saludables de relacionarnos con los demás, de manera que podamos transformar nuestras vidas.

Soy muy buena para «intentar» diversas cosas. El entusiasmo que me da aprender algo nuevo o crecer en algún aspecto siempre me motiva a comenzar. Sin embargo, esto es muy distinto a entrenarse. El entrenamiento implica que tengo que vencer varios obstáculos. Requiere tiempo, demanda un compromiso y un reordenamiento de las prioridades, porque no puedo entrenarme para diversas cosas a la vez. Es necesario entender que al entrenar habrá altibajos. No siempre me sentiré entusiasmada. En realidad, entrenar implica trabajar duro, esforzarme. Con todo, la visión de lo que deseo conseguir en última instancia me mantiene avanzando.

Al dar los primeros pasos para encontrar la sanidad en mi vida tuve que decidir si iba a entrenar o solo a intentarlo. Quería ver cambios en mí misma lo suficiente como para saber que nada iba a interponerse en mi camino. No iba a poder esforzarme solo si buscaba algo que ayudara a Mark. No sabía cuál sería el fin de nuestro matrimonio. Solo sabía a partir de mi participación en esa Semana de la Familia y luego en mi grupo de mujeres que tenía que aprender algunas cosas acerca de mí. Con treinta y siete años, pensaba que ya me había graduado del curso de «Cómo vivir la vida». No obstante, ahora me daba cuenta de que solo había estado observando casi como desde afuera. Dios tal vez me compararía con una chica de la escuela secundaria en términos de vivir una vida sana en lo espiritual y lo emocional. Era hora de que empezara a entrenar.

Los obstáculos del entrenamiento

Uno de los mayores obstáculos que debí vencer cuando empecé a entrenar para el cambio fue la idea de que no podría afrontarlo. Como el entrenamiento por lo general no brinda evidencia instantánea del progreso, podía decir que estaba desperdiciando mi tiempo y mi dinero. Me gusta ver resultados, y cuando antes mejor. No puedo negar que el entrenamiento tiene un costo. Sin embargo, también puedo verlo de otra manera: en más de veinte años de invertir en mi salud emocional personal, de entrenar con esfuerzo, he gastado menos de lo que muchas familias gastan en una o dos vacaciones para todos. Jamás cambiaría mis experiencias a largo plazo por algo tan pasajero. Y hoy, los resultados de mi inversión son invalorables.

La recuperación es una inversión que haces en tu salud emocional. Necesitarás tiempo, paciencia y dinero. ¿Estás dispuesta a hacerlo? Muchas mujeres desaprovechan las oportunidades de sanar alegando que están demasiado ocupadas o cansadas. Si te diagnosticaran una enfermedad crónica y debilitante, ¿qué harías para estar mejor? El dolor de la traición puede carcomer tu serenidad y tu carácter hasta el punto de que en un momento del futuro ya no te reconocerás. Si lo dejas las cosas como están, sin tratar con ellas, empezarán a infectar todos los aspectos de tu vida. ¿Puedes darte el lujo de que suceda algo así?

Compañeros de entrenamiento

Cuando las personas entrenan juntas pueden llegar a ser aliadas poderosas para lograr el cambio que buscan. Esa es otra de las razones por las que es tan importante comprometerte con una comunidad segura para sanar de la traición sexual. El proceso de sanidad en conjunto establece un vínculo de confianza, en el que cuentas con los demás para compartir tus sentimientos y que puedan oírte. Ellos podrán apoyarte en tus decisiones, practicar contigo las nuevas formas de relacionarte con otros, y recordarte cuántas veces más tendrás que practicar tu «tiro». Muchas veces son los demás quienes notan nuestro progreso. Cuando entreno muchas veces paso por alto los sutiles cambios que surgen porque me encuentro muy concentrada en lo que estoy haciendo. Así que me sirve de mucho que alguien pueda hacerme notar cuánto estoy progresando.

Si tu esposo decide conseguir ayuda para él también, ambos podrán entrenar juntos para transformar su matrimonio. Las decisiones que han tomado a lo largo de los años crearon patrones en la relación. ¿Qué hacen cuando están tristes, enojados o desilusionados? ¿Qué reacción tienen cuando se sienten solos o resentidos? ¿Buscan cómo salirse de la situación para estar a solas, o atacan dicha situación en conjunto? ¿Cómo reaccionas tú cuando tu esposo se muestra exigente, distante, deprimido o se distrae con otras personas (en especial si son mujeres)? ¿Cómo conversan? ¿Se quedan en silencio? ¿Qué necesitan? ¿Acaso lo saben? ¿Cómo pides que satisfaga tus necesidades? ¿Supones que puede leer tu mente?

Analiza la forma en que interactúan en términos de la comunicación y las conductas. Esto te servirá de mucho porque es una información muy valiosa. Si ambos deciden explorar estos temas, podrán empezar a entrenar para lograr una relación diferente y nueva. Si tu esposo no quiere acompañarte en este viaje, podrás entrenar sola. Transformarás todas tus relaciones al entrenar y refinar tu carácter y tus conductas. Tendrás relaciones más auténticas con tus amigos, tus hijos, tus colegas y con Dios. Si luego avanzas hacia una nueva relación amorosa, no llevarás contigo los patrones destructivos que terminaron en el distanciamiento, el ocultamiento y la desesperanza. Para ti, siempre habrá resultados positivos.

Entrenar para la intimidad

Durante una sesión grupal, Kim contó una dolorosa historia sobre sus padres. Habiendo estado casados durante veinte años, su padre fue sexualmente infiel. Kim dijo que había ido a sesiones de consejería y por un tiempo las cosas parecían haber mejorado. Sin embargo, a la larga se divorciaron. Así que sentía escepticismo con respecto al progreso que ella y su esposo Tom lograrían después de su infidelidad. No sabía si los resultados logrados perdurarían. No podía confiar en el cambio que estaban llevando a cabo en su relación. Cuando hablamos de los parecidos con la situación de sus padres, comenzó al llorar. Podía ver lo que había sucedido cuando ellos «pidieron ayuda» para luego fracasar finalmente. Cuando le pregunté qué cosas había observado en específico en los esfuerzos de sus padres, dijo: «Bueno, en realidad mi padre [que había tenido la aventura amorosa] se esforzaba mucho e iba a consejería, le pedía perdón a mi madre, se arrepintió ante los ancianos de la iglesia y aceptó su responsabilidad y la disciplina impuesta. No obstante, ahora que lo pienso, me doy cuenta de que mamá no hacía nada. Se negó a conseguir ayuda. Y ahora ha vuelto a casarse con un hombre quince años mayor que ella y continúa siendo un desastre». Kim respiró hondo y suspiró, como si viera algo nuevo por primera vez: estaba decidiendo que su forma de lidiar con la infidelidad de su esposo no sería igual a la de su madre. Tenía razones para esperar que ambos pudieran entrenar a fin de lograr un cambio perdurable en su forma de relacionarse, un cambio que abriría las puertas a la intimidad que ambos buscaban.

Después que su esposo le revelara sus muchas aventuras, Sun y Jung trabajaron duro durante un año en un programa de recuperación. Sun siguió asistiendo a su grupo de apoyo y trabajaba también de forma individual para resolver sus problemas. No obstante, Jung dejó el programa por motivos de trabajo. Con el tiempo, él volvió a caer en el pecado y visitó a varias prostitutas. Cuando Sun se enteró, supo que no iba a tolerar a un esposo que no se comprometiera sexualmente con ella, así que pidió el divorcio. Sufrió mucho y el dolor empeoró con todos los cambios que se dieron en su vida, pero se apoyaba en su comunidad segura y en la terapia. Pudo perdonar a Jung y siguió aprendiendo más sobre cómo comunicarse. Hoy es una madre soltera, con un nuevo empleo y tres niños pequeños. Ha logrado crear un hogar donde se alienta a los niños a amar a su padre y en el que ambos cooperan en la crianza de los hijos. Su hogar no es un lugar de amargura. Está agradecida por las herramientas que recibió y la salud emocional que las mismas le ayudaron a construir, tanto para sí misma como para los niños. En la actualidad, casi el cincuenta por ciento de los matrimonios fracasan. La estadística es la misma entre los matrimonios cristianos. Para quienes dejan un matrimonio que se ha roto e intentan encontrar a la persona «correcta» sin analizar los patrones de su anterior relación, las estadísticas son más altas todavía. La mayoría de la gente vive con la ilusión de que si encuentra a la persona indicada, vivirá feliz y contenta. Sin embargo, si esto no sucede, por lo general iremos en busca de alguien más. El problema es que nuestros patrones, nuestras maneras de relacionarnos con los demás, van con nosotros dondequiera que vayamos, sin importar a quién encontremos.

La mejor forma de enriquecer mis relaciones consiste en conocerme mejor y entrenarme bien en las destrezas para lograr una intimidad emocional. La intimidad tiene que ver con la conexión emocional y espiritual. No se trata solo de compartir sentimientos positivos o tener una excelente conexión sexual. La intimidad significa encontrar seguridad en una relación en la que puedas compartir todos tus sentimientos, incluyendo el miedo, la ansiedad, la desilusión, la alegría, la esperanza y demás. En una relación íntima y segura confías en que cuando muestras lo que sientes, no te abandonarán ni te criticarán o juzgarán. Esta es una visión grandiosa de lo que puede llegar a ser una relación, y para lograrla es posible que tengas que trabajar y entrenarte durante toda la vida.

El compromiso con el viaje de redención

Los pasos valerosos que damos cuando buscamos ayuda, establecemos una comunidad segura y nos entrenamos para el cambio son fundamentales para el óptimo crecimiento espiritual después de la traición sexual. Honras a Dios y progresas espiritualmente cada vez que decides que tu dolor servirá para crecer y no para destruirte.

Entendí algo muy importante en medio del dolor de la traición: que en algún lugar de esa destrucción de mi vida había una oportunidad para que naciera un nuevo carácter, más parecido al de Jesús. Cuando me comprometí a encontrar mi camino en ese sendero de redención con un nuevo tipo de compañía —una comunidad de mujeres seguras y un esposo dispuesto a acompañarme— lentamente empecé a sentir dentro de mí que ocurrían cambios, y en particular el cambio de llegar a ser más auténtica. Aprendí a aceptar mis sentimientos, necesitar a los demás, no buscar controlarlo todo y depender de Dios. Aprendí a aceptar mis debilidades, mis conductas de pecado, mi quebranto, mi dolor, y a celebrar los aspectos positivos de la persona que soy. Aprendí a vivir el momento y a disfrutar de las pequeñas cosas. Y aprendí lo que era la paz y lo que es de veras el propósito. Es mi oración que al leer cada capítulo encuentres palabras de aliento y una invitación a embarcarte en este viaje de redención.

Pensándolo de nuevo

1. ¿Cuáles de las tres patas del taburete que representa tu relación están recibiendo más atención? ¿Tú? ¿Él? ¿La relación? ¿En qué componente se centran más? ¿Por qué?
2. Si no has dado ningún paso para conseguir ayuda para ti, ¿qué es lo que te lo impide?
3. ¿Has entrenado para algo alguna vez? ¿Qué tuviste que sacrificar para poder entrenar con tal de conseguir tu visión? ¿Cómo te sentías con respecto a ti misma mientras entrenabas?
4. ¿Has pasado por otras adversidades traumáticas en tu vida? ¿En qué aspectos creciste personalmente producto de ese sufrimiento?
5. Si estás dispuesta a aceptar el desafío, pregúntale a Dios: «¿Qué quieres que aprenda a partir del dolor de la traición sexual?» Luego, sigue avanzando para entrenarte en el camino de la redención.

CAPÍTULO 3

¿Cómo pudo haber sucedido esto?

Entiende cuál es el verdadero problema

Las raíces de toda nuestra vida van muy profundo, y no podemos entender de veras a una persona a menos que podamos conocer quién ha sido, qué ha hecho, qué le ha gustado, qué le ha hecho sufrir y en qué cree.

Fred Rogers

Por lo tanto, no juzguen nada antes de tiempo; esperen hasta que venga el Señor. Él sacará a la luz lo que está oculto en la oscuridad y pondrá al descubierto las intenciones de cada corazón.

1 Corintios 4:5

«Ella le grita todo el tiempo. No me extraña que él tuviera una aventura».

«Él nunca ayuda con los niños. Ella tiene motivos para estar enojada y distante».

«He visto que siempre mira a las mujeres, pero si su esposa cuidara más su aspecto, tal vez no lo haría».

«Si no estuviera siempre tan enojado, tal vez su familia querría estar más tiempo con él».

«Me presiona tanto para que tengamos sexo que trato de evitarlo».

«Tal vez si le hubiera prestado más atención esto no habría sucedido».

Es fácil juzgar a partir de lo que vemos. Siempre hay uno que tiene razón y otro que está equivocado. Siempre hay uno bueno y otro que es malo. Somos muchos los que sucumbimos a este tipo de juicios, donde todo está en negro y blanco. Y al ver las conductas y los síntomas, decidimos lo que significan y diagnosticamos cuál es el problema. No obstante, si decidimos vivir de esta manera, tal vez no lleguemos a percatarnos de cuál es el problema verdadero. ¿Qué podrá yacer bajo esos síntomas? ¿Se trata de un tumor maligno que va creciendo sin que lo veamos?

Christy era una devota esposa cristiana que participaba en el ministerio musical de su iglesia. Le avergonzó admitir ante su grupo de apoyo que había escupido a su marido y lo había insultado. Ella explicó con humildad: «No sé por qué lo hice. Ese no es el tipo de mujer que quiero ser. Todos piensan que estoy loca».

Los que la observaran o se enteraran de esta conducta podrían concluir con facilidad que el problema era Christy. Tal vez sí estaba loca. Eso es lo que veían: una esposa iracunda. Alguien que intentara resolver este problema preferiría trabajar con ella solo para cambiar su conducta. Podrían hacerle todo tipo de sugerencias: aléjate hasta que te calmes, llama a una amiga para desahogarte, ora más, lee la Biblia y arrepiéntete, busca libros sobre el control de la ira. Todas estas pueden ser ideas buenas, pero solo estarán refiriéndose a la punta del iceberg. Si uno quiere conocer el corazón de Christy en serio, tendrá que conocer la historia de esta mujer.

Dos semanas antes había encontrado pornografía en la computadora de su esposo, junto a cuentas de teléfonos con llamadas a mujeres de otras ciudades. Cuando confrontó a Ryan, él negó que las llamadas fueran suyas y afirmó que solo había visto pornografía un par de veces. Christy estaba devastada y furiosa. Siempre deseó tener un esposo comprometido y fiel. Y ahora se preguntaba sobre sus diez años de matrimonio. Ella había sido siempre sincera con respecto a todo. Conocía a muchos hombres que engañaban a sus esposas: su padre, su primer novio, y ahora tal vez su esposo también. Sintió enojo y desesperanza porque su esposo no la escuchaba. Ni siquiera admitía lo obvio. ¿Acaso creía que ella era estúpida? La idea de que pensara que era tan tonta como para no darse cuenta de lo que tenía ante los ojos la enfurecía. Tenía que lidiar con muchos sentimientos, pensamientos y deseos, pero no sabía cómo hablar acerca de su historia. Su conducta solo reflejaba su dolor.

Suposiciones erróneas

Agradezco que en la Semana de la Familia supieran guiarme hacia los temas más profundos de la traición sexual, y que luego me hicieran asistir a sesiones de consejería. Si no hubiera sido así, yo solo me habría percatado de las conductas: «Mark eligió a otras en lugar de a mí». O de mis emociones: «Estoy quebrantada, con el corazón roto, triste y enojada». Hubiese juzgado su comportamiento: «Si elige a otras es porque no me ama, tengo que dejarlo». Y el veredicto habría sido rotundo: «Mark es malo. Yo soy buena. Este matrimonio no funciona más. Merezco algo mejor».

Todos los días vemos diagnósticos rápidos y a primera vista con relación al pecado sexual en nuestra cultura. Somos testigos de la infidelidad y enseguida sacamos conclusiones sobre el problema para asignar culpas. Los periódicos están llenos de historias de gente conocida y sus «caídas». Oímos los informes acerca de quién hizo qué para lastimar a quién, o quién abandonó a quién por alguien más, y eso es todo. No oímos nada de la historia que yace detrás de la historia, en cuanto al por qué suceden las cosas. Esos informes que nos llevan a suponer quién tiene la razón y quién no también nos llevan a decir: «¡Qué mal está todo!» Tales suposiciones están llenas de generalidades y juicios. Trágicamente, pasamos por alto el hecho de que hay que descubrir una verdad que está más allá. Es más fácil culpar a alguien o algo que tratar de entender.

Es culpa de la esposa
Cuando un hombre decide usar pornografía, tener una aventura o involucrarse en cualquier otra conducta sexual impropia, suponemos que no encuentra satisfacción para sus deseos sexuales dentro del matrimonio y por eso busca lo que necesita fuera de la

casa. También podemos suponer que está muy tensionado o con dificultades y busca alivio. Hay una creencia general en cuanto a que los hombres necesitan tener sexo y es deber de la esposa satisfacer sus insaciables necesidades sexuales. ¡Incluso existen libros que declaran que si el hombre no obtiene alivio sexual con regularidad, puede sucederle algo malo! Tal vez otra de las suposiciones frecuentes sea que la infidelidad no es un problema porque hay mucha gente infiel. El problema se diagnostica enseguida: él lo necesita, no lo consigue, así que lo busca en otra parte.

A veces la esposa supone que la del problema es ella, que es ella la que causó esta conducta sexual. De forma automática se culpa por ser una mala esposa. Supone que no ha estado disponible lo suficiente —en términos sexuales u otros— porque estaba cansada o preocupada. Los niños y las responsabilidades del trabajo consumen sus días y ahora piensa que si tan solo hubiera sido mejor esposa, tal vez no habría existido la traición sexual.

Fueron estas ideas, entre otras, las que llenaban mi mente durante las horas que siguieron a la revelación de la infidelidad de Mark. Él hablaba por teléfono entrevistándose con alguien para su tratamiento y yo estaba allí en el sofá, llorando, convencida de que había sido una mala esposa. Mis energías habían estado dedicadas a la crianza de los tres niños y estaba segura de que jamás podría estar a la altura del aspecto profesional o el talento académico de la gente con quien Mark pasaba sus días. Confirmaba en mi mente que yo no era suficiente, que jamás lo sería, y que era mejor abandonarlo todo. Fue solo cuando recibí consejos sabios que me ayudaron a desentrañar el laberinto de la traición sexual que pude hacer a un lado la suposición de que yo era la causante. El problema era yo.

Es culpa del esposo

Claro está que otros podrían suponer que el problema es el esposo. El que traicionó queda etiquetado como alguien consumido por el pecado, psicológicamente desequilibrado, quebrantado y sin posibilidad de recuperarse debido a su mala crianza o sus malas decisiones. «Este hombre que hizo cosas tan hirientes no es el hombre de quien me enamoré», pensarás. Solía ser muy amable y afectuoso, queriendo siempre estar contigo, regalándote cosas y diciéndote palabras de amor. ¿Qué pasó con ese hombre?, te preguntas. Piensas que hiciste todo lo que tenías que hacer como esposa, incluso estar disponible para el sexo cada vez que él lo quisiera (más veces de las que lo deseabas tú). Has resistido tentaciones, has sacrificado tu vida en muchos aspectos para que él pudiera avanzar, y no existe un motivo por el cual pudiera traicionarte. El problema es él.

Jennifer está convencida de que el problema en su matrimonio es Keith. Me confió que antes de casarse él había tenido una vida sexual muy activa y se lo había confesado. «Con esa vida tan horrible tendría que haber sabido que le costaría ser sexualmente puro en el matrimonio. Mi familia es todo lo contrario. Son todos muy amables y jamás ha habido problemas». ¡Según la percepción de Jennifer, el problema definitivamente es su esposo!

Latisha visitó a un terapeuta cuando se enteró de la aventura de Damien. No quería que su familia se viera afectada por un divorcio a pesar de que él le había sido infiel. Damien todavía no había admitido que había hecho algo malo e incluso se justificaba porque no se sentía amado en casa. Tenían cinco niños, pero Latisha no quería abandonarlo todo sin luchar. El terapeuta, que también había conocido a Damien, dio un diagnóstico rotundo: «Tiene un desorden de personalidad narcisista y es probable que no cambie jamás». Ahora se había decidido «profesionalmente» que el problema era él.

Judith también tuvo que pasar por el terrible y devastador momento de saber que su esposo había estado viendo pornografía por años y había tenido poco antes una aventura con una compañera del trabajo. Él era un exitoso hombre de negocios y durante años no había pasado mucho tiempo en casa. Ella era quien se ocupaba de los niños y las finanzas del hogar. Había sacrificado todo su talento para que él pudiera lograr el éxito. Aunque David sentía remordimientos y se comprometió a ser sexualmente puro, Judith decía siempre en las sesiones de consejería que su esposo era egoísta, que siempre lo había sido. Allí estaba el problema. Si lograra dejar a un lado su egoísmo, todo estaría bien. Él era el problema.

La culpa es de la cultura

Otra conclusión muy común es determinar que el problema está afuera, no en nosotros. Podemos culpar a nuestra cultura tan promiscua: «Si las mujeres se visten como se visten, no me extraña que mi esposo no pueda mantenerse sexualmente puro. ¡Hay tentaciones por todas partes!» Podemos pensar que las mujeres hoy son mucho más agresivas, que todo el mundo engaña a todos, que la moral de nuestro país ya se perdió, o que seríamos más felices si pudiéramos experimentar más con el sexo. Podemos buscar todo tipo de exclusas para justificar la traición sexual. El problema está fuera del matrimonio.

Gina me contó que aunque detestaba la pornografía y ya no podía tolerarla en su matrimonio, al principio había aceptado ver pornografía con su esposo. Decía que no sabía si le gustaría, pero que tampoco quería verse como una mojigata. Pensó que les ayudaría a ser más sexuales y juguetones, por lo que accedió a participar. Su esposo le dijo que todos hacían estas cosas y debía relajarse un poco más. Ella decidió que tal vez no estaba muy al tanto de «lo último». La cultura ejercía presión sobre su inocencia.

Cuando se revela la traición sexual en un matrimonio, solemos buscar a quién culpar. Tiene que haber algo o alguien que no anda bien, pensamos. «Tal vez el problema soy yo. Quizás es él. Es posible que se trate de este mundo sin arreglo, plagado de sexo, así que no puedo esperar otra cosa». No importa a quién o qué culpemos, estas percepciones nos llevarán a la división. Cuando el pecado sexual golpea nuestra relación, podemos suponer:

- No puedes darme ya lo que yo quiero y por eso tengo que buscarlo en otro lado.
- Si tuviéramos un buen matrimonio no nos costaría tanto mantenernos conectados.

- Me casé con la persona equivocada. Cambiaste después del matrimonio y no eres la persona con la que creí casarme.
- No hay otro matrimonio con tantas dificultades. Merezco la felicidad, y como no me haces feliz, tengo derecho a dejarte.
- Si tuviéramos un mejor sexo, nuestro matrimonio sería mejor.

No importa si el problema se ve como tuyo, de él o de la cultura, y si la traición sexual es un patrón o un incidente aislado, todo pecado sexual lastima profundamente a la esposa. Cuando el esposo busca otras mujeres, ya sean reales o en imágenes, la esposa se siente comparada, convertida en un objeto y rechazada. El pecado sexual es como el cáncer, con células ocultas de dolor que si no se encuentran, reconocen y tratan, se multiplicarán y terminarán matando tu espíritu y tu relación.

¿Bailamos?

Todos los matrimonios, ya sea que sufran de traición sexual o no, crean «danzas» para poder lidiar con lo que sucede entre ellos y no han reconocido ni resuelto de manera saludable. En realidad, todas las relaciones tienen que ver con estas danzas, y es bueno saber cómo baila cada quien. En una relación, ambos desarrollan patrones y rutinas de comunicación y conductas. Por ejemplo, ¿qué haces si surge un conflicto? ¿Te escapas? ¿Tratas de pacificar? Cuando alguien sufre, ¿sientes la necesidad de cuidarlo y solucionar su problema? ¿Te pones a la defensiva si oyes algo ofensivo proveniente de una amiga o tu esposo? ¿Intentas convencer a los demás de que tus opiniones son las mejores? Si te observas, podrás notar patrones que te siguen en todas tus relaciones. Si tiendes a evitar el conflicto, lo harás con tus hijos, tus colegas y tus amigos, y también con tu esposo.

Lo importante para mí mientras sanaba del dolor de la traición sexual fue saber que la forma en que lidié con ese dolor habla mucho de cómo reacciono ante el sufrimiento en todas mis relaciones. El dolor de la traición era enorme. Saber cómo lidiar con este dolor, si podía hablar de ello, los mensajes que me decía a mí misma y lo que haría con respecto a esto hablaba mucho de cómo bailaba yo en mi relación. He decidido que no me gusta la forma en que bailaba la mayoría de las veces. Mis pasos me alejaban de los demás e impedían que pudiera conocerme a mí misma. Pensé que la tragedia de la traición sexual iba a sepultarme. No tenía idea de que podría llevarme a descubrir mi verdadero yo y la forma en que interactúo con los demás.

He aquí la manera en que Mark y yo bailábamos durante la primera parte de nuestro matrimonio: Yo veía que Mark dedicaba mucho tiempo a ocuparse de otras mujeres. Eran miembros de su congregación, alumnas en sus clases, clientas o colegas. Inferí que sus necesidades importaban más que las mías, y eso me entristecía. Cuando estaba triste, actuaba de cierta forma, retrayéndome y decidiendo que tendría que arreglármelas y ser más independiente.

Fíjate en el diagrama que sigue para ver cómo continuaba nuestra danza. Para Mark el hecho de que no parecía necesitarlo era un provocador de problemas, y eso le ponía triste. El lidiaría con esto mirando televisión o buscando más trabajo que hacer. Entonces su comportamiento me llevaba a pensar que yo no estaba siendo lo suficientemente buena, divertida o inteligente para merecer su atención, y tal cosa me hacía enojar. Cuando estaba enojada ocupaba mi tiempo con el trabajo, los niños o las tareas de la casa. Que yo estuviera tan ocupada molestaba a Mark. Él se enfurecía porque yo nunca estaba disponible y resolvería esto encontrando otras que sí lo necesitaran o lo quisieran. ¡Así que volvíamos al lugar donde habíamos empezado! El baile siguió hasta que encontramos la manera de hablar acerca de lo que en verdad estaba sucediendo.

Hasta que no busqué ayuda, no encontré la manera de hablar acerca de mis sentimientos, suposiciones y necesidades. ¡Si hubiese sabido cómo hacerlo, definitivamente no hubiera participado de esos bailes que estaban matando mi espíritu!

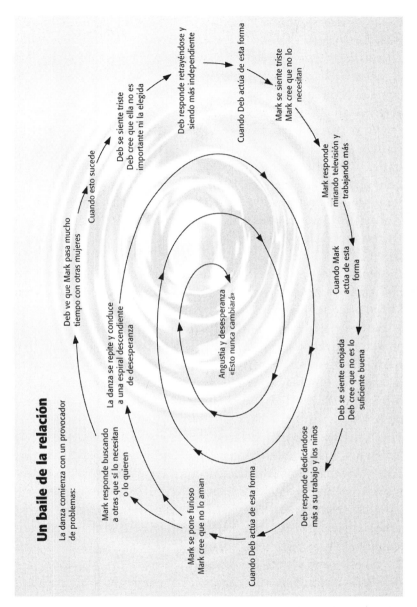

Un baile de la relación

La danza comienza con un provocador de problemas:

Deb ve que Mark pasa mucho tiempo con otras mujeres

Cuando esto sucede

Deb se siente triste
Deb cree que ella no es importante ni la elegida

Deb responde retrayéndose y siendo más independiente

Cuando Deb actúa de esta forma

Mark se siente triste
Mark cree que no lo necesitan

Mark responde mirando televisión y trabajando más

Cuando Mark actúa de esta forma

Deb se siente enojada
Deb cree que no es lo suficiente buena

Deb responde dedicándose más a su trabajo y los niños

Cuando Deb actúa de esta forma

Mark se pone furioso
Mark cree que no lo aman

Mark responde buscando a otras que si lo necesitan o lo quieren

La danza se repite y conduce a una espiral descendiente de desesperanza

Angustia y desesperanza
«Esto nunca cambiará»

Este es el patrón que repetían Stacy y Brad. Brad se enojaba por algo y se alejaba de Stacy; ella se sentiría sola y con miedo del enojo de él, y entonces también se alejaría y se consolaría comiendo.

Entonces el se sentiría rechazado y enojado por la falta de atención de ella y buscaría mujeres que lo cuidaran y le respondieran en los comités de la iglesia, donde hablaría con ellas acerca de su soledad en casa (sin que Stacy lo supiera). Ella se sentiría desesperanzada de nuevo, creyendo que nunca cambiaría nada, y se enojaría. Luego el se enojaría porque ella se enojó, y así continuaban su baile.

Dan y Denise bailaban así: Dan pasaba incontables horas en su trabajo. El resentimiento de Denise crecía a causa de la carga de trabajo de su esposo y su incapacidad para ayudarla con los niños, así que lidiaba con esto criticándolo y gritándoles a los niños. Él se sentía enojado por no poder hacer nunca nada bien, y entonces actuaba alejándose aun más y refugiándose en la pornografía (sin que Denise lo supiera). El resentimiento de ella crecía, por lo que gastaba dinero de manera excesiva en ropa y la casa para sentirse mejor. La deuda que acumuló llevó a que Dan se sintiera desesperanzado en cuanto a ser capaz de proveer para su familia y resentido porque no tenía ayuda con la carga financiera. Y así continuaban su baile.

Helen descubrió que su trabajo era un gran lugar para presenciar la repetición de sus bailes. Se quejaba a menudo de que se hacía cargo de mucho más de lo que le correspondía en cuanto a las responsabilidades familiares. Vivía resentida pensando en lo injusta que era la vida, y la mayor parte del tiempo estaba enojada con su esposo. Al observar su situación en el trabajo, también notó que su resentimiento crecía por todas las tareas extras que terminaba haciendo continuamente. Sin embargo, no sabía qué límites establecer si otros exigían que cumpliera con más compromisos. Helen había estado enojada por años, pero ahora veía algunos patrones racionales en sí misma mientras intentaba pedir ayuda y hacía evidente su frustración y enojo cuando los responsabilidades se volvían injustas.

Mindy tenía sentimientos negativos acerca de tener sexo cuando ella no quería. Estaba tratando de ser congruente, deseaba compartir sus sentimientos y miedos y no solo decir que sí cuando su corazón decía que no. Sin embargo, no bien veía la agitación e impaciencia de su esposo, hacía caso omiso de lo que opinaba y se sometía a sus deseos. Después se sentía triste y desesperanzada, queriendo abandonarlo todo porque las cosas nunca cambiarían. Su baile con su esposo y los demás consistía en perder su voz paso a paso. Sus pies dejaron de caminar y su voz dejó de decir la verdad. ¿Puedes ver cómo cada forma de danzar provee muchos comportamientos observables que podemos usar de manera errónea o incompleta para diagnosticar nuestro verdadero problema? En otras palabras, el problema o el comportamiento que *vemos* es solo la punta del iceberg. Bajo la superficie se encuentra la base del iceberg, en la que yace una historia que explicará el comportamiento que observamos. La historia oculta contiene los ricos detalles de lo que hemos esperado, echado de menos, deseado y perdido. Para la mayoría de las personas es difícil hablar acerca de esas historias y es probable que no nos sintamos seguros haciéndolo. Como consecuencia, buscamos maneras de lidiar con la historia que no se cuenta.

La historia que no se cuenta

Parecen existir ciertas cosas en común en las historias de los hombres que luchan con el pecado sexual. Si miras dentro de sus vidas para descubrir las historias que crecen dentro de ellos, escucharás el dolor. En mayor o menor medida, sus anhelos de ser amados y cuidados, escuchados y protegidos, no han sido correspondidos. A veces han sido heridos por personas que abusaron de ellos de una forma física, verbal, espiritual o sexual. Otras veces captaron el mensaje erróneo acerca del sexo a través de sus familias, sus amigos, la cultura y hasta la iglesia. En ocasiones solo han sido rechazados por personas que ellos amaban y deseaban que les correspondieran. Sin que importe lo que les haya sucedido, sus sentimientos de enojo, soledad, miedo, tristeza y ansiedad se hicieron cada vez más fuertes, y no saben cómo hablar de ello de manera saludable.

En el caso de muchos hombres su sexualidad despertó a una edad muy temprana, inadecuada para el desarrollo de un niño. Tal vez cuando eran chicos los tocaron de maneras sexuales, o los hicieron tocar a otros de manera sexual, o estuvieron expuestos a palabras o imágenes sexuales a una edad muy temprana. Si la sexualidad de estos hombres fue despertada por otros cuando eran niños, sus comportamientos sexuales se asociaron con el amor y el afecto. Quedaron entrelazados en un niño que no tenía la capacidad de resolver qué cosa es qué. La sexualidad entonces se convirtió en una forma de encontrar desahogo, un modo de arreglárselas cuando se sentían acosados por sentimientos negativos como adultos.

Otra cosa que tienen en común los hombres con los que Mark y yo trabajamos es que son muy inteligentes y creativos. Descubrimos que se aburren y distraen con facilidad y necesitan muchos estímulos.

Los pensamientos y las actividades sexuales, en especial las prohibidas, se convierten en la estimulación llena de adrenalina que ellos buscan. Por no obtener información saludable acerca del sexo y debido a que algunos de ellos fueron abusados sexualmente, crecieron llenos de confusión acerca de las elecciones sexuales. La mayoría de estos hombres espera que la sexualidad marital sea la respuesta a sus problemas. No obstante, ninguna mujer es capaz de proveer todo lo que un hombre necesita; por ende, el sexo es una solución falsa.

Además, muchos hombres están enojados y decepcionados con Dios porque esperaban que él les solucionara el problema de forma mágica. El enojo contra Dios o los demás siempre lleva a la rebelión, y la rebelión conduce a que el hombre se ponga en contra de sus límites sexuales morales. El resultado es el pensamiento doble (Santiago 1:8). Una parte de ellos quiere ser libre de los pecados sexuales, pero otra quiere aferrarse a ellos con desesperación. Si Dios o sus esposas no van a solucionar sus problemas, se sienten enojados y necesitan encontrar lo que buscan en otro lugar.

La historia de Mark es un buen ejemplo de esta dinámica.1 Al fin, en nuestro viaje juntos hacia la sanidad, fue capaz de compartir conmigo que había sido abusado sexualmente cuando era tan solo un niño. Asimismo, a pesar de que su madre era una persona amorosa, fue una mujer distante emocional y espiritualmente. La primera vez que vio la imagen de una mujer desnuda sonriéndole desde una de las páginas de una revista pornográfica le pareció haber encontrado la solución a su tristeza y su soledad.

La confusión sexual consiguiente lo dejó sin la posibilidad de conocer la verdad. Ese episodio lo condujo a una historia de veinticinco años de pornografía y masturbación. Y tales comportamientos lo llevaron a un pecado sexual más profundo mientras el patrón iba escalando. Mientras menos podía hablar acerca de esto, más atrapado se veía en su silencio. Para el momento en que nos casamos, su patrón ya tenía diez años de edad. Él esperaba con grandes ansias que la sexualidad marital sanara su pecado sexual. No obstante, la verdad es que la sexualidad marital no es la respuesta al anhelo de cualquier persona de amor y afecto.

Hoy sé que el alma de Mark sentía dolor antes de conocernos. No se había tomado el tiempo para examinar todos los hechos de su vida (su pasado), ni tampoco sabía cómo hablar acerca de eso hasta que se enfrentó con sus comportamientos y fue alentado a buscar ayuda. No somos muchos los que nos anotamos en un viaje de autoanálisis. Sin embargo, sin el conocimiento de qué es lo que maneja nuestros sentimientos, pensamientos y decisiones, nos vemos forzados a operar en piloto automático y hacemos o sentimos lo que nos parece familiar en lugar de lo que es saludable. Mark vivió con mucha soledad, enojo, aburrimiento y ansiedad... en silencio. Y a la larga, eligió lidiar con estos sentimientos por medio de acciones sexuales que no eran sanas.

La adicción sexual o la infidelidad de cualquier tipo en realidad tienen que ver con buscar algo que está faltando en la vida de uno... y probablemente haya faltado por mucho tiempo. Tiene que ver con usar un sustituto falso para algo genuino que se desea. Es un desorden de la intimidad, una necesidad de conectarse con el cónyuge o los demás a un nivel espiritual y emocional más profundo, pero sin la capacidad o las herramientas para hacerlo. El problema es entonces mucho más profundo que la impureza sexual misma. Es un anhelo de algo más y una determinación a encontrarlo... aun a precios emocionales, espirituales y relacionales que ningún ser humano puede permitirse.

Como mujer herida por la traición sexual, necesitas saber que tú no causaste las elecciones pecaminosas de tu esposo. Con ayuda, aprenderás que tampoco puedes controlar sus decisiones. Si has estado haciendo un trabajo detectivesco, poniéndole límites para lo que puede y no puede hacer, haciéndole muchas preguntas acerca de su progreso, y decidiendo lo que harás basada en cómo puede afectar sus decisiones el día a día, necesitarás ayuda para dejar de controlarlo. Esto no funciona. Por desdicha, la mayoría de las mujeres no conocemos otra manera. Dejar de controlarlo puede crear un gran miedo, resentimiento, ansiedad y desesperanza.

Puedo escucharte gritándole a la página que tienes delante: «Si yo no hago algo, ¿entonces cómo cambiarán las cosas? No puedo solo sentarme sin hacer nada. ¡Él pensará que puede hacer lo que le dé la gana!» Hay cosas que puedes decir y hacer que no implican controlar, y hablaremos mucho más acerca de ellas a medida que continuemos con el libro.

Si tu esposo recibe un diagnóstico de adicción o compulsión sexual, tienes que saber también que tú no lo puedes curar. No puedes hacer el duro trabajo de examinar su vida y ser «lo suficiente buena» o lo bastante compasiva como para hacer que sus comportamientos pecaminosos desaparezcan de forma mágica. Hay algo que falta y él ha estado buscando, y ha elegido a otras mujeres o ciertos actos sexuales para que llenen el vacío. Tu esposo tendrá que tomar la decisión de examinar su vida y dejar al descubierto las heridas que necesitan sanar. El cambio es posible solo si él desea ser una persona diferente.

El problema está en las estrategias que no son sanas

«¡El problema nunca es el problema en sí mismo! El problema es la manera en que lidiamos con el problema». Estas palabras son de Virginia Satir, una terapeuta que fue pionera de las teorías sobre los sistemas familiares en las décadas del cincuenta, sesenta, setenta y ochenta. Ella les mostró algo nuevo a los profesionales con relación a la forma en que nos relacionamos los unos con los otros: cómo somos herimos en nuestras relaciones y también sanamos y crecemos en ellas. Si mantienes una relación con alguien que en realidad te importa, a la larga terminarás herida.

Para la mayoría de nosotras es muy difícil hablar de cómo nos hieren. En lugar de hablar acerca de cómo nos sentimos, por lo general encontramos formas de manejar o medicar nuestros sentimientos. Somos pocas las que crecimos en familias en donde las heridas se comentaban, así que lo más común es que busquemos la manera de lidiar con nuestros sentimientos disimulándolos.

Las formas en que podemos elegir tratar con ellos son innumerables, y algunas pueden ser sanas y de mucha ayuda. A veces, cuando nos sentimos sobrecogidos por emociones difíciles, nos ayuda ingerir comidas reconfortantes, hacer ejercicio, trabajar en un proyecto que nos exija, ver una buena película o acurrucarse con una novela de esas que uno no puede dejar. Hablar con alguien acerca de cómo nos sentimos y qué estamos eligiendo hacer con relación a eso puede ayudar a liberar nuestro dolor y abandonar el aislamiento. La clave es saber qué decisiones estamos tomando y por qué lo estamos haciendo, y estar dispuestos a experimentar con estrategias que no sean dañinas para nosotras o los demás.

Cualquier comportamiento o circunstancia puede ser dañino. Las estrategias dañinas de las cuales habla Satir son aquellas que de modo habitual utilizamos para tapar las cosas, dar un paso a un lado o medicar nuestras emociones... por lo general sin entender los motivos que yacen detrás de nuestras decisiones. Cuando no queremos experimentar nuestros sentimientos, podemos comer comida chatarra si estamos enojadas o tristes, limpiar nuestra casa de manera obsesiva, hacer ejercicio de forma compulsiva o ir de compras hasta que caigamos desmayadas. Este tipo de comportamientos nos aleja de la intimidad con los demás, nosotras mismas y nuestro Creador. Son solo un arreglo temporal, un tipo de remedio. La herida sigue ahí; nosotras solo buscamos cómo cubrirla por un tiempo, y mientras tanto, nos desconectamos y alejamos de una manera que está muy lejos de conducirnos a una sanidad emocional adecuada.

Yo amaba trabajar cuando me sentía frustrada o solitaria. Con una compañía en crecimiento casi siempre tenía algo urgente que hacer. Aunque gran parte de mi trabajo era necesario para el bien de mi negocio, constantemente buscaba más responsabilidades para llenar mi día. Así que cuando me sentía sola, encontraba más fácil cargarme de tareas para hacer que tratar de tener una conversación vulnerable con Mark acerca de mi deseo de que él pasara más tiempo en casa. Mi trabajo era el que se encargaba de mis sentimientos de soledad y se convirtió en un sustituto falso del sentimiento en mi matrimonio. También tenía otros comportamientos. Ocupar mi tiempo con proyectos siempre fue uno de mis favoritos. Otras maneras típicas de arreglármelas eran involucrándome demasiado en la vida de mis hijos, haciendo de voluntaria o alejándome. Estos comportamientos nunca funcionaron para darme lo que quería, que era más intimidad con Mark, cuando los utilizaba para medicar mi soledad, mi enojo o cualquier otra emoción. No obstante, aliviaban mis sentimientos temporalmente y creaban una sensación de paz.

Si queremos crecer y madurar, debemos ser capaces de identificar cómo lidiamos con los problemas. Si no estás segura, te aliento a que te observes cuando tienes sentimientos negativos: ¿Qué haces? ¿Cómo actúas? Tus respuestas te ayudarán a guiarte para descubrir tu mecanismo de lidiar con los problemas.

Identifiquemos nuestros comportamientos para lidiar con los problemas

Todos tenemos maneras de lidiar con los problemas, y algunas son más saludables que otras. Un día, en nuestro grupo de mujeres, hicimos una lista de las maneras en que nos las arreglábamos personalmente. Mira nuestra lista:

- [ ] Trabajando
- [ ] Comiendo
- [ ] Mirando televisión
- [ ] Haciendo de voluntaria
- [ ] Involucrándonos en aventuras emocionales
- [ ] Mintiendo
- [ ] Bebiendo
- [ ] Leyendo
- [ ] Haciendo ejercicio
- [ ] Jugando juegos de vídeo
- [ ] Involucrándonos demasiado en la vida de nuestros hijos
- [ ] Masturbándonos
- [ ] Apostando

- ☐ Aislándonos para leer la Biblia
- ☐ Alejándonos
- ☐ Perdiéndonos en las novelas de amor
- ☐ Involucrándonos en el pecado sexual
- ☐ Poniéndonos furiosas
- ☐ Tomando drogas ilegales
- ☐ Yendo de compras
- ☐ Haciendo deporte
- ☐ Manteniéndonos ocupadas

- ☐ Perdiéndonos en las novelas de amor
- ☐ Durmiendo
- ☐ Involucrándonos en el pecado sexual
- ☐ Tomando drogas prescriptas
- ☐ Yendo de compras
- ☐ Soñando despiertas
- ☐ Limpiando
- ☐ Haciendo proyectos
- ☐ Ocupándonos del jardín

Tal vez esta lista incluya una o más cosas que haces con regularidad. Es probable que pienses que estos comportamientos no son importantes, pero tu viaje hacia la sanidad incluye reconocer que cada vez que eliges lidiar con tus sentimientos en lugar de ser honesta acerca de ellos, te alejas de tus relaciones. Las cosas que haces o utilizas para arreglártelas no deberían ser tomadas a la ligera.

Si quieres sanar, ser más íntima emocionalmente en tus relaciones, debes trabajar para entender cómo lidiar con los problemas y por qué. Hacer esto involucrará mucha investigación y un largo proceso. La forma en que lidiamos con los problemas puede tener su origen en experiencias de la niñez, ya sea por haber visto a aquellos de nuestra familia hacerlo de manera similar o por haber sido abusadas de alguna forma que nos haya llevado a actuar así. Podemos ver patrones definidos en cuanto al modo lidiar con los problemas en las familias cuando miramos a las generaciones pasadas.

¿Notaste que en la lista aparecen también las conductas sexuales inadecuadas? Reconocer este hecho es crucial para entender el verdadero problema al que te enfrentas. La mala conducta sexual es un mecanismo para lidiar con los problemas, al igual que comer compulsivamente, ponerse furiosa, mirar televisión, beber, leer novelas románticas, trabajar y todas las otras cosas. Sin embargo, entender que el pecado sexual es un mecanismo para lidiar con los problemas no minimiza el dolor que estás experimentando. Portarse mal sexualmente siempre es una decisión pecaminosa. Aun así, necesitas entender que es una forma de lidiar con los problemas que causan sentimientos tales como el enojo, el miedo, la soledad, la tristeza, la ansiedad, el aburrimiento y la decepción. Si piensas acerca de uno de tus mecanismos para tratar con los problemas, hallarás que también estás medicando uno o más de esos sentimientos negativos. Por lo general no necesitamos un mecanismo para lidiar con los problemas cuando nos sentimos felices, esperanzados, satisfechos o confiados. No obstante, cuando estamos tristes, solos, cansados, enojados o sin esperanza y no sabemos con quién hablar acerca de esos sentimientos o no tenemos personas seguras con las que hacerlo, por lo generalmente buscamos una estrategia para tratar con ellos.

Anika siempre estaba comprando ropa nueva para sentirse mejor consigo misma; ella se sentía insegura como mujer. Kristen se reconfortaba día a día con vino mientras su esposo le gritaba y criticaba su forma de hacer las cosas; estaba enojada y asustada. Zoe ocupaba su tiempo con proyectos porque su esposo nunca estaba en casa; se encontraba aburrida y solitaria. Margarita se sumergía en las novelas románticas; se sentía rechazada y culpada en su matrimonio.

Quiero que escuches otra vez: la traición sexual de tu esposo no tiene que ver contigo. Tú no la causaste. Esa es una de *sus* maneras de lidiar con los sentimientos dolorosos, y es una decisión horrible y pecaminosa. Todas las maneras de sobrellevar los problemas son destructivas para aquellos que se entregan a ellas. A través del tiempo y por medio de la repetición, todo mecanismo que utilizamos para arreglárnosla se puede volver adictivo. Y ya se trate del sexo, la comida, el trabajo o de ponerte furiosa o alejarte, la consecuencia de apoyarse en los mecanismos para lidiar con los problemas en lugar de en las personas seguras y las elecciones sanas es que lentamente perderás tu corazón... tu conexión con Dios y las personas que amas.

Veamos claro bajo la superficie

Todos conocemos la historia del Titanic y la pérdida de su gloria. La aparente solidez de ese grandioso barco no fue suficiente para evitar que se hundiera. Un iceberg escondido rasgó el costado del barco y destruyó su capacidad para mantenerse a flote. En algunos aspectos, los icebergs se parecen a nosotros: solo se ve la punta desde la superficie sobre el agua, solo una porción de lo que somos se ve o se da a conocer a los demás... y a veces hasta a nosotros mismos. Y al igual que en los icebergs, gran parte de nuestra belleza y nuestro carácter está escondida. Cuando salimos y saludamos a las personas durante el día, ellos se percatan solo de lo que ven: cómo estamos vestidos, lo que estamos haciendo, cómo hablamos y demás. Por lo general, hacemos un buen trabajo al pulir la parte de nosotros que ven las otras personas. Es nuestra «punta del iceberg», y queremos que se vea hermosa. Sin embargo, así como bajo el agua hay mucho más del iceberg, también hay mucho más de lo que somos: cómo nos sentimos, qué expectativas tenemos, lo que pensamos o creemos acerca de las cosas, cómo estamos luchando y qué deseamos. Con todo, estas partes importantes de nuestra identidad están escondidas solo para ser reveladas si elegimos ir «bajo el agua» para compartirlas.

Por lo general, no hablamos acerca de lo que está «bajo el agua». Este es un lugar vulnerable al que la mayoría de nosotros no ha aprendido a tener acceso... o si lo hemos hecho, resultamos heridos y entonces aprendimos a mantenernos «sobre el agua». Nuestro iceberg escondido tiene además la capacidad de destruirnos a nosotros mismos y nuestras relaciones. No obstante, también es el lugar en donde podemos conectarnos poderosamente con otras personas bajo el agua para hablar. Compartir nuestros sentimientos, percepciones, expectativas, anhelos y verdades es la esencia de ser emocionalmente íntimo con alguien. Es lo que en verdad buscamos en nuestra relación: conocer a otra persona de esta manera y ser conocidos.

Virginia Satir creó la «metáfora personal del iceberg» para explicar sus teorías acerca de las relaciones. Este modelo es una manera en que podemos practicar la coherencia en nuestras vidas, conectando los comportamientos que ven las personas desde afuera con los sentimientos y los pensamientos que tenemos dentro. Si estoy enojada porque mi esposo otra vez trabaja hasta tarde y no me llamó para comunicármelo, me veré y me escucharé enojada también. Me veré triste y me escuchará triste. En tal congruencia radica la esencia de la autenticidad.

Démosle una mirada a los niveles del modelo del iceberg de Satir. Los comportamientos que se pueden ver están en la punta del iceberg. En la parte que se encuentra más abajo están las creencias que Satir llama «yo soy», las cuales reflejan los sentimientos más profundos de una persona en cuanto a sí misma, y que su modelo interpreta como básicamente buenos.[2]

La verdad acerca de nosotros mismos

Como cristianos sabemos que Dios nos recuerda la verdad acerca de nosotros mismos a través de las Escrituras. Él nos llama hijos preciosos: «Jesús dijo: "Dejen que los niños vengan a mí, y no se lo impidan, porque el reino de los cielos es de quienes son como ellos"» (Mateo 19:14). Él nos creó a su semejanza: «¡Te alabo [Dios] porque soy una creación admirable! ¡Tus obras son maravillosas, y esto lo sé muy bien!» (Salmo 139:14). Somos amados, únicos y suficientes: «Los creó hombre y mujer, y los bendijo. El día que fueron creados los llamó "seres humanos"» (Génesis 5:2). «Ustedes son linaje escogido ... pueblo que pertenece a Dios» (1 Pedro 2:9). Estas son verdades acerca de quién eres.

Aunque la mayoría de nosotros desea creer estas verdades bíblicas, muchas veces interiorizamos creencias muy diferentes. Cuando hemos sido heridos o abandonados de alguna manera siendo niños, muchas veces formamos creencias nuevas en cuanto a nosotros mismos que rechazan las verdades de nuestra fe. En lugar de creer que somos especiales, preciosos, amados o suficientes, es probable que creamos que somos defectuosos, no tenemos importancia, no somos amados o nunca resultamos lo suficiente buenos. Necesitamos entender cómo formamos estas creencias distorsionadas y cómo podemos reclamarle a Dios las verdades acerca de nosotros mismos.

Lo que deseamos

Si miras el nivel siguiente por encima de las «verdades», verás que todos tenemos lo que Satir llama «anhelos». Son lo que yo llamo «deseos del corazón». Según dice Satir, todos los hombres y las mujeres anhelan ser amados, aceptados y valorados, y también añoran tener un propósito y libertad. Muchos autores y disertantes profetizan que el hombre tiene anhelos muy diferentes a los de la mujer. Libros como Men Are from Mars, Women from Venus [Los hombres son de Marte, las mujeres de Venus] y His Needs [Las necesidades de él] buscan hacernos diferentes, misteriosos, y en muchos aspectos incapaces de entendernos los unos a los otros. En correspondencia con el modelo de Satir, a través de nuestro viaje personal y nuestro trabajo con cientos de parejas Mark y yo llegamos a la conclusión de que los hombres y las mujeres tienen más cosas en común que diferencias. En realidad, hemos identificado siete deseos del corazón que consideramos que son universales tanto para los hombres como para las mujeres.[3]

1. *El deseo de ser escuchado y entendido.* Todos deseamos tener a alguien que entienda lo que estamos pensando y cómo nos sentimos. ¿Recuerdas los momentos de tu vida en que pensabas que nadie te estaba escuchando o simplemente no te entendían? ¿Hubo momentos en tu vida en los que dejaste de hablar porque pensaste que nadie te escuchaba o se preocupaba por lo que decías?

2. *El deseo de ser afirmados.* La afirmación se relaciona con algo que has hecho. Tiene que ver con el rendimiento. Es acerca de los logros. Cuando haces algo bien, deseas que se note y te lo reconozcan. ¿Hallas que te gusta estar rodeada de personas que notan las cosas buenas que estás haciendo? Ellos te alientan, te afirman y te levantan el ánimo.

3. *El deseo de ser bendecido.* Este deseo tiene que ver con ser aceptado por ser tú mismo. No necesitas *hacer* algo para ser bendecido. La afirmación se relaciona con lo que haces; la bendición es acerca de quién eres.

4. *El deseo de sentirnos seguros.* La seguridad incluye contar con un lugar seguro donde vivir, tener comida, dinero, salud y asistencia médica, educación y un empleo. Este

El modelo del iceberg

Comportamientos

Forma de lidiar con los problemas
Maneras dañinas de manejar los sentimientos incómodos

Sentimientos
Alegría, enojo, dolor, miedo, tristeza, ansiedad,
soledad, desesperanza

Sentimientos acerca de los sentimientos
Las decisiones que tomas acerca de tus sentimientos

Percepciones
Creencias, suposiciones, mentalidades, mensajes de la familia,
creencias esenciales

Expectativas
En cuanto a uno mismo, los demás y la vida

Anhelos (Los siete deseos del corazón según Laaser)
Ser escuchado, afirmado, bendecido, seguro,
tocado, elegido e incluido

Reclamación de la verdad acerca de nosotros mismos
«Soy una creación admirable» de Dios

deseo implica la posibilidad de tener esas necesidades básicas en orden a fin de vivir en el mundo sin ansiedad.

5. *El deseo de ser tocados de manera sana, que no sea sexual.* Esto es algo diferente a cualquier tipo de beso, caricia, roce de los genitales u otro tipo de contacto que lleve a un acto sexual. Es un toque que nutre, un toque para conectarse sin esperar algo más. Puede involucrar los abrazos, el tomarse de la mano, o que te acaricien o le acaricies a otro la espalda, los pies o le des un masaje en la cabeza. Este tipo de toque dice: «Me gusta estar cerca de ti. No necesito nada más».

6. *El deseo de ser elegido.* Este deseo tiene que ver con sentirse «único» en la vida de otra persona, con considerarse lo más preciado, esa alma gemela. Ser elegido significa saber que ciertas emociones, pensamientos, experiencias y conversaciones se comparten con el otro. Este deseo se ve pisoteado cuando la traición sexual se introduce en el matrimonio. Ya sea que el comportamiento de tu esposo involucre ver imágenes de otras mujeres o tocar el cuerpo de otra mujer, esto es algo doloroso y lleva a que «no te sientas elegida».

7. *El deseo de ser incluidos.* La inclusión es la necesidad que tenemos de ser parte tanto de la vida de nuestra pareja como de una comunidad de personas seguras. Anhelamos pertenecer y no queremos ser dejados fuera. Cuando nos enamoramos, no tenemos problema en incluir al otro en todo. No obstante, al ir pasando el tiempo, las obligaciones prácticas de la vida pueden alejarnos de lo que ansiamos tener. Deseamos compartir nuestros pensamientos, sentimientos y actividades. Ansiamos saber que nos necesitan y que nuestras necesidades también serán atendidas. Queremos crear una visión juntos. Nos sentimos incluidos cuando otros escuchan nuestras opiniones, respetan nuestras ideas y comparten con nosotros información acerca de sus vidas. Tenemos la necesidad innata de pertenecer a una

comunidad más grande de personas que nos incluyan en este camino. Sin embargo, también tenemos el deseo de ser incluidas en la vida de nuestros cónyuges de una manera que para nosotros es única.

Mientras Mark y yo examinábamos los numerosos problemas que nos atrapaban, tanto a nosotros como a otras parejas, descubrimos que siempre podíamos encontrar el origen de una dificultad en uno de los siete deseos y la profunda necesidad de lograr resolverlo. Una cosa en común que está presente en todas las historias que escuchamos acerca de la traición sexual es *el anhelo de algo que está faltando*. Conocer los siete deseos del corazón puede abrir una puerta para descubrir lo que puede ser.

Bethany y Pedro peleaban continuamente acerca del horario de trabajo de él. Ella se quejaba de que su esposo trabajaba demasiado y muchas veces su trabajo también requería que estuviera solo con otras mujeres. Su deseo era ser más *incluida* en su vida y sentirse *elegida*. Sus expectativas eran que si él en realidad la había elegido y quería estar con ella, encontraría la manera de trabajar menos y pasar más tiempo en casa con su esposa. Bethany fue criada en un hogar donde su padre se ausentaba la mayor parte de la semana por sus viajes de trabajo. Mientras era niña, llegó a creer que no la querían porque su padre nunca pasaba tiempo con ella. Se sentía muy triste, no solo cuando era niña, sino también ahora en su vida adulta. Lidiaba con su tristeza criticando a su esposo y exigiéndole que dejara de trabajar. Para evitar su enojo, Pedro buscaba la manera de quedarse hasta más tarde en la oficina.

A recibir ayuda, Bethany y Pedro ahora pueden hablar acerca de qué está sucediendo con cada uno de ellos «bajo el agua». Al compartir sus historias, pueden sentir empatía el uno por el otro y aprender nuevas manera de llevar a cabo los deseos de sus corazones.

Lo que podemos esperar

Al crecer en nuestras familias y culturas, llevamos a la vida los siete deseos y creamos expectativas. Esperamos poder concretar nuestros deseos. Esperamos lo mejor de aquellos que nos rodean. Sin embargo, la vida nos proporciona tanto amor como dolor. Algunos experimentamos más dolor y otros una mayor cantidad de amor. No hay tal cosa como las familias, las iglesias o las culturas perfectas. Somos tan solo humanos, y los humanos cometen errores y tienen limitaciones. No podemos darnos los unos a los otros todo lo que necesitamos. A pesar de que en la mayoría de los casos las familias, las iglesias y las culturas tratan de hacer lo mejor que pueden, todos dejamos atrás la niñez sintiéndonos de alguna forma incompletos, sin haber podido llevar a cabo nuestros deseos y necesidades.

Tanto de niños como al ser adultos creamos expectativas en cuanto a nosotros mismos, los demás y la vida. Esto crea un nuevo nivel en el modelo del iceberg. Casi nunca comunicamos nuestras expectativas, solo asumimos que las personas las sabrán, que nos leerán la mente. Las expectativas no expresadas pueden ser grandes o pequeñas, y por lo general crean enojo y resentimiento si no se concretan.

Cuando me casé con Mark, tenía muchas expectativas sin anunciar acerca de nuestra vida juntos: nunca pelearíamos; siempre iríamos a la cama al mismo tiempo; compartiríamos las responsabilidades de la casa; Mark manejaría nuestro dinero; el empleo de Mark sería más importante que el mío (porque era en el ministerio); criaríamos varios hijos; yo me quedaría en casa con los niños; Mark sería el líder de nuestro hogar; yo cocinaría comidas saludables; la televisión no sería de gran importancia... seguro entiendes la idea. Nunca hablé con Mark acerca de estas expectativas. Creí que compartíamos la misma manera de pensar y que la vida que había planeado tan solo acontecería. En algunos aspectos fue así, pero en muchos otros no. Era muy difícil hablar de la situación cuando las cosas no marchaban como esperábamos, y necesitábamos ayuda para poder empezar.

La mayoría de las veces las expectativas permanecen sin expresarse. Asumimos que nuestros esposos saben lo que necesitamos, y si no lo hacen, suponemos que él no le da importancia al asunto. A continuación observaremos las verdades falsas que creamos en nuestras mentes.

Lo que percibimos

El siguiente nivel del modelo del iceberg refleja las percepciones, los significados y las creencias que derivamos de nuestra realidad. Cuando vemos determinados comportamientos, tomamos decisiones acerca de lo que significan. Con todo, es probable que lo que decidamos no represente la verdadera realidad. Se trata de una verdad falsa. Por lo general, examinar nuestras percepciones y significados es algo que no forma parte de nuestra naturaleza. Solo los damos por sentados.

Veamos cómo funciona esto. El esposo de Camila tenía que viajar por motivos de negocios y estimaba que estaría lejos por una semana. Camila estaba nerviosa acerca de si él le sería fiel o no durante este tiempo. Le preguntó si llamaría todas las noches para hablar con ella. Bueno, Charles sí llamó todas las noches, pero en varias ocasiones le decía que estaba muy ocupado y no podía hablar mucho tiempo. Ella me llamó en estado de pánico, convencida de que se estaba viendo con otra mujer y trataba de quitarse a su esposa de encima. El significado que Camila dedujo de su llamada telefónica apresurada fue que no era tan importante para él, así que asumió que probablemente la dejaría. Cuando Charles regresó y pudimos reunirnos para hablar acerca de estas percepciones, él señaló en tono de disculpa que un jefe de la región había arribado a la convención y requirió de varias reuniones extras con él. Estaba nervioso por algunos posibles movimientos en la compañía que pudieran afectar su trabajo. No le explicó estos problemas a Camila porque ella se mostró cortante al hablar por teléfono y supuso que ni siquiera le pondría atención a lo que le estaba contando. La verdad falsa de Camila era que ya que no tenía tiempo para ella, no la amaba. La verdad real era que él sí la amaba, pero también estaba preocupado por negocios importantes,

Y así el tema sigue. Creamos percepciones, significados y creencias acerca de los acontecimientos en todos lados. Puedes divertirte un poco con esto volviéndote una «buena observadora». Solo comienza a notar lo que estas viendo y qué significados comienzas a darles a tales comportamientos... tanto los tuyos como los de los demás. Permitimos que estos significados comiencen a reinar sobre nuestros pensamientos y luego sobre nuestras decisiones sin examinar la verdad. Una pregunta importante es: «¿Cómo creamos las percepciones, los significados y las conductas con respecto a los comportamientos en la vida?»

Al ir creciendo, cada uno de nosotros desarrolla un «filtro» único, y ese filtro determina cómo vemos la vida. Nuestras experiencias de vida son las que diseñan nuestro filtro. Si creciste en una familia que no peleaba, gritaba o se golpeaba, tu filtro en cuanto a las confrontaciones será muy diferente al de otra persona que vivió en el caos de un hogar donde se agredían verbal y físicamente. Si creciste en un hogar con un padre o una madre soltera donde el dinero escaseaba, tu filtro en cuanto a cuidarse uno mismo será muy diferente al de alguien cuya madre se quedó en casa y cuyo padre fue capaz de proveer bien para la familia. Si creciste en un hogar cristiano, creyendo en que Dios es el Padre lleno de gracia y amor, tu filtro en cuanto a la esperanza y la compasión probablemente será diferente al de otra persona que fue culpada, criticada y echada de casa cuando cumplió los dieciocho años de edad. Nuestras experiencias le dan forma a nuestros filtros. Y esos filtros determinan cómo vemos el mundo.

El padre de Sandra resultó ser un hombre verbal y físicamente abusivo en su casa. Era un alcohólico y muy impredecible... a veces se mostraba amable y se relacionaba bien con la familia, mientras que en otras ocasiones era crítico, iracundo y propenso a pegarle indiscriminadamente a todo el que estuviera cerca. Cuando Sandra se casó con John, se dio cuenta de que a veces el temperamento de él se volvía violento después de un largo día con un jefe poco razonable. Jamás tocó a Sandra ni la criticó, pero su volumen de voz la asustaba. Su filtro le dijo que se cuidara de los hombres que levantan la voz; eso es lo que ella sabía de su pasado. Así que su reacción inconsciente fue alejarse y quedarse callada. El significado que dedujo del comportamiento de John era que si él levantaba la voz, también podía comenzar a pegarle. Y se dijo a sí misma que no sería capaz de hacer nada si esto sucedía. No tenía poder. (De niña, eso habría sido verdad). Al ir ganando confianza para hablar con John acerca de sus percepciones, fue capaz de redefinir sus verdades: él la asustaba, pero no estaba fuera de control; le podía pedir que hablase de manera diferente para no sentirse atemorizada, y él la escucharía.

Barb, mi hermana gemela, era muy extrovertida cuando éramos niñas, así que para mí era muy fácil permanecer a su sombra en muchas situaciones. Hasta nuestros nombres cumplían con esa dinámica, ya que la B viene antes de la D, así que cuando nos llamaban en orden alfabético, Barb venía primero y Deb la seguía. Cuando era pequeña no me percaté de esto, pero hoy puedo ver que me considero una seguidora, alguien que va en segundo lugar, no una líder. Por lo tanto, no es de sorprender que me casara con un líder extrovertido. Ya que mi filtro me dice que mi rol es permanecer a la sombra, encuentro fácil seguir a Mark en nuestra vida juntos y mantenerme en segundo plano. En muchas de las cosas que hacemos juntos mi percepción es que él debe guiar y yo debo seguirlo, a pesar de que este punto de vista es una verdad falsa acerca de quién soy hoy en día. ¿Puedes ver cómo tu pasado puede influir en lo que crees hoy?

Lo que consideraste como verdad cuando eras pequeña continuará afectando la forma en que estableces las verdades acerca de la realidad hoy en día... hasta que decidas examinar el pasado, redefinir las verdades falsas que cargas, y reclamar tus verdades del presente. Encontrarás que hablar de las percepciones, los significados o las creencias que has estado forjando a partir de los comportamientos que ves y te hacen creer que tus interpretaciones son verdad es algo muy bueno para las conexiones emocionales. ¿Alguna vez le describiste tus filtros a tu esposo? Cuando ambos compartan ese tipo de conversación «bajo el agua», descubrirán muchas historias nuevas acerca del otro. Tales conversaciones te permiten edificar una fuerte intimidad emocional.

Cuando tenemos una percepción acerca de algo o creamos un significado o creencia debido a un comportamiento, tales cosas evocan luego ciertos sentimientos. Si percibo que Mark me está mintiendo, me sentiré enojada. Si tengo que dar una charla, pero siento que no soy la adecuada para hacerlo, es posible que me sienta nerviosa o ansiosa. Si ves que tu esposo está mirando a otras mujeres, es probable que te sientas triste o enojada. Todas las percepciones, significados y creencias nos llevan al siguiente nivel: los sentimientos, así como a los sentimientos que tenemos acerca de nuestros sentimientos.

Lo que sentimos

Los dos niveles siguientes del modelo del iceberg incluyen nuestros sentimientos y los sentimientos que tenemos acerca de esos sentimientos. Estamos llenos de emociones. Todos lo estamos. ¡Son una parte extremadamente rica de quiénes somos! Los sentimientos se guardan en el corazón. Proverbios 4:23 nos dice: «Por sobre todas las cosas cuida tu corazón, porque de él mana la vida». Nuestro pastor dio un sermón excelente acerca de este pasaje. Habló acerca de los signos vitales de un corazón sano: experimentas emociones profundas; puedes vivir el momento; tienes lugar para la diversión, la espontaneidad y la risa; sientes compasión por los necesitados y los perdidos; y puedes acallar a tu corazón lo suficiente como para escuchar el susurro de Dios.

¿Permites que a través de tu corazón fluyan emociones profundas? Vivir el momento alienta un gran rango de emociones: la alegría, la decepción, el enojo, la impaciencia, la excitación, la ansiedad, la soledad y muchas más. ¿Sabes lo que se siente al dar expresión a cada una de esas emociones? Los sentimientos son el fundamento para crear la intimidad emocional. Si no puedes hablar acerca de tus sentimientos, no puedes llegar a estar «bajo el agua». Y bajo el agua es donde encontramos las historias más valiosas de nuestras vidas y la conexión con los demás... la fuente de la vida.

Por desgracia, a muchos nos enseñaron a esconder nuestros sentimientos y a experimentarlos solos, por lo menos los «negativos». Es posible que nos sintamos cómodos compartiendo nuestras alegrías y esperanzas, nuestro entusiasmo o cualquier otro sentimiento positivo, pero pensamos que necesitamos deshacernos de todos los otros. Tal vez te enseñaron a ver lo bueno en todas las cosas (y a ignorar lo malo); quizás aprendiste que los cristianos no deben preocuparse o estar tristes; o es probable que creas que el enojo no es muy femenino o atractivo. Tal vez nunca hayas visto llorar a nadie de tu familia, en especial a los hombres. Los sentimientos pueden ser tan incómodos que nos enseñan a minimizarlos, negarlos o evitarlos. Es más fácil hablar acerca de las cosas que están «sobre el agua», tales como lo que tú o los demás están haciendo o logrando.

¿Cuán familiarizada estás con lo que estás sintiendo con honestidad? ¿Utilizas palabras que no sean bien, cansada, muy bien o perfectamente para describir cómo te estás sintiendo? He aquí una lista de un amplio espectro de sentimientos específicos:

☐ Alegre	☐ Triste
☐ Enojada	☐ Asustada
☐ Solitaria	☐ Ansiosa
☐ Herida	☐ Culpable
☐ Contenta	☐ Nerviosa
☐ Deprimida	☐ Sobrecogida
☐ Avergonzada	☐ Celosa
☐ Histérica	☐ Esperanzada
☐ Orgullosa	☐ Frustrada
☐ Exhausta	☐ Apenada
☐ Feliz	☐ Entusiasmada
☐ Cautiva	☐ Impactada
☐ Segura	☐ Desilusionada
☐ Agradecida	☐ Sorprendida
☐ Desesperanzada	☐ En conflicto

¿Utilizas alguna de estas palabras en tus conversaciones? Intenta emplear varias de estas palabras relacionadas con los sentimientos en tu próxima conversación y fíjate en cómo te va entonces. Por ejemplo:

Hoy me siento *en conflicto* en cuanto a lo que necesito hacer
y lo que quiero hacer.
Me siento *desesperanzada* acerca de nuestro matrimonio.

Me siento *ansiosa* por la idea de no saber si podré soste-
nerme económicamente en caso de que no podamos
superar esta crisis.
Estoy *triste* y *enojada* porque no dejas de mirar pornografía.

Muchos expertos declaran que las mujeres están más en contacto con sus emociones que los hombres, así que me resulta fasci-
nante cuando las mujeres vienen al grupo por primera vez y se les
pide que examinen sus sentimientos. ¡Muchas veces no tienen ni
idea de qué decir! He aquí algunas respuestas muy comunes: «No
sé exactamente qué estoy sintiendo hoy». O: «Me está costando
mucho trabajo encontrar la palabra que describa lo que estoy sintiendo». O: «Odio esta parte [*Risitas*]. He estado pensando qué iba
a decir desde que salí de casa esta mañana». En otras palabras, a las
mujeres les cuesta tanto como a los hombres hablar acerca de sus
sentimientos. En realidad, en lugar de expresar nuestros sentimientos acerca de una situación, muchas veces tendemos a convertirlos
en una pregunta. En lugar de decir: «Me siento triste y enojada porque no dejas de mirar pornografía», es probable que comunique-
mos nuestros sentimientos de manera indirecta: «¿No crees que es
importante que dejes de mirar pornografía?» O en vez de señalar:
«Me siento en conflicto en cuanto a lo que necesito hacer y lo que
quiero hacer», tal vez preguntemos: «¿Qué crees que debería hacer?
¿Quedarme en casa con Chloe o reunirme con mi grupo?» ¡He
descubierto que las mujeres no saben mucho en cuanto a hablar de
sus emociones, pero sí saben hacer preguntas!

Obsérvate durante un tiempo y evalúa las expresiones de tus
sentimientos *de manera gentil*. Si te das cuenta de que la mayoría de las veces hablas de hechos o comportamientos (una cosa
que hacemos casi todas), entonces todo se vuelve blanco o negro, bueno o malo, correcto o incorrecto. Aquellos que te están
escuchando probablemente se pongan a la defensiva porque se
sienten atacados.

Considera estos ejemplos:

Encontré diez recibos de vídeos que me has estado escondiendo.	*¡Eso está mal!*
Te he visto mirar a las mujeres cuando vamos a algún restaurante.	*¡Eres malo!*
Necesitas prometerme que nunca más me mentirás o me iré.	*Debes ser perfecto.*

Las conversaciones en blanco y negro nos dividen, nos frustran y no nos permiten experimentar la verdadera intimidad, conocer el corazón de otra persona y hacer que nos conozcan. Los sentimientos son los ladrillos para la construcción de conversaciones profundas. Nos llevan a un mundo de color gris, donde consideramos las percepciones y las posibilidades. Los sentimientos no son correctos o incorrectos, buenos o malos. Tan solo *son*. Los sentimientos manejan nuestras vidas. Son la gasolina que nos mantiene en movimiento. Podemos decidir a dónde queremos ir, o podemos movernos en piloto automático; la elección es nuestra. Cuando sabemos cómo hablar acerca de nuestros sentimientos, es posible ser intencionales acerca de lo que haremos al respecto.

El nivel de los «sentimientos acerca de los sentimientos» describe las decisiones que tomamos según los sentimientos que nos embargan. Recuerdo haberle contado a mi terapeuta que estaba harta y cansada de sentirme triste; le pregunté si estos sentimientos alguna vez acabarían. ¡Entonces en algún lugar de mi mente decidí que ya había estado triste por mucho tiempo y era tiempo de seguir adelante! Puedes estar enojada porque todavía te sientes frustrada, o tener miedo porque te sientes desesperanzada, o sentirte ansiosa porque no puedes dejar de sentirte ansiosa. Podemos experimentar muchos sentimientos acerca de los sentimientos que tenemos.

A la larga, nuestros sentimientos nos llevan a tomar decisiones acerca de lo que haremos o cómo *lidiaremos* con esos sentimientos. Si no tienes mucha experiencia en nombrar tus sentimientos o hablar acerca de ellos, o no te sientes segura compartiéndolos, hallarás una manera de lidiar con ellos. Cuando tratas de arreglártelas, los sentimientos comienzan a disminuir porque lo que empleas como sustituto te hace sentir bien. Este patrón de sentir algo, evitar el sentimiento, y luego sustituirlo por un comportamiento o cierto elemento para sentirnos mejor se vuelve un ciclo inconsciente. Estás en piloto automático y no te encuentras disponible para la intimidad que anhelas en tu corazón.

Nuestro sufrimiento común

Nuestra adaptación del modelo de Virginia Satir tiene la intención de ayudarte a excavar más profundo en tu vida para que logres que tu carácter crezca. Puede ayudarte a tener conversaciones más auténticas con otras personas y a desarrollar un mayor conocimiento de quién eres. Puede darte la esperanza de que el cambio siempre es posible. Cada uno de nosotros necesita que nos recuerden que mi manera de lidiar con los problemas implica tomar una decisión para encargarme de mi dolor y mis deseos insatisfechos; no tiene que ver con alguien más. Este es un concepto difícil de aceptar. ¡Todos somos narcisistas en lo que se refiere a que tendemos a querer hacer las decisiones de otros acerca de nosotros mismos!

Todos ansiamos que se cumplan los deseos de nuestros corazones. Hemos sido decepcionados cuando niños porque ni nuestras familias, ni la iglesia, ni la cultura pudieron cumplir los deseos de nuestros corazones quebrantados. Y entonces encontramos el amor de nuestras vidas, nuestra alma gemela. Pensamos que por fin se cumplirían nuestros deseos solo para experimentar el dolor de la decepción, porque nuestro compañero de matrimonio no siempre puede cumplir nuestros anhelos. Nuestros deseos insatisfechos nos conducen a las expectativas no expresadas y las percepciones en cuanto a los comportamientos. Nuestras percepciones crean sentimientos que requieren medicación o que lidiemos con ellos. Muchas veces nuestra manera de lidiar con los problemas nos lleva a culparnos mutuamente, distanciarnos y suponer que la forma en que nuestra pareja trata con los problemas tiene que ver con nosotros.

De modo que nuestro desafío consiste en aceptar que de alguna manera todos sufrimos. Todos cargamos con un profundo dolor secreto en nuestros corazones. Podemos elegir que queremos conocer el dolor de cada uno y acompañarnos en la tarea de hacer que nuestro carácter crezca a través de la adversidad. Incluso más, al entender que solo Dios puede cumplir los deseos de nuestros corazones, veremos que a veces esperamos demasiado del otro.

En Sacred Marriage [Matrimonio Sagrado], Gary Thomas relata cosas profundas acerca del matrimonio como un lugar donde Dios puede transformarnos de adentro hacia fuera. Él dice: «Queremos que nuestra relación con nuestro cónyuge cumpla la mayor parte de nuestros deseos en la vida. Eso es pedir demasiado. Sí, no hay dudas de que debería haber momentos llenos de alegría, significado y un sentimiento general de plenitud. Sin embargo, mi esposa [esposo] no puede ser Dios, y yo fui creado con un espíritu que busca a Dios. Cualquier cosa que sea inferior a Dios me hará sentir dolor».[4]

Cuando nos volvemos a Dios para comprender nuestros dolores y confiamos en que cumpliremos los deseos de nuestro corazón, entonces podremos estar más conformes con lo que recibimos de nuestro cónyuge o los demás.

Pensándolo de nuevo

1. ¿A quién quisiste culpar por la traición sexual de tu esposo?
2. ¿Cuáles de los siete deseos se cumplieron cuando eras pequeña? ¿Cuáles buscas cumplir en el presente?
3. ¿Cómo lidias con el problema cuando te sientes enojada, solitaria, aburrida ansiosa o desesperanzada?
4. ¿Estás dispuesta a compartir las historias de tu dolor con tu esposo y escuchar las suyas? ¿Por qué sí o por qué no?

CAPÍTULO 4

¿Dónde puedo esconder mi corazón?

El viaje a través del quebranto

*Si nos fuese posible ver más allá de nuestros conocimientos,
tal vez podríamos soportar nuestras tristezas con una mayor
confianza que nuestras alegrías. Porque esos son momentos
en los que algo nuevo se integró a nosotros, algo desconocido.*

Rainer Maria Rilke

*El Señor está cerca de los quebrantados de corazón, y salva a
los de espíritu abatido.*

Salmo 34:18

Cuando caminaba por la alfombra roja de la iglesia de mis
suegros para casarme con su hijo, pensé que había entrado
al país de las hadas. La iglesia estaba llena de invitados, personas
que habían visto cómo Mark y yo nos enamorábamos y nos com-
prometíamos a tener una «vida feliz hasta que la muerte nos se-
parara». Me había creado muchas expectativas sobre la vida que
viviríamos y el esposo con el cual me estaba casando. Mark y yo
habíamos sido novios durante cuatro años, pero la mayoría del
tiempo lo pasábamos separados, ya que íbamos a diferentes universidades. Ansiábamos estar juntos. Mark manejaba su pequeño

Volkswagen Escarabajo desde Rock Islands, Illinois, casi todos los fines de semana para ir a verme al estado de Iowa, un viaje de tres horas y media manejando a casi ciento treinta kilómetros por hora (¡en los setenta eso era legal!). Cuando no estábamos juntos, nos llegaban costosas cuentas de teléfono por hablar desde nuestros dormitorios, esperando el día en que finalmente nos casáramos. Nos escribíamos cartas y poemas, nos hacíamos regalos, comprábamos flores. Mis sueños con relación al futuro eran cada vez más grandes debido a la pasión de esos días en que estábamos juntos.

Tenía la fantasía de que el esposo con el que me casaría sería un hombre de dones espirituales, un gran líder en nuestro hogar, un amante apasionado, un esposo sensible y gentil, un atleta, un intelectual, un esposo juguetón, un padre comprensivo y comprometido. Sería bien parecido, atento a mis necesidades, alentador, disponible, un hombre que siempre se ocupara de sus hijos y nos guiara a ser una familia que siguiera a Dios. ¡Sería mi príncipe! No tenía dudas de que resultaría siendo todas esas cosas. Lo único que yo tenía que hacer era decir: «¡Acepto!», y esta maravillosa realidad comenzaría a concretarse.

Durante la mayor parte de mi matrimonio pensé que estaba viviendo un cuento. Podía desplazar con facilidad mis sentimientos de soledad y tristeza con los momentos de alegría al tener un hogar lleno de amor, tres hijos espiritualmente sanos y un esposo comprometido de una manera significativa con nuestras vidas y su trabajo. A pesar de que mi esposo no siempre era el príncipe con el que había soñado, yo callaba mis desilusiones o frustraciones manteniéndome ocupada o guardando silencio. No sabía cómo manejar esas punzadas en mi corazón que trataban de advertirme que Mark parecía demasiado ocupado con los demás y cada vez menos interesado en mí. Había tanto en el ministerio que «requería» de él, que yo no podía esperar su tiempo o su atención cuando otros lo necesitaban. Aprendí a guardar esos sueños de hace tanto tiempo y dedicarme a mi propio trabajo, los niños y los amigos para que me hicieran compañía en los momentos en que me sentía sola. Y luego, cuando la familia sí estaba conectada o siempre que Mark y yo compartíamos cosas acerca de nuestros trabajos, me decía a mí misma que no estaba siendo lo suficiente agradecida por todo lo que tenía. El dolor en mi corazón me llevó a preguntarme si algo estaba faltando, pero mi intelecto me decía que estaba loca... y no he mejorado mucho en este sentido. Mi lado «espiritual» me decía que no debía interferir con el llamado de Dios en la vida de mi esposo y precisaba sacrificar cualquier necesidad o deseo que tuviera.

A pesar de que mis fantasías acerca de mi esposo y mi vida no eran perfectas, estaban cerca de serlo. Sin embargo, el hecho de enterarme luego de la traición sexual de Mark hizo que todo se derrumbara. La fidelidad sexual era una promesa que nos habíamos hecho, un voto que asumimos ante Dios y aquellos que amábamos. Representaba la esencia de nuestra decisión de elegirnos el uno al otro de una forma plena y completa. Entregarme sexualmente a mi esposo fue la cosa más íntima que he hecho en toda mi vida. Nunca había compartido mi cuerpo con nadie más. Lo había estado guardando para él... solo para él. Era el regalo sagrado que le entregué para simbolizar la conexión más profunda que habría de establecer con cualquier otro ser humano. «Los dos se volverán uno»... y yo pensé que en verdad éramos uno. Al compartir este regalo sagrado pensé que sería apreciada de la misma manera en que yo lo apreciaba a él. Deseaba que sus ojos solo me eligieran a mí; quería saber que siempre sería suficiente y que él siempre estaría conforme con lo que yo era.

Por lo tanto, ¿qué debía hacer con esta nueva noticia? Si Mark había cometido actos sexuales con otra mujer o incluso tenía conexiones solo emocionales con otras mujeres, podría suponer que no me estaba eligiendo a mí. Mi esposo acudió a otro lugar para suplir sus necesidades; por lo tanto, de alguna manera no debo haber sido suficiente. Incluso más, ya que también escondió sus comportamientos y mintió acerca de los mismos, no sabía qué era o no real en nuestro matrimonio. Las mentiras fueron casi peores que sus acciones, lo que me llevó a pensar que no fui la amiga y el alma gemela que pensaba que era. Los cimientos de nuestro matrimonio se estremecían. Los recuerdos de mi vida con

Mark se estaban desintegrando. Quería gritarle a alguien que me escuchara: «¿Acaso algo de mi vida es real? ¿Es todo una farsa? ¿Soy una esposa tan mala que mi esposo tuvo que acudir a otras mujeres? Seguramente hay algo malo en mí».

Mi vida parecía estar en ruinas, y millones de preguntas corrían por mi mente. «Dios, ¿por qué permitirías que me pasara algo tan horrible? ¿En dónde estás? ¿No puedes ver que estoy esforzándome por ser una buena esposa y madre? ¿No te importo? ¿Desperdicié todos estos años pensando que teníamos un buen matrimonio? ¡Ahora ni siquiera estoy segura de conocer al hombre con el que me casé!» Mi sueño de «felices por siempre» estaba destruido. No podía imaginar que pudiera sentirme amada de nuevo... o que amara a Mark otra vez.

Enumera tus pérdidas

La traición sexual puede hacer que suframos una gran cantidad de pérdidas. Es importante que llores estás pérdidas emocionales y tangibles, que llores porque la vida se derrumbó y por los sueños perdidos que tenías para tu matrimonio.

La pérdida que experimenté de inmediato luego del descubrimiento fue la de la confianza. Mark era el hombre en quien había depositado mi total e incuestionable confianza. Nunca imaginé que no fuera alguien en el que pudiera confiar. Si alguna vez tenía la más mínima sospecha acerca de sus idas y venidas, decisiones o comportamientos, me convencía a mí misma para deshacerme de ellas o minimizaba mis dudas acerca de su credibilidad. Si había que cuestionar algo, era mi mente por pensar cualquier cosa excepto lo mejor de mi esposo. Había ubicado a Mark en un pedestal muy alto, y ahora se estaba cayendo. Sabía que sería difícil vivir con alguien en el que no sabía si podía volver a confiar.

Para Mark una pérdida mayor, y por lo tanto para toda la familia, fue la de perder su trabajo como consejero pastoral. Sus colegas le pagaron un mes de indemnización y lo despidieron. Aun más, sus consejeros le advirtieron que no trabajara por un año luego de terminar con el tratamiento. De modo que mientras estaba ahí, le indicaron que llamara y abandonara sus otros dos empleos de medio tiempo. Al cabo del primer mes de tratamiento no tenía ningún empleo. Estas pérdidas resultaron tener consecuencias destructivas para Mark, pero también representaron pérdidas para mí. Las mujeres también pueden sufrir pérdidas financieras como consecuencia de las cosas que su esposo pudo haber comprado o los servicios que pudo haber adquirido durante sus actividades sexuales ilegítimas. Hay hombres que gastan cientos de dólares en pornografía, masajes, clubes de desnudistas, prostitutas, hoteles, regalos y viajes para encontrarse con sus amantes. Para muchas parejas, estos gastos ponen en gran riesgo el capital de la familia. Por desdicha, algunas mujeres ni siquiera saben del dinero que la familia ha perdido.

Las pérdidas de la salud pueden ser también una consecuencia del pecado sexual. Si hubo sexo sin protección fuera del matrimonio, es posible el contagio de una enfermedad transmitida sexualmente o incluso del VIH/SIDA. Hacerse los exámenes cuesta dinero y nos da vergüenza, lo cual representa otra pérdida de la dignidad y el dinero. Y a pesar de que no haya habido contacto sexual con otra persona, cualquiera de los dos puede estas experimentando problemas de salud como resultado del estrés o el sufrimiento inconsciente.

En estos días estoy aconsejado a una mujer que tiene dolores estomacales e infecciones intestinales crónicas. Heidi ha sido tratada durante varios meses, pero los doctores todavía no pueden diagnosticar sus síntomas con exactitud. Cuando indagué si su esposo le había contado todo acerca de sus malos comportamientos, ella me respondió que creía que no. «Cuando le pregunto, él solo se queda callado y no habla», explicó. Mientras tanto, ha ido muchas veces a ver a varios médicos, está tomando antibióticos de tratamiento prolongado y todavía tiene dolores. Ella está comenzando a confiar en su intuición de que los antibióticos están enmascarando los resultados físicos de los exámenes que se hizo para detectar enfermedades de transmisión sexual, y que su esposo todavía le miente para cubrir los contactos sexuales que tuvo.

Mi AIT, el ataque isquémico transitorio que paralizó mi lado izquierdo temporalmente, siguió costándome grandes sacrificios financieros debido a los costos del seguro. Con ese diagnóstico en mi lista, no era capaz de conseguir un seguro de salud. Solo encontré un seguro médico disponible a cambio de una gran cantidad de dinero, y el costo resultaba mucho mayor por diez años. Muchas parejas se enfrentan a la pérdida de la reputación o el respeto en la comunidad. El pecado sexual casi siempre crea chismes y juicios cuando las personas se enteran de él. Dependiendo de la naturaleza de la traición sexual, es posible que sientas que las personas se alejan de ti y hasta que te nieguen oportunidades de servir en los comités, hacer ciertos trabajos o incluirte en algunos grupos. Muchas veces los juicios y las críticas provienen de aquellos que no tienen un entendimiento claro del pecado sexual.

Cuando el pecado sexual de Mark apareció publicado en los diarios de nuestra área, muchas personas lo enviaron al ostracismo. Incluso los líderes de la iglesia en la que fue ordenado se rehusaban a hablar con él. A pesar de que se estaba reportando el comportamiento de Mark, yo acarreaba la vergüenza de sus actos y sufría por la pérdida de mi propia reputación. Recuerdo haber ido a la tienda y no querer firmar mi cheque por miedo a que el cajero reconociera mi apellido. Definitivamente me estaba escondiendo del público y evitando cualquier juicio que pudieran emitir acerca de Mark o de mí.

Cuando el pecado sexual entra a tu relación, tiene lugar una pérdida de la libertad. Ahora debes tomar decisiones acerca de lo que dirás o con quién compartirás información. Dependiendo de la naturaleza de la traición sexual, es probable que necesites ser muy cuidadosa en cuanto a quién se entera del asunto... como los empleados, los maestros, los amigos y los familiares.

Es posible que pierdas tu casa y debas mudarte a causa de los malos comportamientos sexuales de tu esposo. Si es necesario que cambies de trabajo, es probable que no encuentres un empleo en la misma ciudad. Si los problemas financieros asfixian tu presupuesto, tal vez necesites mudarte a una vivienda más pequeña. Si para lidiar con el dolor necesitas que tú y tu esposo vivan separados, uno de ustedes necesitará mudarse y esto implicará más gastos.

El esposo de Catherine había tenido una aventura de mucho tiempo con la vecina de al lado. Para sanar como pareja y no volver a caer en los recuerdos de esa relación, decidieron vender su casa y mudarse a otro vecindario. El esposo de Cindy había tenido muchas aventuras, y una de las mujeres con la que se había involucrado compró la casa que estaba frente a la de Cindy y su esposo. A pesar de estar en recuperación, Cindy y su esposo decidieron mudarse otra vez para comenzar de nuevo.

Mark y yo tomamos la decisión de mudarnos a una ciudad nueva dieciocho meses después de que confesara su infidelidad. Debido a la publicidad del caso de Mark, le habría sido muy difícil conseguir trabajo profesional en su campo. Debido a esa mudanza nuestros hijos perdieron a sus amigos y afrontaron los desafíos de comenzar en otras escuelas. Yo también dejé atrás grandes amigas y me enfrentaba con la necesidad adicional de reubicar mi compañía.

Ciertamente perdemos nuestros sueños de ser felices por siempre y nuestras fantasías acerca del Príncipe Encantado. Perdemos el barómetro para medir la felicidad y la conformidad. Para algunas, la felicidad puede haber radicado en un estilo de vida tranquilo, o unos niños sin problemas, o un sexo apasionado, o dinero suficiente para no preocuparse nunca. Con la información nueva acerca del pecado sexual, nos vemos forzadas a pensar acerca de cómo mediremos nuestra alegría.

Las pérdidas tangibles son más fáciles de identificar y evaluar. Sin embargo, también hay muchas pérdidas emocionales intangibles. La paz que puedes haber estado tratando de lograr para tu familia ahora se ve reemplazada por la ansiedad; la satisfacción parece haberse perdido para siempre, dando lugar al enojo, la tristeza y el miedo. La seguridad que puedas haber tenido en tu unión familiar se convierte en confusión, la inocencia en sospecha, la confianza en desconfianza, y la esperanza en desesperanza. La cuota de confianza se encoge y hasta puede desaparecer. Es crucial conocer estas pérdidas emocionales para tu sanidad.

Reconocer tus pérdidas, tanto físicas como emocionales por igual, es algo muy importante. Afrontar la realidad de tu vida es un significativo primer paso hacia la sanidad. Has recibido la promesa de que «la verdad te hará libre» (Juan 8:32), de modo que primero debes estar dispuesta a identificar la verdad acerca de tus pérdidas.

Un tiempo de duelo

Según las antiguas y conocidas palabras de un sabio rey: «Todo tiene su momento oportuno; hay un tiempo para todo lo que se hace bajo el cielo ... un tiempo para destruir, y un tiempo para construir; un tiempo para llorar, y un tiempo para reír; un tiempo para estar de luto, y un tiempo para saltar de gusto» (Eclesiastés 3:1, 3-4).

Luego de enterarme de la traición sexual de Mark, tuvo lugar un tiempo de duelo, para llorar o estar de luto por las pérdidas. No me podía imaginar construyendo, riendo o bailando. El pecado sexual causó muchas pérdidas en mi vida. Se trataba de pérdidas reales, y crearon consecuencias reales para ambos. Tú también has experimentado tales pérdidas. Si no te has detenido para mirar lo que perdiste y hacer un recuento de los gastos ocasionados por el pecado sexual, es posible que ni siquiera sepas por qué tienes tanto por lo que llorar.

¿Sabes cómo llorar? La verdad es que yo no lo sabía. Me daba cuenta de que estaba muy triste. En los momentos más inesperados me brotaban las lágrimas. Perdí el interés en casi todo. Pasaba mis días mirando mi lista de cosas por hacer para que esta me dirigiera. Un día visité a mi terapeuta y le comenté que pensaba que tal vez sufría de depresión. No sabía qué era lo que me estaba sucediendo. Después de hablar acerca de muchas de las pérdidas en mi vida, ella preguntó casi como para sí misma si no estaría haciendo duelo. El diagnóstico parecía ser el adecuado para mí. Me di cuenta de que no solo estaba llorando por las pérdidas a causa del mal comportamiento sexual de Mark, sino también afrontaba muchos cambios en mi vida causados por su conducta como consecuencia. Todos estos cambios creaban pérdidas, y todas las pérdidas requerían que llorara por ellas. Me sentí aliviada de ser capaz de reconocer el proceso y saber que necesitaba atravesarlo para poder sanar. En How People Grow [Cómo crecen las personas], los doctores Henry Cloud y John Townsend describen ese sufrimiento de esta manera:

El duelo es el dolor más duro que tenemos que resolver. No es la peor experiencia humana, porque lleva a la resolución, pero es aquella en la que más nos cuesta entrar por voluntad propia, la cual representa la única manera de llegar a él. El resto de las experiencias humanas «nos suceden». El dolor, las injurias, la ansiedad, la alienación y el fracaso aparecen, y entonces sufrimos. El duelo no «llega». Es algo a lo que nosotros entramos ... El duelo es la manera de Dios para permitirnos acabar con las cosas malas de la vida. Es el proceso por el que «terminamos» con algo, por medio del cual «dejamos que se vaya» ... El alma está diseñada para terminar las cosas. Está diseñada para llorar. Así como una computadora está programada para seguir tal o cual camino, nuestra alma está diseñada para seguir el camino del llanto y el duelo. Por ese motivo, ya que así fuimos creados, Salomón básicamente nos dice que «continuemos con el programa». Llora y entra en el duelo y tu corazón podrá volver a ser feliz. Llora, y el dolor se irá. ¡Se terminará![1]

El duelo es el proceso de las emociones que experimentamos como reacción a una pérdida.[2] Muchos libros de ayuda hablan acerca de las etapas del duelo. Por ejemplo, *Good Grief* [Duelo Bueno] de Granger Westberg, *On Death and Dying* [La muerte y morirse] de Elizabeth Kubler-Ross, *Living with Dying* [Viviendo con la muerte] de Glen W. Davidson, y *How People Grow* [Cómo crecen las personas] de Cloud y Townsend. Encontré más útil pensar en los *elementos* del duelo en lugar de en las etapas. Personalmente, experimenté muchas emociones diferentes que a veces parecían estar todas mezcladas, repitiéndose o hasta desapareciendo por un tiempo solo para reaparecer en otro lugar o momento. El duelo no era un proceso bien ordenado con un principio y un fin definidos.

Un tiempo de no reaccionar

El primer elemento del duelo tiene que ver con la experiencia de una mala situación, con el impacto y la parálisis a causa de las pérdidas de lo que pensabas que tenías. Vives creyendo que esta crisis nunca te sucederá a ti. A pesar de que Jesús nos recordó: «En este mundo afrontarán aflicciones» (Juan 16:33), la mayoría todavía seguimos creyendo que esto jamás nos sucederá a nosotros. Algunos podrían pensar que como son caritativos, inteligentes o tienen todo bajo control, pueden evitar la adversidad que otros afrontan. Por lo tanto, cuando les sucede algo malo, quedan impactados y paralizados.

Victoria se vio frente a varios policías en la puerta de su casa, los cuales le informaron que su esposo había sido detenido por llevar fotografías de menores desnudos en su maletín mientras viajaba. Estaban en su casa para confiscar la computadora o cualquier otra evidencia que pudieran encontrar. Revisaron toda la casa durante una hora, mientras ella permanecía sentada en la sala con un oficial. Algunas semanas después nos informó que ya no sentía nada. No lloraba; no estaba enojada; solo pasaba los días de su vida como si estuviera flotando. Y no podía descifrarlo. «¿Hay algo malo en mí?», se preguntaba. No había nada de malo en ella. Simplemente estaba experimentando la parálisis que muchas veces tiene lugar luego de un impacto terrible.

Un tiempo de negación

La negación es otro elemento del duelo. Es como tener una pesadilla y pensar que seguramente pronto te despertarás. No quieres creer que tu vida ha sido afectada de esta manera, por lo tanto, comienzas a creer que la situación no es tan mala. En mi caso, estaba enojada con todos los que rodeaban a Mark, queriendo justificar algunas de las horribles verdades acerca de su comportamiento culpándolos a ellos. Si las mujeres no lo hubiesen necesitado tanto o no se vistieran tan provocativamente, si los colegas lo hubieran ayudado un poco más, con seguridad no habría tenido que tomar estas decisiones pecaminosas. No quería creer que la situación se relacionaba con mi esposo. Necesitaba que tuviera que ver con algo o alguien más.

Un tiempo de negociar

El duelo involucra negociar, lo cual tiene que ver con el desesperado anhelo de mejorar la situación o disminuir el dolor. «Tal vez si no hablo con nadie acerca de esta infidelidad sexual que sucede en mi vida no parecerá algo tan malo». O: «Si tan solo pudiéramos mudarnos a otra ciudad, no tendría que recordar los lugares en donde sé que mi esposo estuvo». Tratamos de negociar, si no literalmente, por lo menos en nuestras mentes, para mejorar las cosas. El deseo sigue siendo que de alguna forma, de alguna manera, algo debe funcionar para aliviar el sufrimiento y la humillación de la traición sexual.

Un tiempo de enojo

Después que tus sueños han sido destruidos, es posible que experimentes un momento de intenso enojo. El enojo es otro componente del duelo. Se ha perdido algo que esperabas tener: el compromiso con los votos matrimoniales. Intercambiaste esas hermosas palabras en el altar con la esperanza de que tu esposo las honrara, pero ahora los anillos que llevan para simbolizar el sagrado día parecen no tener significado. Hasta mirarlos se hace difícil. «¿Qué significado tienen ahora?», te preguntas. Años de confianza tirados a la basura. «Esos años nunca volverán», te mantienes diciéndote a ti misma. Hasta es probable que estés pensando: «Ahora ni siquiera sé quién es mi esposo. Definitivamente no es el hombre con el que me casé».

Al principio me costó mucho enojarme con Mark. Él estaba tan destrozado y arrepentido por lo que había hecho que no podía imaginarme echándole sal a la herida. Encontré mucho más fácil enojarme con las mujeres que debían haberlo «estado persiguiendo», la iglesia que lo ignoró, los colegas que parecían tan insensibles, los abogados que no parecían ser lo suficiente agresivos... con cualquiera, excepto con Mark. Me resultaba más fácil simplemente estar triste por él y por mí.

Sin embargo, muchas mujeres en mis grupos se descontrolan con su enojo, abusando verbalmente y a veces hasta de forma física de sus esposos porque no pueden dejar de descargar su disgusto y decepción. Nancy, por ejemplo, le exigía a su esposo que durmiera en el sofá del piso de abajo después de enterarse de sus aventuras. Estaba tan enojada que un día había pateado el parachoques delantero del auto mientras estaban tratando de mantener una conversación. Y una noche, después que él se quedó dormido, ella bajó las escaleras y comenzó a pegarle porque estaba llena de ira.

A veces el enojo que guardamos dentro se derrama en aquellos que amamos, en especial los niños. Podemos tener poca paciencia, ser críticas o exigir cosas sin motivo alguno. O podemos ser extremadamente sarcásticas o siempre sentirnos superiores para devolver las heridas que nos infligieron. Una semana tras otra, Terri confesaba en el grupo de mujeres que no podía controlar su lengua. Siempre encontraba la manera de hacerle comentarios hirientes a su esposo, ya que él había decidido dejarla por otra mujer. Algunas, en lugar de descargar nuestro enojo, lo guardamos. La represión del enojo lleva a otras consecuencias, incluyendo síntomas físicos como los dolores de cabeza, estómago, espalda y una larga lista de otras enfermedades. Podemos comenzar a sentirnos como en una montaña rusa, fuera de control emocionalmente. O podemos tan solo caer en la depresión como una manera de evitar la terrible experiencia.

Si no decides lidiar con tu enojo de manera sana, te quedarás estancada y te sentirás como una víctima. Una víctima es alguien que siente que no tiene elección, cuya vida está determinada por las cosas que dicen los demás. Ser una víctima significa no tener ningún poder. Es como sentarse en el medio del camino mirando cómo se acerca un tornado y no ser capaz de salirte del sendero, esconderte o detener la tormenta. Cargar con el enojo de aquí para allá sin que sea examinado o resuelto te destruirá a ti y a aquellos que te rodean, y saboteará cualquier intento de restaurar tus relaciones o tomar decisiones sanas para ti misma.

El esposo de Terri finalmente pidió el divorcio, solicitando cosas exorbitantes y diciendo muchas mentiras en los procedimientos de la corte. Ella trabajó de manera diligente para expresar su enojo en el grupo y llorar las pérdidas debido a esta situación que le rompía el corazón. Aprendió a mantenerse firme en la verdad de que ella era una buena persona y madre mientras se enfrentaba al interminable interrogatorio. También deseaba admitir las cosas que había hecho para crear un ambiente hostil. Contaba con la compañía y el apoyo de mujeres seguras cuando debía presentarse ante los tribunales, eso que tan difícil resultaba para ella. Ella practicó la forma de reconocer sus sentimientos y necesidades y no culpar a su esposo. Esas características eran vitales para convertirse en la mujer que quería ser luego del divorcio. Estaba transformando su vida, aun en medio de un final para su matrimonio muy caro y doloroso.

El primer paso para resolver tu enojo es tener a alguien que te «escuche». Yo tuve la buena fortuna de tener varios lugares donde me escucharon cuando hablaba acerca de mi enojo. Ya que Mark estaba tan destruido por su mal comportamiento sexual, deseaba escuchar mis quejas de injusticia, odio y confusión cuando al final fui capaz de expresar esos sentimientos. Como mencioné antes, necesitaba ayuda hasta para tener acceso a esos sentimientos con palabras, tonos y comportamientos auténticos, ya que no estaba acostumbrada a expresar el enojo de la manera adecuada. Quería verme y sonar como una «niña buena» y una «buena cristiana», de modo que dejar que mi enojo simplemente volara no era algo aceptable. Por fortuna, contaba con un grupo de mujeres seguras en el cual podía experimentar con el enojo fuera de control que estaba pronto a llegar. ¡Aprendí que cuando alguien como yo ha acumulado enojo por tanto tiempo y luego comienza a dejarlo salir, sale a chorros! Si solo hubiera dejado que Mark me escuchara, la enormidad de mi dolor habría sido sobrecogedora. Mi propósito al expresar el enojo y el dolor era dar un paso adelante, encontrar la sanidad, no destruir mi relación con Mark. Me siento agradecida porque fui dirigida a otro grupo de mujeres seguras que pudo darme apoyo en ese proceso.

Veo a muchas mujeres estancadas en este punto, muchas veces porque sus esposos no parecen particularmente arrepentidos de sus pecados sexuales. Es probable que él no sufra tanto como ella; en realidad, es muy posible que ni siquiera le afecte. A pesar de que haya decidido que necesita ayuda para su problema y pueda alentar a su esposa a quedarse y trabajar juntos a través de este tiempo difícil, no llega a demostrar un remordimiento obvio o un reconocimiento adecuado del daño que causó. Las esposas que viven tal situación luchan por ser escuchadas y muchas veces no pueden entender por qué persisten en culparlo a él por los comportamientos del pasado (y probablemente del presente también) o buscan tomar revancha.

Si acabo de describir tu situación, te sugiero que pienses en un terapeuta o en otras mujeres seguras que puedan escucharte expresar tus sentimientos. Tu esposo no es el único que puede validar tu realidad. En realidad, es probable que aquel que te traicionó *nunca* esté disponible o deseoso de escuchar a tu corazón o enmendar lo que hizo. Sin embargo, vale la pena que te ayuden y te escuchen para poder alcanzar la salud emocional y física.

Otras maneras de trabajar en tu enojo incluyen escribir diarios o cartas a aquellos que te lastimaron (cartas que por lo general *no* se envían, por cierto). Permitir que las crudas emociones del enojo que estás sintiendo encuentren expresión por medio de las palabras es una poderosa manera de quitarles su poder. Cada vez que tomes algo de tu interior —una emoción— y encuentres la manera de expresarlo para que salga a la luz, sentirás un gran alivio. Inténtalo y fíjate en lo que sucede. Demasiado a menudo permitimos que las emociones se alojen en nuestro cuerpo y crezcan como células cancerígenas. Sin embargo, necesitamos sacarlas.

Otra forma útil de trabajar con el enojo es hacer algo físico que represente que estás removiendo la emoción de tu corazón. Hoy en día esta práctica puede no ser muy frecuente, pero mi terapeuta nos alentó a golpear almohadas con una raqueta mientras expresábamos algunas verdades acerca de nuestro enojo. Propinábamos raquetazos en grupo para experimentar la validez de nuestras verdades. ¡Todavía me cuesta imaginarme haciendo eso! No obstante, así fue, gritándole al juez que compró nuestra amada casa mientras sufríamos con el pleito que estaban destruyendo potencialmente la estabilidad de nuestra familia. «¡Puedes llevarte mi casa, pero no te llevarás nuestras almas!», gritaba yo. Y así seguía adelante. Nunca olvidaré esa noche en el grupo. Estoy por siempre agradecida de saber que puedo deshacerme de ese enojo tóxico.

Un tiempo para estar triste

Muchas esposas con las que hablé no saben cómo pasar del enojo a la tristeza que yace debajo. Cuando eran niñas, no vieron a otros expresando descontento o tristeza, y no se les alentaba a sentir esas emociones: «Todo va a estar bien; supéralo». O: «¡Si no dejas de llorar, te daré un motivo para hacerlo!» Puedes haber recibido muchos mensajes que acallan las expresiones sanas y normales de la tristeza. Por otra parte, es probable que todo el tiempo hayas visto surgir el enojo o escuchado palabras venenosas entre los miembros de la familia, comentarios críticos para poner a otros en su lugar o sarcasmos (una manera muy sutil de expresar el enojo cubriéndolo con humorismo). No sé lo que experimentaste en términos del enojo o la tristeza, pero sí sé que esto afecta la forma en que lidias ahora con esos sentimientos en tu relación.

Sara era una trabajadora social y hablaba con delicadeza. Se sentía furiosa con su esposo, que había sido despedido de su posición pastoral después de haber tenido varias aventuras. Ellos se encontraban separados y trabajando arduamente en su desarrollo personal. Pam, la amiga de Sara, sabía que ella necesitaba descargar una gran cantidad de enojo que estaba matando su espíritu. Así que Pam fue a varias ventas de garaje y compró todos los platos baratos que encontró. Luego buscó un viejo taller vacío cuyo dueño le dio permiso de alquilarlo por un día. Pam llevó a Sara allí y desenvolvió la pila de platos. Le dijo a su amiga que comenzara a tirarlos, uno por uno, mientras gritaba sus resentimientos y sus pérdidas. Las palabras soeces volaban mientras se rompían los platos, y poco a poco el dolido corazón de Sara escupió el veneno de su enojo. Cuando terminó, aceptó el abrazo de su querida amiga que la «validaba» mientras se adentraba en su alma profundamente triste.

De niña, Julie vivía criticada de continuo tanto por su madre como por su padre. Gritar era algo común en su familia integrada por cinco niños. Nadie podía mostrar jamás una cara de tristeza, o pagaría por hacerlo. El castigo físico era algo común; compartir emociones reales no lo era. Julie estuvo enojada durante casi todo el primer año que participó en su grupo de mujeres. El enojo era su respuesta normal ante el dolor y las heridas. Y entonces ocurrió un cambio: encontró sus lágrimas. Con el apoyo y el aliento de otras mujeres, comenzó a dejar que emergieran las pérdidas de su vida junto con la tristeza que las acompañaba. Y fue validada por ser real y auténtica. Se quedó en ese lugar conveniente por muchos meses y un día me envió un mensaje de correo electrónico: «Creo que el año pasado fue mi tiempo de estar enojada, y el año presente es mi momento para estar triste. ¡Pienso que estoy teniendo un gran progreso!»

Julie hizo grandes avances, y lo interesante es que su esposo también comenzó a «escuchar» su dolor. Cuando su enojo dio paso a un reconocimiento de sus pérdidas y la tristeza que sentía, él fue capaz de estar presente para validar el dolor de Julie sin ponerse a la defensiva. Esta fue una victoria para su relación así como también para el crecimiento personal de ella.

A pesar de que es preciso experimentar nuestro enojo y expresarlo, también hace falta saber cómo expresar la tristeza para poder obtener lo que en realidad necesitamos: que nos escuchen. Algunas mujeres se quejan de que sus maridos no las entienden. Él no comprende cuánto dolor le causó a su esposa. Aun así, cuando le pregunto a algunas esposas si están o no compartiendo su tristeza con sus cónyuges, muchas veces me responden casi sin voz: «No, la verdad es que no. La mayoría de las veces lloro estando sola. Él no se siente cómodo cuando estoy triste». Me asombra escuchar que tantas mujeres digan lo mismo. ¡Podrás imaginarte que yo descarto este tipo de afirmaciones! Si quieres ser escuchada, debes ser honesta en cuanto a tus sentimientos, sin importar la manera en que tu esposo los maneje. Él no puede validar tu dolor si solo se evidencia como enojo; debes demostrarle el dolor auténtico de tu corazón quebrantado.

Barbara era una mujer profesional y hermosa que trabajaba para una organización cristiana. Fue criada en un hogar cristiano legalista con un padre pastor. En su hogar no se aceptaba la tristeza. Debía estar agradecida por todo lo que pasaba; si estaba triste le decían que no estaba aceptando la bondad del Señor. No obstante, ella lloró mucho por la infidelidad de su esposo y su deseo era que él entendiera el daño que le había causado su comportamiento. En realidad, estaba tan en contacto con sus emociones cuando hablamos que nunca se me ocurrió que su esposo no hubiera visto esas lágrimas. Sin embargo, cuando se me ocurrió preguntarle si delante de él se veía y sonaba de esa manera, me dijo que no. Solo estaba enojada con él. Su tristeza estaba reservada para los momentos en que se encontraba sola, los momentos «seguros» en que no la regañaran o la convencieran de que no le hiciera caso a sus sentimientos, como siempre había sucedido mientras crecía.

El duelo involucra la desesperanza y la tristeza al aceptar que la pérdida con la cual estás lidiando es demasiado real. Tu vida ha sufrido un impacto profundo, y el dolor no va a desaparecer. Te sientes desesperanzada, fuera de control. Te parece que hubieras tocado fondo, y tus lágrimas no paran. Este es el momento en el que muchas mujeres dejan de tratar de sanar o encontrar un propósito en medio de esta adversidad, ya que es muy difícil sentir el dolor, decirle adiós a lo que han perdido y en realidad seguir adelante. A algunas mujeres jamás les permitieron mostrar sus penas y simplemente no saben cómo admitir los sentimientos de desesperanza; muchas piensan que llorar demuestra debilidad; otras se convencen de permanecer en la relación durante esta etapa porque consideran que han estado tristes por demasiado tiempo y no quieren inspirar lástima o verse condenadas. Varias de ellas solo eligen encontrar una relación nueva y comenzar de nuevo.

Un tiempo para estar deprimida

Muchas mujeres que pasaron por el trauma de la traición sexual experimentan una gran depresión. Yo no tengo un título universitario que me permita dar algún tipo de consejo en cuanto a este tema. Sin embargo, sí sé que el sentimiento de depresión puede ser atemorizante y sobrecogedor. Puede consumir tus pensamientos, matar todos los deseos de tu vida, o paralizarte y no permitir que te ocupes de tus responsabilidades diarias. Es posible que te sientas tan fuera de control que no puedas dejar de llorar, ponerte iracunda, aislarte o sentirte desquiciada. En algunos casos, las emociones que causan los sueños destruidos pueden hacerte sentir desesperada por terminar con tu miseria, aun hasta el punto de acabar con tu vida. Hay momentos en los que necesitas consejos médicos y tal vez medicamentos para ayudarte a atravesar la depresión clínica.

En su libro Unveiling Depression in Women [Descubriendo la depresión en las mujeres], los doctores Archibald Hart y Catherine Hart Weber comparten una información muy útil para entender qué es la depresión, a quién afecta, qué causa y cómo puede ser tratada. Ellos explican la depresión de esta manera:

> Cualquier pérdida significativa tiene el potencial de acabar en depresión. En general, mientras más significativa es la pérdida, más grande es la depresión ... En algún lugar en todo el dolor causado por la depresión tiene que haber un mensaje. Aun cuando parece salir de la nada, la depresión comienza con una parte de ti, señalando que algo no está del todo bien. Al fin y al cabo, esta es una manera de hacer que te detengas y pienses en tu vida, y posiblemente de efectuar cambios. Todo esto forma parte de nuestra existencia humana y del sistema de alerta de Dios para nuestros cuerpos, mentes, emociones y relaciones, y seríamos inteligentes

si le prestamos atención a estas señales y advertencias. Por lo tanto, tal cosa nos ayuda a detenernos y preguntarnos: «¿Qué me está diciendo mi depresión?»[3]

Suzanne sufrió de depresión la mayor parte de su matrimonio. Ella explicó que recibió su diagnóstico y después del primer año de matrimonio el psicólogo familiar le recetó medicamentos. Una vez al año se hacía un examen, en el cual se reportaba que sufría síntomas de letargo, falta de sueño y miedo a estar casada. Le dijeron que probablemente estaba reaccionando de esta manera a la transición en su vida y le recetaron algunas medicinas para ayudarla con ese cambio.

Cinco años después, descubrió que su esposo estaba mirando pornografía y conectándose de forma regular con mujeres a través de la Internet. Ellos buscaron ayuda para que su matrimonio sanara luego de la traición sexual, y al hacerlo Suzanne comenzó a revivir incidentes de su vida relacionados con anteriores abusos sexuales. También reconoció que durante sus años de estudiante de secundaria había tenido relaciones sexuales con su novio, quedado embarazada y abortado a toda prisa. Nunca antes había lidiado con esos problemas, y en realidad pensó que esa era la mejor manera de quitarlos de su mente y seguir adelante con su vida. «Lo pasado es pasado», solía decirme.

Al pasar el tiempo, su terapia la llevó a aceptar las pérdidas en su vida y el gran dolor que había estado guardando dentro por tantas cosas. La nube de la depresión comenzó a elevarse mientras su espíritu se libraba de las emociones enjauladas. Empezó a entender cómo su depresión estaba tratando de hablarle y la condujo a una sanidad más profunda.

Para lograr cumplir con el duro trabajo de explorar el significado de la depresión, primero debes estabilizar tus sentimientos. Como recomendaron Hart y Hart Weber, un examen psicológico y físico completo es útil para determinar el mejor programa para ti. Mereces recibir la ayuda que necesitas.

Un tiempo para aceptar

Permitirte a ti misma entrar en un período de duelo es algo que requiere paciencia y práctica. Es probable que tengas miedo de que el proceso nunca termine. Puedes estar luchando para lograr algo. La persona responsable, motivada y llena confianza que solías ser siempre parece haber desaparecido, y te preocupa que nunca más regrese. ¿Cómo harás para funcionar? ¿Cómo te harás cargo de ti misma y tu familia si te permites permanecer en este lugar de pena?

El duelo ya es lo suficiente difícil de por sí para tratar de sobrellevarlo sola. Un tiempo de duelo saludable requiere de la validación de otros. No hay dudas de que parte de tu dolor y tu llanto tendrán lugar a solas, pero cuando otra persona segura te apoya y es testigo de tus lágrimas, puedes sentir la validación de tu dolor... y esto representa la empatía y la compasión de Jesús a través de otro ser humano. Henry Cloud hace una declaración muy importante acerca del llanto: «Antes de conocer al Dios que diseñó el llanto y me condujo hasta el apoyo y la estructura que necesitaba para enfrentar mis pérdidas, no tenía pérdidas: estaba perdido».[4]

¿Te sientes perdida? ¿Sabes cómo hacer para reconocer tu sufrimiento y avanzar a través del proceso de duelo? Te sugiero que primero nombres tus sentimientos y te permitas tenerlos: si sientes tristeza, date permiso para estar triste; si sientes enojo, permítete estar enojada; si sientes ansiedad o miedo, no trates de esconderlo. Luego otórgate tiempo para vivir con tu emoción. No te apresures a hacer otra cosa ocupando tu tiempo o aparentando que está todo bien. Escribir o llevar un diario personal es útil también para validar las emociones que sientes. Pídeles a personas seguras que te escuchen mientras compartes tus sentimientos. Y por último, sé gentil contigo misma. Recuerda que el proceso de duelo implica un trabajo arduo y que necesitas cuidarte mucho y nutrirte a través del camino.

Hay un momento en el que necesitas tener en cuenta todas las pérdidas que acompañan al pecado sexual en tu matrimonio. El duelo no es un suceso de una sola vez. Experimentarás una y otra vez los distintos elementos del duelo y quizás regreses al proceso aun después de pensar que había terminado. Sin embargo, con el tiempo la desesperanza y el llanto cesarán. Notarás cómo se mitiga tu dolor, y habrás aprendido algo de la adversidad que estremeció tu vida. Aun más, al permitirte a ti misma llorar, te habrás dispuesto a recibir una energía renovada por completo, así como nuevas actitudes y posibilidades.

Encuentra el propósito en la pérdida

No mucho después de que mis sueños se destruyeran por culpa de la traición sexual, leí un libro de Judith Viorst titulado Necessary Losses: The Love, Illusions, Dependencies, and Impossible Expectations That All of Us Have to Give Up in Order to Grow [Pérdidas necesarias: Los amores, las ilusiones, las dependencias y las expectativas imposibles a las que todos debemos renunciar para poder crecer]. En la actualidad creo que incluso en ese momento Dios me estaba preparando para manejar lo que estaba por venir en mi vida. Viorst escribe: «A través de nuestra vida crecemos al rendirnos. Renunciamos al cariño más profundo que sentimos por otros. Renunciamos a ciertas partes de nosotros mismos que apreciamos. Debemos enfrentar, tanto en lo que se refiere a nuestros sueños como a nuestras relaciones íntimas, todo lo que nunca tendremos y lo que jamás podrá ser. Las inversiones apasionadas nos dejan vulnerables a las pérdidas ... Me gustaría proponer que el entendimiento central de nuestras vidas radica en entender cómo lidiar con las pérdidas».[5]

Yo sentía pasión por mi esposo, mi matrimonio y mis hijos. A pesar de las maneras en que pude haber intentado controlar los sueños que tenía para todos nosotros, no pude controlar el dolor y las pérdidas que tuvimos. Tenía mucho que aprender acerca de aceptar tanto el amor como el odio, lo bueno y lo malo, así como el dolor inevitable que llega cuando me acerco a alguien.

El primer sueño significativo que se destruyó y marcó mi vida fue la traición sexual en mi matrimonio. Vivir con las pérdidas relacionadas con mi ilusión de un matrimonio perfecto me preparó para otras pérdidas significativas en mi vida. No quería pensar que me encontraría con otras pérdidas trágicas, pero sí que las habría. Mi compañía se enfrentó a terribles transiciones, mis hijos se tambalearon y cayeron a causa de sus propias elecciones en la vida, las enfermedades se llevaron prematuramente a algunos seres queridos, y cada vez me sentía más dispuesta a enfrentar al proceso de las pérdidas, el duelo, la aceptación y el crecimiento del carácter.

¿Hay algún propósito espiritual en afrontar nuestros sueños destruidos? En su libro *Shattered Dreams* [Sueños destruidos], el Dr. Larry Crabb nos ayuda a ver el propósito de nuestro sufrimiento y nuestras pérdidas:

> Los sueños destruidos abren la puerta a sueños mejores, sueños que no valoramos de manera apropiada hasta que los sueños que valoramos incorrectamente se destruyen. Los sueños destruidos acaban con las falsas expectativas, tales como la «victoriosa» vida cristiana sin lucha real o fracasos [o el matrimonio perfecto sin tener que esforzarnos]. Ellos nos ayudan a descubrir la esperanza verdadera. Necesitamos la ayuda de los sueños destruidos para ponernos en contacto con lo que debemos esperar, para crear un apetito por sueños mejores. Y vivir para estos sueños superiores genera en nosotros un sentimiento nuevo y desconocido que con el tiempo reconoceremos como alegría.
>
> Nuestro dolor siempre tendrá un propósito. No desaparecerá, pero hará su trabajo. Despertará un apetito por un propósito superior: la esperanza mejor de conocer a Dios lo suficiente bien para amarlo por sobre todas las cosas ... y confiar en él sin importar lo que suceda.[6]

Nuestras vidas en muchos casos han sido destrozadas, al parecer sin poder hallar una solución. Sin embargo, si confiamos en Dios para que nos guíe, poco a poco no solo lo conoceremos mejor, sino que también veremos un crecimiento y un propósito emergiendo de nuestro dolor.

Para Catelyn la vida todavía era muy incierta. Ella se había comprometido a resolver el problema de su matrimonio, y después de escuchar acerca de los malos comportamientos sexuales de su esposo, se comprometió a buscar la guía de Dios para su vida. Lo que más quería era seguir casada con Carl, pero aun así los días de desesperanza la estaban matando. Hace poco, después de una reunión de su grupo de mujeres, experimentó un nuevo tipo de alegría. Ella compartió esta historia conmigo:

> Me comprometí con el Señor hace años, pero durante la última semana sentí el profundo deseo de hacer todo de nuevo. Le entregué mi vida desordenada, la incertidumbre de mi matrimonio y el temor en cuanto a mi futuro. Solo le dije que ya no podía controlarlo. De modo sorprendente, me encontré llena de coraje para continuar trabajando en mí, y sentí el amor y la presencia de Dios como nunca antes. Mi deseo de conocerlo y confiar en él ha sido renovado. También sigo observando los indicios de quién soy. Todos los días soy guiada a tener en cuenta mis sentimientos y aquellas cosas que me causan problemas. ¡Es como si Dios me siguiera dando esta tarea! No puedo dejar de compartir con Carl todo acerca de *mi persona*, y por primera vez siento que se acerca a mí en lugar de alejarse. ¡No lo entiendo! No sé a dónde me llevará mi vida o cómo será mi matrimonio, pero conozco a Dios de una forma personal que nunca antes había experimentado.

La vida destruida de Teresa también la llevó a un viaje espiritual. Ella se sumergió en el proceso de recuperación con los motores a toda marcha. Amaba a las mujeres que estaba conociendo, las herramientas nuevas que adquiría y las posibilidades para cambiar. Sin embargo, estaba enojada con su esposo por sus pecados sexuales y se mantuvo enfocada en eso durante casi un año. Cuando abandonó su deseo de recuperar el matrimonio de sus sueños, Dios comenzó a trabajar en su corazón. Al ir pasando el tiempo, aprendió a reconocer sus propias pérdidas y dolor. Tenía muchas cosas que considerar: unos padres abusadores, unos familiares políticos que la criticaban, un hijo que había sido alcohólico y un marido que simplemente no se «involucraba» en la recuperación.

Comenzó a dejar a un lado su amargura y su quebranto y a sentir la tristeza que yacía debajo de ellos. Procesó sus sueños destruidos y lloró las pérdidas de su vida más o menos por un año más. Se aferró a Dios, que se convirtió en su fiel compañero y amigo. Ella sentía cómo él le indicaba los pasos siguientes, pasos pequeños.

En la actualidad ella podría decirte que nunca antes hubiera pensado que fueran posibles tanta alegría y satisfacción. «Tengo una vida nueva por completo», afirma. «Poseo conocimientos, compasión, paciencia y un amor incondicional como nunca antes en mi vida. Y sé que Dios está en todo ello. Nunca pensé que podría estar *agradecida* por los sueños destruidos».

Los sueños destruidos pueden llevarnos a conocer y depender de Dios de maneras totalmente nuevas. Pueden hacer que crezca nuestra confianza en Dios, que hará algo hermoso de cosas que han sido terriblemente dolorosas. Nuestro sueño de unas relaciones buenas con otros bien puede ser reemplazado con la realidad de unas relaciones grandiosas con los demás. Podemos cambiar nuestro carácter enfocado en complacer a los otros por un carácter que complazca a Dios. Y podemos cambiar nuestro deseo de una vida materialmente feliz por una de profunda alegría y mejores relaciones... con Dios, nuestro cónyuge, nuestros hijos, nuestros amigos y colegas y nosotras mismas.

Pensándolo de nuevo

1. ¿Qué fantasías o expectativas tenías de tu esposo y tu matrimonio?
2. ¿Qué pérdidas tangibles y emocionales sufriste a causa de la traición sexual en tu matrimonio?
3. ¿Qué elemento del duelo has estado experimentando? ¿Cuáles intentas evitar?
4. ¿Crees que Dios quiere algo más para ti en lugar de lo que tenías antes de que se destruya tu vida debido a la traición, aun si antes de eso tu existencia a veces parecía feliz y completa? ¿Cuáles son algunas posibilidades?

CAPÍTULO 5

¿Cuándo dejaré de sentirme tan fuera de control?

La paradoja de no tener poder

A menos que aceptes mis fallas, ciertamente dudaré de mis virtudes.

Hugo Prather

Te basta con mi gracia, pues mi poder se perfecciona en la debilidad.

2 Corintios 12:9

D urante los primeros meses luego del descubrimiento de la traición sexual de mi esposo experimenté un período de calma relativa. Estaba encontrando ayuda, tenía amigas con las cuales podía conversar, y Mark y yo estábamos aprendiendo a hablar el uno con el otro acerca de nuestro dolor. Entonces, un día durante una conversación casual con uno de mis hijos, descubrí una información alarmante: «Papá invitó a casa a una de esas mujeres del club de salud el verano pasado cuando tú estabas fuera de la ciudad. Ella miró una película con nosotros y estaba acostada en el sofá».

¡Otra mujer en mi casa! No podía imaginar que Mark hiciera algo tan incorrecto. ¡Otra mujer en mi casa hablando con mis hijos! Yo estaba iracunda.

Furiosa, temblando, buscando bocanadas de aires y determinada a confrontar a Mark, dejé la sala para encontrarme con él en la cocina. Mis brazos temblaban mientras chillaba: «¡Me acabo de enterar de que invitaste a una de las jóvenes del club a nuestra casa cuando yo no estaba!» Apuntándole con el dedo le ordené que nunca más trajera a otra mujer a *mi* casa o cerca de *mis* hijos, porque si lo hacía, terminábamos. Una cosa era engañarme sexualmente, pero otra muy distinta era involucrar a los niños.

Estoy segura de que él no consideró que el «incidente de la película» fuera tan malo en comparación con sus peores comportamientos. Sin embargo, el drama que estaba creando en la cocina me hizo sentir poderosa, por lo menos por unos minutos. Ni siquiera recuerdo si me contestó. Y la verdad es que no me importaba. ¡Mi intención era descargar mi ira y nada podía detenerme! No sabía que tenía la capacidad de estar tan enojada y fuera de control. Me asusté de mí misma.

No tenemos poder sobre nosotras mismas

Aun cuando nuestras intenciones o soluciones apuntan al cambio, muchas veces nos encontramos repitiendo comportamientos familiares y patrones de pensamiento sin que importe cuánto tratemos de evitarlos. Probablemente haber sido traicionada también te haya llevado a lugares vergonzosos y aterrorizantes. Escuché a algunas mujeres lamentarse: «No me gusta en lo que me convertí, pero no creo que pueda cambiar», o afirmar: «Ya ni siquiera estoy segura de quién soy». Las historias de no tener poder pueden agobiar nuestros corazones, en especial porque arrojan luz sobre comportamientos que la mayoría de nosotras preferiríamos evitar.

Una noche, años después de estar en el programa de recuperación, decidí irme a dormir temprano y leer durante un rato. Me quedé dormida antes de que Mark viniera a acostarse solo para despertarme con lo que pensé que era olor a humo. Hace años,

Mark fumaba una pipa cuando estaba escribiendo su primer libro. Luego de varias conversaciones «odiosas» acerca de dónde estaba permitido fumar su pipa, decidimos que no estaba permitida en la casa, solo afuera. Ya que sabía que el olor a humo no podía provenir de adentro de la casa, de inmediato entré en pánico pensando que algo se estaba quemando. Corrí escaleras abajo solo para encontrar a Mark y a nuestro hijo subiendo las escaleras de nuestra sala familiar en el sótano. Ahora estaba claro que el humo que había olido no era de fuego.

Cuando dije que había sentido olor a humo, Mark negó que existiera. Sentí que todo mi cuerpo se llenaba de enojo y desesperanza. Estaba convencida de que me habían mentido, y me cerré por completo. No dije una palabra. Subí al cuarto y fingí haberme dormido. Al estar ahí acostada, de pronto me percaté de algo que me cambió la vida: no podía dejar de retraerme a pesar de todo el trabajo que había hecho en terapia para ser honesta con mis sentimientos y escuchar mis necesidades. El retraimiento resultaba ser mi amigo; era con lo que había aprendido a confortarme cuando estaba sufriendo. Representaba la manera principal por medio de la cual lidiaba con los sentimientos demasiado difíciles de expresar o manejar. En mi intelecto, sabía lo que tenía que hacer: expresarles a Mark mis sentimientos y mi percepción de lo que había visto. No obstante, en ese momento en que otra vez no me sentí escuchada, me paralicé. Volví a recaer en una elección vieja y familiar.

Cuando pensaba acerca del concepto de no tener poder antes de este incidente, imaginaba a las personas fuera de control, mostrando comportamientos inaceptables: engañando al esposo o la esposa, robando, matando, mintiendo, aprovechándose de las personas... cosas graves como esas. ¿Era posible que comportamientos más sutiles y comunes como retraerme fueran una evidencia de mi propia falta de poder y mi incapacidad para responder de manera diferente a pesar de mi esfuerzo por hacerlo? Esa noche comencé a verme con más claridad. En realidad, el incidente me impulsó a tratar de descubrir las muchas maneras sutiles en las que me atascaba en mis heridas y me comportaba como una víctima.

Hemos hablado ya de que todas nuestras reacciones —la cólera, el retraimiento, culpar, golpear, correr en busca de un abogado para conseguir el divorcio— son maneras de lidiar con nuestro dolor. Los pecados sexuales de nuestros esposos también representan una manera en la que ellos estaban lidiando con su dolor. El admitir mi falta de poder sobre mis mecanismos destructivos para tratar con los problemas se convirtió en el paso más importante a fin de acceder al poder de Dios para liberarme de las garras de esta situación. Definitivamente necesitaba un poder mucho mayor que yo para salvarme de mí misma y los comportamientos que no podía controlar.

No tenemos poder sobre nuestros esposos

«Admití que no tenía poder alguno sobre los comportamientos de mi esposo, sobre mis emociones y mis reacciones, y que mi vida se había vuelto inmanejable». Esa es mi adaptación del primero de los doce pasos, escrito en específico para las esposas que están trabajando en sí mismas a fin de sanar de la traición sexual. Si podemos llevar esta verdad a las profundidades de nuestro corazón y nuestra mente, podremos encontrar la liberación de nuestros dolorosos patrones.

¿Recuerdas la primera vez que te diste cuenta de que no tienes poder sobre tu esposo? Muchas veces, al sentir que no tenemos poder, hacemos cosas que odiamos. Todos tenemos una doble mentalidad, elegimos hacer esas cosas que dificultan la intimidad en nuestras relaciones, pero deseamos no hacerlas. Tal vez no puedas dejar de realizar un trabajo detectivesco y continúes buscando evidencia de algunas formas en que tu esposo te ha estado engañando. Cuando sientes que él ha estado fuera de control con sus comportamientos, es posible que pienses que tú puedes estar en control descubriendo lo que ha hecho. Puedes insistir en tomar la iniciativa de buscar ayuda para tu esposo porque de alguna manera necesitas ejercer control en medio del caos de la infidelidad. Y puedes exigir especificaciones acerca de su programa de recuperación en un continuo esfuerzo por controlarlo. Hasta es posible que comiences a mentirte a ti misma o encubrir el esfuerzo por controlar su reputación o sus consecuencias. ¿Te encontraste atrapada en alguno de estos esfuerzos solo para darte cuenta de que la verdad es que no tienes poder sobre sus comportamientos y decisiones?

Es difícil dejar de controlar a los otros. Yo traté de controlar a Mark, a veces queriendo apoyarlo y protegerlo, a veces por miedo a que tomara decisiones que podrían lastimarme de nuevo. Sin que importara cuál fuera mi motivación, no era saludable. Escucharás a muchas personas que dicen que un hombre que ha pecado es narcisista... que solo piensa en sí mismo y no acerca del dolor que está causándoles a otros, en especial a ti. En esta descripción hay algo de verdad. Sin embargo, mientras más pienso en controlar los comportamientos, comienzo a ver cuán narcisista soy también. Cuando estoy tratando de controlar a alguien más, lo hago porque necesito algo. Quiero que la otra persona cambie para que yo pueda sentirme mejor. Todo se relaciona con lo que yo necesito para sentirme segura, para sentirme amada, para sentirme escuchada.

Susan tenía que dejar la ciudad por asuntos de negocios poco después de haberse enterado de que su esposo veía pornografía por la Internet. Estaba ansiosa en cuanto a su decisión de qué iba a hacer. Le pregunté por qué le era tan difícil elegir irse. «Necesito mantenerlo alejado de la computadora para que se pueda mantener sexualmente puro», me contestó. Cuando le pregunté qué pensaría si se iba y él miraba pornografía de nuevo, me contestó con rapidez: «Bueno, se me haría muy difícil perdonarme a mí misma, porque si quiero que deje de mirar pornografía necesito ser responsable a fin de ayudarlo a que deje de hacerlo». Susan eligió quedarse y sacrificar una importante reunión de trabajo. Su esposo también encontró maneras de seguir mirando pornografía a pesar de sus esfuerzos por controlarlo.

Angélica estaba orgullosa de la decisión de su esposo de participar en un programa de recuperación de doce pasos que consistía en reuniones, terapia y sesiones con su pastor. Él pasaba horas hablando con ella acerca de sus descubrimientos, su crecimiento y su visión de ser un hombre nuevo. Ella se deleitó con la atención y la devoción que él le estaba mostrando. No obstante, cuando él comenzó a acercarse a los demás hombres en su programa —como sus mentores le habían alentado a hacer— se enojó mucho. Ella no se sentía tan apreciada e incluida en su vida, y comenzó a exigirle que dejara de pasar tanto tiempo con estos amigos que le brindaban apoyo. En sus sesiones de terapia, Angélica fue capaz de admitir su comportamiento controlador y reconocer que al tratar de dictarle las decisiones a su esposo estaba saboteando sus esfuerzos para sanar. Aun más, fue capaz de hablar acerca de sus miedos y su ansiedad mientras se comprometía a aprender a abandonar el deseo de controlarlo todo.

Sharon trató de controlar lo que su esposo miraba por televisión. Me dijo que estaba haciendo todo lo posible. Le suplicaba; se enojó con él; le negó las relaciones sexuales. Ella quería tener su atención y su compañía con desesperación, deseaba que cambiara porque tenía necesidad de que él le cumpliera. No está mal esperar algo de otra persona, pero debemos ser cuidadosas en la manera en que tratamos de obtenerlo. Tratar de cambiar a los demás controlando sus comportamientos nunca funciona.

No tenemos poder sobre nuestros provocadores de reacciones

No tenemos poder sobre lo que nos hace reaccionar ni sobre la forma en respondemos inicialmente ante aquellas cosas que provocan los problemas. Un provocador de reacciones es un estímulo —una mirada, una palabra, un comportamiento, un olor, un toque o un suceso— que nos recuerda una experiencia pasada y crea una reacción de parte nuestra. Por más que queramos controlar nuestras respuestas hacia las demás personas y circunstancias, a veces es imposible. Todos tenemos cosas que nos provocan, y simplemente no podemos detener esos disparadores que crean las reacciones.

No podemos controlar las cosas que nos hacen reaccionar tratando de eliminarlas de nuestras vidas... siempre nos enfrentaremos a ellas. No podemos correr lo bastante lejos o escondernos por el tiempo suficiente como para mantenerlos alejados. Durante los primeros meses de recuperación me encantaba viajar por negocios. Al alejarme de nuestro hogar y de Mark me sentía mucho menos provocada por el dolor de sus pecaminosas decisiones. Ojos que no ven, corazón que no siente... o al menos eso me parecía. La verdad era que los provocadores de reacciones solo estaban un poco más lejos, no se habían ido para siempre. Estar con Mark ciertamente los acercaría de nuevo, pero también podían hacerlo mis pensamientos y recuerdos, permitiendo que surgieran nombres, imágenes, fechas o lugares. Lidiar con las cosas que nos hacen reaccionar me recuerda mi intento de impedir que crezcan malezas en mi jardín poniendo una capa de cortezas sobre la tierra que rodea a mis plantas perennes. ¡Es solo una cuestión de tiempo antes de que vuelvan a crecer por entre los trozos de corteza y no pueda negar su presencia! Y tampoco podrás eliminar los provocadores de reacciones de tu vida.

Recuerda, los mecanismos para lidiar con los problemas son lo que usamos para manejar estas cosas que nos incitan. Si no hicimos el esfuerzo para entender qué nos provoca y por qué nos hace reaccionar, nuestras decisiones a fin de lidiar con los problemas serán inconscientes, estarán fuera de nuestro control. En realidad, nos encontraremos funcionando tanto en piloto automático que ni siquiera sabremos que estamos lidiando con algo. No tenemos poder sobre las cosas que nos provocan y la manera en que lidiamos con ellas.

Rosita estaba viendo una película con Hermano, su esposo, varios meses después de haber descubierto la aventura que él había mantenido durante dos años. Habían estado trabajando juntos para sanar, y en verdad estaban más unidos emocionalmente que nunca. Durante la comedia romántica que estaban mirando, el personaje principal abandonó a su esposa para tener una aventura romántica con la vecina. Rosita comenzó a llorar en silencio tratando de que Hermano no viera sus lágrimas. Rápidamente salió de la habitación, diciendo que quería buscar algo para comer. Se alejó de él durante toda la tarde y no pudo hablar acerca de su profunda tristeza. Al haber estado sintiéndose esperanzada con relación a un gran progreso y la sanidad en su relación, el elemento provocador de la película la tomó completamente por sorpresa. Alejarse era un amigo conocido, un mecanismo para lidiar con el problema que ella usaba muchas veces cuando se sentía herida y triste.

Joseph le confesó a su esposa Florence los detalles de su traición sexual. Ella estaba gustosa de escucharle decir al fin la verdad acerca de su comportamiento. Había mentido sobre muchas cosas en sus diez años de matrimonio. En un esfuerzo por resolver tantas mentiras, de vez en cuando Florence le hacía preguntas a Joseph acerca de su conducta en el pasado. En ocasiones él cerraba los ojos y dudaba al contestar. ¡Esta respuesta hacía enfurecer a Florence, que comenzaba a gritarle diciendo que debía estar mintiéndole de nuevo! Ella no podía evitar esa dramática reacción porque el elemento provocador de que posiblemente estaba mintiéndole de nuevo era muy poderoso.

No tenemos poder sobre nuestras emociones

Todos tenemos emociones en todas las variedades posibles. Es probable que quieras controlar el tipo de sentimientos que vas a sentir. Tal vez solo quieras que se vean las cosas positivas. No tienes problema para expresar alegría, felicidad, satisfacción, esperanza y gratitud. No obstante, te gustaría descubrir cómo erradicar las emociones negativas cuando llegan. Si te sientes triste, tal vez ocupes tu tiempo hasta que el sentimiento pase. Sin embargo, el problema es que no hay medida de ocupación que aleje la tristeza para siempre. Si tu enojo te está dando dolores de cabeza, no hay ninguna cantidad de medicamento que los elimine para siempre. Si estás preocupada esperando que algo malo suceda, no hay medida de conversación esperanzadora que disminuya tus miedos. Tus sentimientos se resisten a ser ignorados o negados. No tienes poder sobre su aparición y a veces tampoco lo tienes sobre su expresión.

Wendy estaba tratando con desesperación de ver lo bueno en sus vidas luego de enterarse del problema continuo de su esposo con la pornografía. Sin embargo, cada vez que su esposo sufría un desliz y se permitía ver pornografía o ella lo encontraba viendo esas imágenes, la tristeza de Wendy se hacía más profunda, sin que pudiera encontrar consuelo. Con valentía, ella trataba de encubrirla sirviendo a los demás o preocupándose por su familia. No obstante, un día se sentó frente a mí y simplemente lloró. Había sucedido de nuevo, y esta vez no era capaz de mantenerse en pie. La desilusión y la desesperanza que había estado sintiendo erosionaron toda su habilidad para lidiar con los problemas. Wendy me dijo: «Creo que ya no puedo seguir viviendo de esta manera».

Si tratamos de manejar nuestras emociones en lugar de sentirlas, ni siquiera las que somos más hábiles podremos mantener sumergidos nuestros verdaderos sentimientos. No tenemos poder sobre nuestras emociones; ellas se harán escuchar.

El regalo de no tener poder

La terapeuta familiar y matrimonial Elizabeth Griffin y yo trabajamos juntas en un centro de consejería. Tenemos una asistente que está terminando la carrera de consejería y necesita practicar con clientes reales que tienen problemas reales. Ella también enseña en una escuela local y entiende la importancia de establecer objetivos y determinar qué es lo que esperas lograr en tu clase. Mientras comenzábamos la sesión de otro grupo de mujeres traicionadas por el pecado sexual, nos preguntó: «¿Cuál es el propósito de sus grupos?» ¡Qué gran pregunta! Es bueno que nos recuerden lo que en realidad estamos intentando hacer... además de apoyar a mujeres que están experimentando mucho dolor a causa del comportamiento de otra persona. Es fácil atascarse ahí y perder de vista la idea principal. El objetivo de nuestro trabajo con las mujeres es llevarlas a enfrentarse cara a cara con su propia falta de poder para que puedan atravesar la puerta del quebrantamiento y la humildad, lo cual es esencial para la más profunda transformación espiritual.

«¿Humildad?», estarás gritando por dentro. «¿Qué absurda razón podría tener para ser humilde? ¿No he sufrido demasiada humillación ya?» La humildad de la que estoy hablando no es lo mismo que humillación. No tiene nada que ver con la vergüenza causada por el comportamiento de otra persona. La humildad es poder aceptar que no eres perfecta, que tienes fallas, y que no posees el poder para arreglar esas cosas que quieres que se arreglen a pesar de hacer tu mejor esfuerzo.

En el programa de Alcohólicos Anónimos se le presenta enseguida al recién llegado el concepto de que la única manera que existe de estar y mantenerse sobrio es comenzar a admitir una derrota completa. La literatura de AA deja en claro que «admitir con humildad que no se tiene poder sobre el alcohol es el primer paso hacia la liberación de sus paralizantes tenazas».[1] Cuando los alcohólicos en recuperación aplican de manera diligente cada uno de los doce pasos para su enfermedad, se someten a una transformación espiritual que, estoy convencida, es el tipo de transformación que necesita todo aquel que ha sido herido. Las personas que participan con diligencia en los programas de doce pasos para su recuperación descubren que la humildad hace surgir la fuerza a partir de la debilidad y la victoria a partir de la derrota. «En todos los casos», escribe Hill Winston, cofundador de Alcohólicos Anónimos, «el dolor ha sido el precio de la admisión a una vida nueva. No obstante, este precio de admisión compró más de lo esperado. Compró una medida de humildad que pronto descubriremos es un calmante para el dolor. Así que comenzamos a tenerle menos miedo al dolor, y ansiamos la humildad más que nunca».[2]

Si aceptamos que estamos en un camino espiritual y queremos que Dios nos use y cree un propósito en nuestras vidas, debemos recordar que Dios nos llama a que consideremos nuestras debilidades, nuestras penas y nuestra humildad. En Una vida con propósito, Rick Warren habla también acerca de la humildad y la debilidad:

Pablo nos da varias razones para estar satisfechos con nuestras debilidades innatas. Primero, ellas nos hacen depender de Dios. Refiriéndose a sus propias debilidades, las cuales Dios se rehusó a quitarle, Pablo dice: «Me alegro de ser débil … y de tener necesidades y dificultades por ser fiel a Cristo. Pues lo que me hace fuerte es reconocer que soy débil» (2 Corintios 12:10, Biblia en Lenguaje Sencillo) .

Nuestras debilidades también impiden que se instale la arrogancia. Nos mantienen humildes. Pablo señaló: «Para evitar que me volviera presumido por estas sublimes revelaciones, una espina me fue clavada en el cuerpo» (2 Corintios 12:7, NVI).

Nuestras debilidades además nos alientan a ser parte de la comunidad … nos demuestran cuánto nos necesitamos los unos a los otros …

Más que nada, nuestras debilidades aumentan nuestra capacidad para la compasión y el ministerio. Somos mucho más propensos a ser compasivos y a considerar las debilidades de los demás … Las cosas que más incómodo te hacen sentir, que más te avergüenzan, aquellas que no quieres compartir, son justo las herramientas que Dios puede usar para sanar a los demás.[3]

Si no logramos reconocer y abrazar nuestra propia falta de poder y nuestra necesidad de gracia, nos mantendremos siempre enfocados en el otro y lo que hizo. Algunas podemos tener miedo a negar nuestra fuerza, o todo lo bueno que hemos hecho para vivir vidas llenas de fidelidad. Otras podemos creer que debemos someternos para aceptar nuestras debilidades. Sin embargo, Dios solo nos llama a ser los seres humanos que somos: incapaces de manejar nuestras vidas sin él. Solo seremos capaces de aceptar el amor de Dios y las bendiciones para sanar del dolor cuando aceptemos con honestidad nuestras fallas.

La libertad de la rendición

Cuando finalmente podamos admitir nuestra falta de poder en nuestras vidas, podremos comenzar a ser responsables de los pensamientos, sentimientos y comportamientos que nos hieren y lastiman a los demás. Al experimentar la humildad reconociendo nuestras partes incompletas e imperfectas sobre las cuales no tenemos poder, tenemos la oportunidad de gozar de la libertad de rendirnos en una batalla que perderemos: tratar por cuenta propia de reparar nuestras piezas dañadas o faltantes.

Ahora que entiendo que la falta de poder está presente en todos los aspectos de mi vida, veo ejemplos de ello en mi día a día. No tengo poder sobre una gran cantidad de circunstancias y comportamientos, tanto míos como de los demás. No tengo poder sobre el envejecimiento de mi cuerpo. Este se arrugará y envejecerá a pesar de que haga mi mayor esfuerzo por mantenerlo joven. Mi humildad puede surgir cuando me doy cuenta de que mi orgullo no me permite apreciar mi apariencia tanto como quiero. No tuve poder sobre las decisiones que Mark hizo durante diecinueve años en nuestra relación juntos. En mi quebrantamiento, humildemente me di cuenta de que algo me estaba distrayendo en mi propia vida al punto de que ni siquiera vi las señales de tristeza y soledad en mi propio esposo. Mis hijos crecieron y son jóvenes adultos, y allí veo la falta de poder que tengo sobre muchas de las decisiones que toman en sus vidas. Un símbolo de humildad es aceptar que la crianza que les di a mis hijos nunca será perfecta y que no puedo impedir el sufrimiento en la vida de aquellos que más amo. Creyéndome superior, quería confiar en que si era una madre lo suficiente buena, mis hijos nunca tendrían que sufrir. Volverme humilde significó aceptar mis limitaciones en cada área en la que creé cosas inimaginables al tratar de ejercer poder donde no lo tengo. Cuando nos damos cuenta de que no tenemos poder y estamos quebrantados, podemos rendirnos, abandonar esa lucha desigual. Vemos que no somos capaces de controlar nuestras propias vidas, y menos aún la de los demás. Es momento de entregarle el control al único que tiene ese poder: Dios. Es de él que necesitamos depender. No dependamos de nosotros mismos. Él es el que nos creó y sabe todo lo que somos y lo que no, y promete guiar nuestro camino y cuidar de nosotros. No obstante, primero debemos dejar de confiar tanto en nosotros mismos.

Rendirse o renunciar no significa no hacer nada. Cuando no haces nada te conviertes en una víctima. Significa aceptar que tal vez no te guste o entiendas lo que está sucediendo, pero elegirás dar el próximo paso de la manera más saludable, confiando en Dios para que él se haga cargo de ahora en adelante. Significa tomarte menos seriamente a ti misma y tomar más en serio a Dios. Los primeros tres de los doce pasos muchas veces se asumen de esta manera: «Yo no puedo; Dios sí puede. Creo que lo dejaré hacer a él».

Al principio tuve que practicar para aprender a rendirme en las cosas más pequeñas. Practiqué con cosas menores, como dejar de controlar qué iban a comer mis hijos y si se cortaban el pelo con la regularidad que yo quería. Renuncié a la pila de ropa para lavar y a mis esfuerzos por tener todas las comidas preparadas y congeladas para la familia cuando me iba de la ciudad por motivos de trabajo. Dejé de asegurarme de que la tarea de mis hijos estuviera siempre hecha y preparada a tiempo. Cesé de decir que sí a cosas que pensé que los demás necesitaban que hiciera y de comprar los regalos «perfectos» para que los miembros de la familia estuvieran seguros de cuánto los amaba. Desistí de decorar la casa para que estuviera a tono con la temporada del año y de hornear pasteles tradicionales que me tomaban horas interminables con las cuales no contaba. Renuncié a tratar de controlar el tiempo de Mark y su manera de hacer las cosas.

Luego me di cuenta de que renunciar significaba mucho más. Significaba dejar de controlar las decisiones de mi esposo y la forma en que iba a recuperarse de su adicción sexual. Necesitaba entregarle esas cosas a Dios y confiar en su sabiduría santa para la sanidad de Mark. En realidad, ansiaba mantener algún sentido de control sobre la recuperación de Mark, sabiendo que tenía mucho que perder si no se mantenía fiel a nuestros votos. Sin embargo, aprendí que no era de mi incumbencia decidir si Mark mejoraba y cómo lo hacía. Yo necesitaba entregarle su dolor y su sanidad a Dios.

Comencé a practicar la renuncia en las áreas más grandes de mi vida: mi carrera, mis hijos, mi seguridad financiera, la salud de la gente que amaba y mi futuro. Rendirme significaba que tenía que deshacerme de todas mis expectativas. Tuve que dejar a un lado mi agenda y mi insistencia en un desenlace específico si en verdad iba a confiar en Dios para que estuviera al mando de mi vida.

Practicar la renuncia una y otra vez nos lleva de vuelta al primero de los doce pasos: aceptar la falta de poder en mi vida. Comienzo a ver que muchas cosas están fuera de mi control, incluyendo las decisiones de los demás. No puedo controlar lo que sienten, piensan y hacen los demás. Me gustaría pensar que si me esforzara lo suficiente, si fuera lo bastante inteligente o perseverante, podría reclamar algo de ese control. No obstante, estoy aprendiendo que simplemente no puedo controlar a los demás. Ni siquiera tengo el control de mi propia vida. Necesito confiar en Dios para que controle mis sentimientos, reacciones y conductas. Toda la falta de poder, la humildad y las renuncias llevan a una confianza más profunda en Dios y a una mayor dependencia de él para que guíe mi vida. ¡Qué cambio para mí! Estaba haciendo, organizando y controlando todo con mis propias fuerzas, de modo que poner en práctica la renuncia era una manera nueva de confiar en la vida.

Rendirse por completo significa aceptar que solo Dios, en su gran sabiduría y su tiempo perfecto, nos demostrará el significado de nuestra situación y las oportunidades que nos está dando para que nuestro carácter crezca. Cultivar nuestra dependencia de Dios nos lleva a confiar más en él. Comenzar a vivir la vida con Dios al mando ha demostrado ser un cambio dinámico y que nos da ánimos.

La poderosa «Oración de serenidad», pronunciada cada día alrededor del mundo por aquellos que están involucrados en los grupos de doce pasos, trata acerca de la renuncia: «Dios, concédeme serenidad para aceptar las cosas que no puedo cambiar, valor para cambiar las cosas que sí puedo, y sabiduría para reconocer la diferencia». Esta oración fue un gran recordatorio para mí. Debía comenzar con las pequeñas cosas que no podía cambiar cada día: «Mi alarma no sonó a tiempo y llegaré tarde al trabajo»; «Hoy no tengo tiempo suficiente para llamar a todas esas personas que quiero»; «No puede hacer todo el ejercicio que me propuse hacer»; «Mi esposo se olvidó de avisarme sobre algo importante». Y luego pasar a las cosas más grandes: «No puedo aliviar la tristeza de mi hijo con relación a la dirección que está tomando su carrera»; «Una mujer con la que trabajo tomó la apresurada decisión de solicitar el divorcio»; «Nunca hablaré ni enseñaré de un modo tan confortable como Mark».

Cada día está lleno de incontables oportunidades para practicar la renuncia. Te invito a unirte a mí en esta práctica. La misma cambiará tu carácter, tu relación con Dios y tu capacidad de establecer intimidad con los demás. Cuando encontramos cosas en común en nuestra falta de poder y quebrantamiento, podemos encontrar esas conexiones que ansiamos. Cuando nos ha lastimado el comportamiento de alguien que amamos, muchas veces nos atascamos y repetimos la vieja conversación: «¿Por qué hiciste eso?», «¿Cómo puedes haber hecho una cosa así?», «Esto es lo que haré si vuelves a hacerlo de nuevo». A pesar de que estas conversaciones proporcionarán información y límites, no nos servirán para conectarnos como pareja. Lo que nos conectará es aceptar que cada uno de nosotros está en un viaje espiritual: aprendiendo a vivir a través de un nuevo tipo de humildad y descubriendo cómo rendirnos. Si podemos honrar la dificultad de este proceso, podemos comenzar a compartir el quebranto escondido y convertirnos en aliados en nuestro compromiso a fin de crecer a través de nuestro dolor.

Pensándolo de nuevo

1. ¿De qué forma te relacionas con el concepto de no tener poder sobre ti misma? ¿Esta experiencia es desconocida para ti?

2. ¿De qué modo has tratado de controlar las conductas de tu esposo? ¿Durante esos momentos te sentías fuera de control?

3. ¿Cuándo sentiste tu falta de poder sobre las cosas que te hacen reaccionar y tus emociones? ¿Cómo trataste de controlar tus reacciones?

4. ¿Qué mecanismos negativos para lidiar con los problemas tienes que no puedes controlar?

5. ¿De qué maneras pequeñas puedes comenzar a dejar algunas cosas a un lado y renunciar con humildad al control de tu vida o la de los demás?

CAPÍTULO 6

¿Qué quieres decir con «Deseo sentirme mejor»?

Démosle una mirada al compromiso, los riesgos y los provocadores de reacciones

Un árbol dividía el camino en dos, yo tomé el menos transitado.

Robert Frost

Dichoso el que resiste la tentación porque, al salir aprobado, recibirá la corona de la vida que Dios ha prometido a quienes lo aman.

Santiago 1:12

Una de las primeras preguntas que me hacen las esposas es: «¿Cuánto crees que tardaré en estar bien?» Pienso que en general se refieren a volver a sentirse felices. En otras palabras, quieren dejar de llorar, dejar de estar obsesionadas por las acciones hirientes de la traición sexual de sus esposos y dejar de vivir con preocupaciones. Desean volver a construir confianza y sentirse amadas, elegidas y seguras en su matrimonio. O si su matrimonio no sobrevivió a la traición, añoran no revivir más los dolorosos recuerdos, no sentirse paralizadas por la traición y comenzar a sentir que tienen una vida otra vez. La verdad es que la recuperación, el estar bien, abarca mucho más que cualquiera de esas metas.

Muchas veces queremos encontrar la manera rápida de arreglarlo todo para poder volver a tener cierta sensación de paz. «Si mi esposo tan solo cambiara su conducta y se arrepintiera, todo estaría bien», pensamos. Sin embargo, la solución no es tan fácil. Dios usa todas nuestras experiencias de la vida para que tengamos cada vez un carácter más parecido al suyo. En especial utiliza los problemas y desafíos de nuestras vidas para enseñarnos acerca de su amor, cambiar nuestro carácter y que nuestra fe madure. Te hago la pregunta difícil a la que finalmente me enfrenté antes de que ocurriera alguna sanidad en mí o mi matrimonio: ¿Estás dispuesta a rendirte a tu devastación, al proceso de sanidad y a lo que sea que Dios tenga para que puedas estar mejor?

La primera vez que me enfrenté a esta pregunta fue en la Semana de la Familia, pero también recordé que Jesús se la hizo a alguien que una vez se sintió quebrantado y desesperanzado como yo. Jesús se paró cerca del estanque de Betzatá, donde estaban acostados los ciegos, los pobres y los paralíticos esperando su oportunidad de sanar. Jesús, nuestro gran maestro y consejero, no les hizo la pregunta que yo les hubiese hecho: Se ven muy tristes y desalentados, ¿pueden contarme acerca de eso? ¿Alguien los hirió? ¿Necesitan ayuda para entrar al estanque? ¿Quieren que haga algo por ustedes? Jesús no les hizo ninguna de esas preguntas. Simplemente inquirió: «¿Quieres quedar sano?» (Juan 5:6).

¡Qué pregunta tan rara hizo Jesús! Después de todo, el hombre al que se dirigía había esperado durante treinta y ocho años para sanar de su parálisis. «Señor —respondió—, no tengo a nadie que me meta en el estanque mientras se agita el agua, y cuando trato de hacerlo, otro se mete antes» (Juan 5:7). De manera muy similar, yo estaba acostada al borde de mi propio «estanque» en mi angustia, pensando que la decisión de estar bien no era en realidad mía; era de Mark. «Yo no hice nada malo. ¿Por qué debería hablar con un terapeuta o un pastor? El dinero que teníamos debíamos utilizarlo para la recuperación de Mark, ya que el pecado es lo que creó esta crisis. De no haber sido por su traición yo no necesitaría sanar». Y así continuaban mis pensamientos. Sin embargo, a pesar de mi forma de pensar tan lógica, seguía en la miseria, cegada, pobre y paralizada en la vida y el amor.

Para ponerte bien es esencial aceptar tu parte. No hay relación rota o tirante en la que el responsable sea uno solo. No estoy minimizando el gran dolor de la traición sexual de tu esposo; sus decisiones pecaminosas son inaceptables. Solo quiero enfatizar que en algún lugar de la rotura de tu relación, hubo una falta de conexión e intimidad emocional. Y porque la intimidad emocional siempre incluye a dos personas, parte de la cuenta te pertenece.

El quebrantamiento, la falta de poder y la humildad de la que hemos hablado en los capítulos anteriores son integrales al proceso de sanidad tanto personal como de la relación. El quebranto incluye aceptar no solo lo que te sucedió a ti, sino también tus propios defectos y las heridas que te llevan a actuar de formas hirientes. La falta de poder significa aceptar que tienes creencias acerca de ti misma y practicas estrategias para lidiar con los problemas que al final te lastiman a ti y a los demás, y que no puedes cambiar de forma permanente las cosas problemáticas en cuanto a ti misma o los otros sin importar cuánto te esfuerces. La humildad requiere adoptar esas verdades difíciles con todo el corazón, renunciar a la dependencia de uno mismo, y buscar a Dios y a los demás para que nos ayuden y nos transformen.

Cuando te sientes deseosa de estar mejor y hacer el trabajo necesario para crear relaciones más profundas, una de las cosas más útiles que puedes hacer es reconocer tus defectos. Hacer eso es difícil, en especial si te han herido gravemente. Es mucho más fácil sentarse y seguir hablando de la culpa del que hizo el mal... tu esposo. A veces el dolor del pecado sexual es tan grande que pensamos que podemos andar por siempre proclamando nuestro derecho: «Puedo hacer lo que quiera porque fui herida muy profundamente». Sin embargo, Dios no quiere que te quedes en ese lugar. Tu crecimiento depende de que reconozcas tus defectos y errores.

Mientras mejor seas en esto de estar presente en tu relación emocionalmente, más ricas serán tus relaciones. ¿Qué tan desarrolladas están tus herramientas para la intimidad emocional? ¿Conoces la naturaleza de tus sentimientos y cómo los expresas? ¿Pides lo que necesitas? ¿Puedes describir tus deseos? ¿Tienes una visión personal de tu vida? ¿Puedes discernir si han faltado a la verdad en lo que te enseñaron y te dijeron a partir de lo que crees acerca de ti hoy en día? ¿Sabes cómo iniciar o al menos seguir el camino para no preocuparte, que te importen menos las cosas, o dejar de querer controlarlo todo? Estas y otras peguntas similares pueden llevarte a examinar cómo puedes crecer individualmente para convertirte en la mujer que Dios te llama a ser. Al ser llamadas en nuestra fe a servir a los demás y tener compasión, también necesitamos un balance en nuestras vidas a fin de conocer y asumir la responsabilidad sobre nosotras mismas.

Cuando me casé era joven e inexperta en cuanto a vivir mi propia vida. Tenía mucho que aprender acerca de mí misma. Veo a muchas mujeres que se casaron más tarde en la vida y ya establecieron carreras exitosas, tienen muchos amigos o se sienten independientes en muchos aspectos. No obstante, como yo, también se dieron cuenta de que tenían mucho que aprender acerca de sí mismas y la intimidad. Ser independiente, enérgica o exitosa no significa que de modo automático hayas cumplido con las tareas necesarias para la sanidad emocional. En realidad, las cualidades que pueden hacerte muy independiente o segura de ti misma, o que te llevan a dirigir tu carrera, pueden ser las mismas cualidades que hacen que te resulte difícil ser auténtica con relación a tus sentimientos o conectarte con los demás.

Limpieza profunda

Shannon participó de nuestro grupo de mujeres y tenía un agudo conocimiento del nivel de compromiso que involucraba el proceso de estar mejor. Compartió esta analogía: «Trabajo limpiando casas. Las personas pueden pagarme muy poco, así que yo voy y limpio superficialmente. Se verá bien por un tiempo y mi cliente está feliz cuando me voy. ¡Si quieren una limpieza profunda les costará más caro! No obstante, por el dinero justo, moveré todos los muebles y en realidad limpiaré todo».

Una recuperación duradera en cuanto a la transformación del carácter requiere una limpieza profunda. Cuesta más y lleva más tiempo, pero lo vale. No hay una manera correcta o un período establecido de tiempo que te lleve a lo que Dios quiere que aprendas. Para muchas, algunas de las primeras lecciones son acerca de la paciencia. ¿Estamos buscando una manera rápida de arreglar las cosas para poder deshacernos de las preocupaciones, las ansiedades y la tristeza, o queremos obtener algo más?

Rick Warren nos ofrece algunas perspectivas útiles en Una vida con propósito, en el capítulo que se titula «Transformados por los problemas». Hasta el título sugiere que nuestros problemas representan modelos para el aprendizaje, no circunstancias terribles a evitar.

Dios tiene un propósito detrás de cada problema.

Él se vale de las circunstancias para desarrollar nuestro carácter. En realidad, Dios depende más de las circunstancias para hacernos más parecidos a Jesús que de nuestra lectura de la Biblia ...

Cada problema es una oportunidad de edificar nuestro carácter, y mientras más difícil sea, más potencial tiene para desarrollar el músculo espiritual y la fibra moral ... Lo que sucede por fuera en tu vida no es tan importante como lo que sucede dentro de ti. Tus circunstancias son temporales, pero tu carácter durará por siempre ...

Edificar tu carácter es un proceso lento. Cuando tratamos de evitar o escapar de las dificultades de nuestras vidas, creamos un cortocircuito en el proceso, retardamos nuestro crecimiento y al final terminamos con un tipo de dolor mucho peor ...

Si estás enfrentándote a un problema ahora, no preguntes: «¿Por qué yo?» Pregunta en cambio: «¿Qué quieres que aprenda?»[1]

Si aceptaba el hecho de que quería estar mejor, también estaría aceptando que no era perfecta y tenía que cambiar algunas cosas. La primera vez que me enfrenté con las lastimosas decisiones sexuales que Mark había tomado se me hizo muy difícil ver que tampoco todo en cuanto a mí estaba bien. Acostumbraba a decir con superioridad: «Durante quince años no tuve idea de que Mark me estaba engañando y cubriendo su pecado sexual». Mi insinuación era que él había sido muy, muy bueno siendo malo, mientras que yo había sido maravillosa y vivido una vida ejemplar. Luego de un tiempo, y con una mayor humildad, reconocí: «No puedo creer que haya estado tan preocupada por mi propia vida que ni siquiera viera el dolor de Mark. Quiero saber qué es lo que me mantiene tan alejada de las personas que amo».

Después de participar de la Semana de la Familia en el centro de tratamiento, comencé a ver que yo sí necesitaba sanar... sanar de mi misma. Decidí que no deseaba esperar a ver lo que Mark o cualquier otro fuera a hacer. No quería usar el sobrante de nuestros recursos para mi sanidad. No quería quedarme sentada esperando que la persona indicada me encontrara débil y pálida e insistiera en rescatarme. *Quería estar sana.* Determiné que haría lo necesario para entender mi dolor, para permitir que Dios me hablara acerca de lo que él quería que aprendiera y cómo planeaba hacer que edificara mi carácter. Confiaría en Dios y dependería de él para que me llevara a lugares y personas que me ayudaran a sanar. Decidí que no quería solo tolerar la traición o escaparme de ella... deseaba crecer al atravesarla.

El proceso de cada una es único. Creo que si elegimos aceptar este viaje como una jornada espiritual, se nos pide que nos mantengamos en él hasta que dejemos esta tierra. Este es un viaje de toda la vida que nos hace refinar nuestro carácter para convertirnos en personas más parecidas a Cristo.

Abandona tu zona de comodidad

Sanar, o transformar tu vida, requerirá que abandones tu zona de comodidad en muchos aspectos. Necesitarás comenzar a hacer cosas que son muy nuevas para ti, y tales cosas no te resultarán cómodas. Te verás tentada a volver a lo que conoces y lo que te parece seguro. Trabajar para transformar tu vida significa correr riesgos y cambiar algunas cosas... quizás muchas. Todo cambio es un proceso que te sacude y te saca de tu zona de comodidad. ¿Estás dispuesta a ir allí?

Cuando participé del grupo de mujeres, me pidieron que hiciera todo tipo de cosas desconocidas. La primera fue comenzar a examinar cómo me estaba sintiendo. ¡Eso puede parecer bastante fácil ahora, pero con honestidad, en ese entonces no pensé ni hablé así! Podía decirte qué estaba haciendo, o por qué estaba haciendo algo, o cómo iba a hacer algo, ¿pero qué estaba sintiendo? Ese era un juego nuevo por completo. Tuve que reajustar mi forma de hablar, y de modo sorprendente, cuando comenzaba a nombrar mis sentimientos, por lo general comenzaba a sentirlos... lo cual para mí resultaba algo muy vulnerable para hacer delante de otras personas. Luego me vi alentada a llamar a otras personas que necesitaban apoyo, cuando lo que en realidad quería hacer era aislarme y resolver las cosas por mí misma. Sanar iba a llevarme a lugares de análisis y decisiones que me eran muy desconocidos. ¿Podría confiar en el proceso?

La cuestión de fondo es que sanar equivale a un viaje en una montaña rusa. Casi todas las esposas con las que hablé describen los altibajos de su proceso de sanidad. Mi experiencia también fue así. En un momento me sentía elegida, escuchada y llena de esperanza, mientras que al instante siguiente me encontraba triste, sobrecogida y desalentada. A veces me sentía loca por experimentar emociones que no se consolidaban. Algunas mujeres no pueden soportar la incertidumbre de sus días y harían cualquier cosa por tener un poco de calma. Algunas renuncian a este viaje diciendo: «¡Si así es como se siente sanar, no quiero estar bien en lo absoluto!»

Los sentimientos cambiantes y conflictivos son normales, pero puedes consolarte con que el hecho de que el proceso no siempre será así. Para algunas parejas luego de la revelación inicial llega un período parecido a la luna de miel: tu esposo está haciendo todo lo posible por complacerte y nutrirte con la esperanza de que no te vayas. Y después de años de vivir con su distanciamiento o su ausencia, amas la atención. ¡Es probable que te vuelvas a sentir como la princesa elegida! De todas maneras, la fase de la luna de miel no durará si los dos están esforzándose por ser sinceros y auténticos. Cada uno debe expresar los sentimientos verdaderos. Con seguridad el enojo, la decepción, la frustración y el resentimiento formarán parte del paquete. No puedes alcanzar la conexión que ansías sin compartir estos sentimientos sinceros que a veces estaban ocultos.

En muchas ocasiones les digo a las esposas que sentirse en la montaña rusa es en verdad una señal de que están avanzando. La mayoría de las veces nos encontramos ante el descubrimiento de la traición sexual con muchas de nuestras emociones encubiertas: aprendimos a sacar lo mejor de la situación; no podemos dejar que otros vean el desastre que somos por dentro ya que podrían chismosear; tenemos demasiado que hacer para dejar que emerjan nuestros sentimientos reales; y otras cosas por el estilo. De modo que cuando al fin comenzamos a dejar que nuestras emociones reales se expresen, están por todo el mapa, algunas arriba y otras abajo. A pesar de que tal expresión de nuestras emociones se sienta como un viaje en una montaña rusa, esta es en realidad la expresión de nuestro yo auténtico. Tal vez estamos siendo reales acerca de nuestro interior por primera vez en nuestra vida.

Hace poco Jolanda vino a mi oficina después de saber por dos meses que su esposo había estado viendo pornografía y encontrándose con prostitutas durante un largo período de tiempo. Pieter ha sido un cliente modelo, arrepentido y dispuesto a hacer todo lo necesario para cambiar, muy apegado a Jolanda. No quiere estar fuera de su vista, o si tiene que ir a trabajar, la llama constantemente para reportar sus actividades y su agenda a fin de mantenerse sexualmente puro. Aun más, pasaron horas hablando acerca de los detalles de su pecado sexual, cosa que ayudó a Jolanda a entender sus motivos y decisiones, así como a sentirse incluida en su vida. Ahora ella siente una conexión más fuerte con él de la que sentía hace años, a pesar de que se desarrolló a través del dolor de compartir las historias de su pasado. La nueva intimidad emocional que hallaron ha sido nutritiva y emocionante. No obstante, en ocasiones y sin aviso alguno, sus provocadores de reacciones pueden activarse al recordar la traición de Pieter y se hunde de nuevo en esos sentimientos de estupidez, desconfianza y desesperanza. Durante semanas, cada vez que hablábamos, ella comenzaba de la misma manera: «Todavía siento que estoy en una montaña rusa».

Si decides sanar, tú también te subirás a la montaña rusa. Prepárate. Es parte del viaje.

Conoce cuáles son tus provocadores de reacciones

En los capítulos anteriores mencioné muchas veces aquellas cosas que provocan los problemas porque encontré que forman parte de la experiencia universal... no solo de aquellas que hemos sido traicionadas sexualmente, sino de todos los seres humanos. Por lo general, pensamos en estos provocadores como una experiencia hiriente o negativa. Y de modo habitual nuestras reacciones están programadas en nuestro sistema automático de respuestas para que ni siquiera pensemos acerca de lo que hacemos o por qué. Son cosas que tan solo suceden.

Me hice amiga de una mujer que conocí en mi equipo de golf y comenzamos a reunirnos con frecuencia porque nuestros esposos viajaban mucho. Cuando al final conoció a Mark, descubrí que mi amiga tenía un gran deseo de escribir, que es lo que mi esposo había estado haciendo durante años. Estaba llena de preguntas y quería que él la ayudara a editar su trabajo. En seguida sentí activarse mi disparador y que la envidia corría por todo mi cuerpo. Quería «mantener a mi amiga solo para mí» y excluir a nuestros esposos de nuestros encuentros sociales. En ese momento mi cerebro recordó muchos momentos dolorosos. Al haber crecido con una hermana gemela, sentí que había perdido muchos amigos una vez que conocían a Barb. Mi percepción era que ella era más divertida, más sociable, más admirada por los demás, y por eso yo no podía conservara mis amigos... o al menos eso era lo que creía. Me fue muy útil mirar hacia atrás y entender qué cosas provocaban mis sentimientos y me llevaba a reaccionar. Cuando pude relacionar el dolor del pasado con lo que provocaba el problema en el presente, fui capaz de tomar una decisión diferente cuando sentía de nuevo aquello que me hacía reaccionar.

Los provocadores de reacciones siempre aparecerán cuando te relacionas con los demás. Tú no te provocas a ti misma, razón por la cual muchas personas disfrutan de estar solas o alejarse cuando la relación se pone difícil. Las personas despiertan las reacciones de los demás. Nos recordamos los unos a los otros esos dolores del pasado. Ya sea que lo que provoque el problema sea una mirada, una palabra, un comportamiento, un tono, un toque o un suceso, nos hace recordar cosas que nos lastimaron o tememos. Tu cerebro es capaz de almacenar recuerdos de cada detalle de tu pasado, de modo que cuando hoy sucede algo similar, tu cerebro busca en tu banco de datos y hace surgir sucesos, palabras o miradas que corresponden a la misma categoría, y entonces sientes que estás lista para reaccionar.

Cuando pasas por dificultades en tus relaciones, puedes estar segura de que de alguna manera aquello que te hace reaccionar se ha activado. ¡Cómo deseamos no luchar! Sin embargo, si te permites luchar y examinar los provocadores de reacciones que está activando esa relación, tienes la oportunidad de crecer.

Luego de la traición muchos problemas salen a la superficie. En realidad, cada día de tu vida experimentas cosas que te hacen reaccionar, pero ahora estás hipersensible a algunas de ellas que se relacionan con los dolores del presente. Puedes ver que se activa un interruptor cuando tu esposo no te escucha con atención, llega tarde del trabajo, tiene tiempo para los demás pero no para ti, o parece interesado en tocarte solo si eso lleva al acto sexual. ¡Puedes comenzar a sentir que reaccionas de tan solo verlo! ¡O debido a sus intenciones de no decir o hacer nada! Ahora que estás herida, lo notarás más. Los provocadores de reacciones aparecen donde sea que él esté, y a veces el deseo de escapar puede ser urgente. Alejarte de él parece ser la única manera de terminar con la miseria y la humillación de sentirte impulsada a reaccionar.

A pesar de todo, aquellas cosas que provocan una determinada reacción en ti son una parte necesaria de tu crecimiento. Tienes que ser capaz de identificarlas, reconocer tu reacción ante las mismas, evaluar la manera en que lidiarás con ellas, y pensar acerca de tus necesidades y deseos. También te beneficiarás al saber cuándo fue la primera vez que estos provocadores de reacciones aparecieron en tu vida. Mientras la mayoría quiere escapar de ellos o busca la manera de eliminarlos, te aliento a acercarte a ellos, pues son como faros de luz que exponen tu dolor. No podemos sanar de un dolor que no podemos identificar y discutir. Comencé a utilizar una palabra diferente para designar a los «provocadores de reacciones» de modo que no simbolizaran algo molesto que quiero descartar. Prefiero llamarlos «ungidores», en referencia a un tipo de bendición. Cuando somos «ungidos» por un estímulo que abre un lugar herido, podemos comenzar a entender, reorganizar nuestros pensamientos acerca del mismo y hacer cambios. Cuando impedimos que aquello que nos hace reaccionar controle nuestro comportamiento experimentamos un aumento de poder y crecimiento.

Siempre que escucho a una esposa herida decir que necesita alejarse de su esposo porque la traición la lastima mucho, me doy cuenta de que hay muchos provocadores de reacciones que están creando un dolor intenso. Si alguien pudiera ayudarla a hablar acerca de tales provocadores y comenzar a tratarlos como ungidores, es probable que obtuviera más poder para afrontarlos en lugar de tratar de evitarlos. No obstante, si decide encontrar a alguien más con quien compartir su vida, pensando que encontrará a alguien que no active aquellas cosas que provocan sus reacciones, será solo cuestión de tiempo para que las mismas regresen.

También sé que alejarse de la situación, la persona o el ambiente que la hace reaccionar puede ser muy útil.

Cuando estás siendo vulnerable o edificando la intimidad en tus relaciones, debes saber que en algún momento te herirán. Acercarse a alguien significa que a la larga te sentirás provocada, y sentirte provocada implica que sentirás dolor. Tu inclinación natural es alejarte de alguien que te está lastimando o contraatacar. Sin embargo, no todas las palabras y los comportamientos que se te presentan tendrán intención de hacerte daño, y puedes tomar sabias decisiones para desarrollar reacciones nuevas.

El distanciamiento es una palabra empleada de forma común para describir una manera posible de cuidar de ti misma cuando te estás sintiendo lastimada o provocada. Te alejas de la situación o la persona; creas una distancia. El distanciamiento es una forma de crear un límite para protegerte a ti misma contra las palabras o acciones que te lastiman. Puedes alejarte de los demás de varias maneras. Algunas son saludables y otras no.

Puedes distanciarte de alguien creando un drama o una pelea. Cuando te distancias de esta manera, no tienes oportunidad de hablar acerca de todos tus sentimientos, miedos o deseos, pero sí compartes el suficiente enojo para lograr lo que quieres: creas una distancia. Otra manera común de distanciarte es simplemente alejándote. Tal vez no digas mucho, si es que dices algo; tan solo decides que compartir el espacio o establecer cualquier conversación es demasiado doloroso. Este tipo de distanciamiento funciona temporalmente para hacerte sentir segura y detener los provocadores de reacciones, pero dejas pasar oportunidades de hablar acerca de tus sentimientos, necesidades y deseos.

El distanciamiento compasivo es el término que utilizo para el distanciamiento saludable. El mismo te permite crear una distancia en una relación por un tiempo, pero también te brinda una comunicación intencional que expresa tus verdaderos sentimientos, necesidades y deseos. Puede sonar así: «Tengo miedo de tu volumen de voz cada vez más alto, así que necesito detener esta conversación. Mi deseo es que podamos encontrar la manera de hablar de forma más constructiva». O puede ser que tengas la necesidad de dejar de tener sexo con tu esposo durante un tiempo a fin de trabajar en tus emociones acerca de la traición: «Siento que no puedo tener relaciones sexuales contigo ahora mismo porque me siento muy lastimada, pero quiero ser capaz de trabajar juntos para tener una vida sexual saludable». El distanciamiento con compasión te permite iniciar la práctica de hablar acerca de tus emociones y crear límites seguros mientras preservas tu relación.

Claro que es malo que permanezcas apegada al otro cuando corres peligro; en ese caso, simplemente necesitas marcharte. No obstante, si no estás en peligro, sino solo enfrentándote a aquellas cosas que te hacen reaccionar, podrás tomar decisiones diferentes. Puedes establecer límites saludables y ser compasiva; puedes declarar con claridad lo que quieres o afirmar cualquier cosa buena que ves al mismo tiempo que también creas una distancia saludable entre tu esposo y tú, asumiendo la responsabilidad de hacerte cargo de lo que te provoca.

Examina tus heridas ocultas

Camina conmigo por un momento, dejando a un lado la traición sexual que ahora está destrozándote el corazón. Démosle un vistazo a tu vida aparte de toda esa tragedia. Tal vez el pecado sexual de tu esposo sea el suceso que parece haber arruinado tu vida. Es el problema que triunfa sobre todos los demás. No obstante, si contestas con honestidad algunas de las preguntas que presento a continuación, es posible que tengas un momento de reconocimiento de que no todo ha sido perfecto:

- ¿Cómo era tu vida antes de enterarte de la traición sexual?
- ¿Tenías una visión para tu vida como persona? ¿Como esposa? ¿Como madre?
- ¿Tenías dos o tres amigas (que no fueran miembros de la familia) a las que podías confiarles *cualquier* información o sentimiento?

- ¿Sentías que estabas viviendo tu visión?
- ¿Te sentías apreciada en casa? ¿En el trabajo?
- ¿Considerabas que estabas creciendo y aprendiendo?
- ¿Tenías relaciones significativas en el trabajo? ¿En casa con los miembros de la familia? ¿Con tus amigas?
- ¿Sabías cuáles eran tus talentos y tus dones?
- ¿Sentías que estabas usando tus dones y talentos en el trabajo? ¿En casa?
- ¿Confiabas en las personas? ¿En los hombres? ¿En las mujeres?
- ¿Eras una persona proactiva (que hace planes, toma decisiones, declara sus necesidades, etc.) o una persona reactiva (que responde a las necesidad y los comportamientos de los demás)? ¿Estabas satisfecha con tu rol?
- ¿Dedicabas un tiempo para ti? ¿Gastabas dinero en ti misma? ¿Te ocupabas de ti físicamente? ¿Formabas y cultivabas amistades? ¿Descansabas lo suficiente? ¿Recibiste la educación que querías?
- ¿Estabas satisfecha con lo que eras en la vida en términos de trabajo? ¿De las relaciones? ¿De las posesiones? ¿De las oportunidades? ¿De la salud física? ¿De la dirección espiritual? ¿De la salud emocional?

Podemos hacernos cualquier cantidad de preguntas acerca de nuestro «bienestar» y sobre cualquier deseo incumplido que teníamos antes de la traición. Yo admití que a pesar de que mi vida era maravillosa en muchos aspectos, todavía había algo de vacío e insatisfacción. Tal vez las formas en que lidiaba con el vacío y la insatisfacción hacían que me distanciara de los demás y ni siquiera lo sabía.

Al principio pensé que la traición sexual era lo que había creado todo el dolor y la soledad en mi vida. Después del descubrimiento inicial me bombardearon los mensajes acerca de mí misma: «No soy elegida. No soy suficiente. Tengo que cuidar de mí misma porque nadie más va a hacerlo. Si Mark me amara tal vez yo sería en verdad digna de amor». Pensé que si podía negar la traición sexual, también sería capaz de negar todos estos mensajes en mi cabeza. Sin embargo, sabía que estos mensajes eran una parte real de mis pensamientos y me estaban causando gran tristeza.

Si de verdad quieres sanar del dolor de la traición, debes estar dispuesta a enfrentar el dolor presente proveniente de otras heridas en la vida, de búsquedas incompletas o necesidades incumplidas... todos los mensajes que manejan tu vida.

La verdad acerca de la disposición es que nadie puede dárnosla y tampoco podemos dársela a nadie. No hay cantidad de convencimiento, amenazas, dulzura o plegarias que *logre* que alguien quiera sanar. No puedes hacer que tu esposo tome esta decisión si en realidad no lo desea. Tampoco él o alguien más pueden hacer que *tú* desees sanar. Tal vez hayas experimentado la frustración extrema de cuando uno de los dos tiene todo el deseo de encontrar la sanidad, pero el otro no se le une. Si tu esposo no desea buscar ayuda ahora, necesitarás ejercitar una paciencia suprema y darle tiempo y espacio para que tome la decisión. Al final, incluso es posible que tengas que aceptar que el nunca lo deseará.

Muchas veces Mark y yo nos encontramos con parejas de afuera de la ciudad que están desesperadas por conseguir ayuda para los problemas de la adicción sexual en su matrimonio. Vienen por tres días, y cuando ambos están dispuestos, trabajamos con muchos de los problemas, percepciones y herramientas prácticas para sanar. Hace poco condujimos una sesión intensiva con una pareja que manejó mil kilómetros para vernos. Hicieron complicados arreglos para que alguien se ocupara de sus tres hijos mientras ellos no estaban en casa. Gastaron bastante dinero para venir, quedarse en un hotel y asistir a terapia por quince horas. De todas maneras, cuando ya estaban en la sala de reunión, Jason se acomodó tranquilamente en su silla, se distrajo dándole sorbos a su bebida, y dejó que su esposa respondiera a todas las preguntas. Hizo su trabajo con muy poco entusiasmo, aun cuando su esposa estaba comprometida por completo a lograr un descubrimiento y un entendimiento. Era obvio que él no quería estar ahí. No había tomado la decisión de sanar a pesar del hecho de que su esposa estaba lista para divorciarse si esta vez nada funcionaba.

La escena te rompía el corazón: una persona en esa relación estaba *muy* dispuesta, pero la otra no.

Anotarse en el viaje hacia la sanidad es una de las cosas más difíciles que puedes hacer. Y aun más cuando de alguna manera tenemos una mentalidad doble, lo que hace que nuestra decisión sea mucho más difícil. Recuerda el acertijo del apóstol Pablo: «No entiendo lo que me pasa, pues no hago lo que quiero, sino lo que aborrezco» (Romanos 7:15). A una parte de nosotros le gusta el lugar en el que estamos —es conocido y alivia nuestros sentimientos— mientras que a otra parte no le gusta para nada. No obstante, cuando Dios quiere que sepamos más, crezcamos de maneras nuevas y trabajemos en alguna falla del carácter, ejercerá presión sobre nosotros de una manera u otra hasta que nos rindamos ante el dolor y nos anotemos. Y esto sucederá según su tiempo perfecto, no el nuestro.

Debes saber que tendrás cicatrices de batalla

Muchas de mis amigas más cercanas en la vida han debido enfrentarse a un serio diagnóstico de cáncer, incluyendo a mi hermana gemela. Aprendí mucho con respecto al proceso de sanar viéndolas luchar por sus vidas. Este proceso de sanidad adquirió una nueva perspectiva cuando las vi batallar contra sus enfermedades físicas, y sé que lidiar con mi «enfermedad» emocional de tener el corazón roto no es algo muy diferente. Ellas saben que luchar de verdad contra esta enfermedad será un viaje de toda la vida, y algunos días sentirán más paz que otros. No obstante, al final se dan cuenta de que lo que cambia es la imagen completa, y se percatan de que está cambiando todo en cuanto a la forma en que viven, aman y priorizan sus vidas.

A Journey through Cancer [Un viaje a través del cáncer], de Emilie Barnes, me proporcionó la sabiduría que relacionaba mi dolor con la lucha de mis amigas y mi hermana. Al final de un capítulo Barnes escribió una carta dirigida al lector:

Querido amigo:

¿Estás en uno de esos momentos de la vida en que te sientes aplastado, devastado, sobrecogido por la pena y las pérdidas? Es probable que no te sientas muy cómodo ahora si te dicen que eres un candidato principal para la restauración del Señor. Pero lo eres.

Ya sea que tus pérdidas sean grandes o pequeñas, son reales e importantes. Está bien llorar por lo años de tu vida que las langostas se están comiendo ... Recuerda, el amor es un prerrequisito para la pena. Si no hubieras amado, no estarías sufriendo las pérdidas. De modo que tu sufrimiento en los momentos de pérdida es en realidad la evidencia de tu amor, y el amor es siempre algo bueno.

Mientras tanto, si todavía no comenzaste a ver los propósitos de Dios obrando en tu tiempo de sufrimiento, tendrás que considerar ciertas cosas: ¿Hay algo que el Señor quiere que aprendas con esto? ¿Acerca de la humildad? ¿Acerca de la compasión? ¿Acerca del aprecio? ¿Acerca de dejar ir ciertas cosas?

Te urjo a que concientemente le permitas obrar en ti. Aprende con humildad. Ábreles tu corazón a los demás. Abre tus ojos. Abre tus manos para liberar aquello a lo que te estás aferrando demasiado fuerte. Déjales la amargura y el resentimiento a las langostas; no puedes permitirte la energía negativa. En cambio, enfócate en la esperanza y las oportunidades.[2]

Si no supieras que el libro de Barnes trata sobre el cáncer, dirías que es acerca de la traición, ¿verdad? Si elegimos sanar tenemos oportunidades y dolores en común. Barnes también escribe: «Para mí fue en extremo devastador —algo que me llevaría a las profundidades de la autoevaluación— darme cuenta de que las cicatrices de la batalla son lo que hace interesante a alguien; las cicatrices de la batalla son lo que hace a alguien más inteligente; las cicatrices de la batalla son lo que te hace darte cuenta del valor y la hermosura de la vida; las cicatrices de la batalla son lo que te prepara para la inevitable adversidad que aguarda más adelante».[3]

En el momento no lo podía haber imaginado, pero mi doloroso encuentro con la traición sexual es lo que me llevó al «pozo» a fin de encontrar sanidad para algo más que la traición. Con la traición, Dios capturó mi atención de manera muy efectiva, y luego cuando acepté anotarme para el viaje me llevó alrededor del mundo para convertirme en una mujer nueva. No estoy libre de cicatrices, pero soy más suave, gentil, lenta para el juicio, espontánea, me siento más deseosa de ver la historia detrás del comportamiento, más dispuesta a recibir ayuda de los demás, y más entusiasmada de ver cómo quiere Dios en realidad usar mi adversidad para que pueda servirle al máximo.

Deseo que tú también experimentes este tipo de viaje. Quiero que tu proceso de sanidad de la traición sexual sea una oportunidad para que te conviertas en la mujer que Cristo te llamó a ser... la mujer que tiene la capacidad y el compromiso de amar sin medida y vivir de manera contagiosa.

Pensándolo de nuevo

1. ¿Quieres sanar de la traición sexual en tu matrimonio? De no ser así, ¿qué te está privando de querer tomar esa decisión?
2. ¿Te sientes como si estuvieras en una montaña rusa? ¿Qué haces cuando estás arriba? ¿Y cuando estás abajo?
3. ¿Hubo otras cosas en tu vida que no estuvieron bien además de la traición sexual? ¿Tu tarea como madre? ¿El trabajo? ¿Las finanzas? ¿El sexo? ¿La vida espiritual?
4. ¿Qué es lo que te hace reaccionar de forma más agresiva? ¿Puedes identificar ciertos sentimientos que tienes cuando sientes que se activa aquello que te provoca? ¿Qué haces cuando sientes que esto ocurre?
5. ¿En qué aspectos está siendo refinado tu carácter por la traición sexual en tu relación?

CAPÍTULO 7

¿Cómo puedo volver a confiar en él?

La pregunta del millón de dólares

Tan pronto confíes en ti misma, sabrás cómo vivir.

Johann Wolfgang von Goethe

Confía en el Señor de todo corazón, y no en tu propia inteligencia. Reconócelo en todos tus caminos, y él allanará tus sendas.

Proverbios 3:5-6

He aquí la pregunta del millón de dólares que sin duda te estás haciendo: ¿Alguna vez podré volver a confiar en mi esposo? Nunca hablé con una mujer que haya sido traicionada sexualmente y no esté pensando en si es posible restaurar la confianza. Parece que todas las esperanzas de restaurar un matrimonio traicionado por el pecado sexual yacen en tu capacidad para volver a confiar en tu esposo. «No puedo confiar en él», pensarás, «así que no puedo amarlo, dejar de controlarlo todo, o comprometerme a algo en el futuro». Estos son pensamientos paralizantes, ya que requieren que alguien más sea o haga algo antes de que puedas sentirte bien y tomar decisiones que consideres adecuadas.

Al igual que todo lo que analizamos hasta ahora, reconstruir la confianza es un proceso. Hablo con mujeres que creen que necesitan volver a confiar lo antes posible... literalmente semanas o meses después de conocer la traición sexual en su matrimonio. Ella vino a verme apenas un mes después de descubrir la gran cantidad de revistas pornográficas que su esposo tenía almacenadas. Él no admitió que su uso de la pornografía fuera un problema, ni tampoco había pedido perdón por cualquier daño que le hubiera causado a su relación. La verdad es que estaba enojado de que a su esposa le hubiera molestado tanto el descubrimiento, pero aceptó ir a hablar con un terapeuta. Cuando Ella habló conmigo, lloró al contar su historia y luego balbuceó: «Parecería que ahora no puedo confiar en él. Aunque sé que debería». Le pregunté por qué pensaba que debía volver a confiar tan rápido en su esposo. Ella no lo sabía. Bajó la cabeza y en un murmullo explicó que era cristiana y él era su esposo, así que suponía que debería confiar en él.

Donna llegó al grupo anunciando que su esposo había sido un «santo» desde que rompiera su corazón con la noticia de una aventura de dos años de duración, la cual había terminado. Él hizo todo lo posible para conseguir ayuda y hacer cambios positivos en su vida. Donna incluso nos contó a todas que él era tan paciente con su ira y la obsesiva naturaleza de ella que no podía creer cómo la soportaba día a día. Ella era una cristiana devota, de modo que nos sorprendió cuando la oímos decir que no creía poder perdonarlo nunca a pesar de que ahora estaba viviendo de una manera diferente. Su mayor batalla era descubrir cómo podía confiar en él. Nunca fue capaz de lograr un progreso en nuestro grupo. Sentí que seguía atascada en el proceso porque en el fondo mantenía sentimientos de enojo y resentimiento que no tenía intención de abandonar. Mientras siguiera enojada podía crear distancia. Y hasta que estuviera dispuesta a aceptar la pérdida y la tristeza que yacían bajo la superficie de su enojo y trabajara para sanar esas emociones, no querría acercarse a su esposo sin importar cuánto se esforzara él para volver a obtener su confianza. Estaba saboteando todo el progreso para poder reconstruir su relación.

De todas maneras, ¿qué significa confiar en tu esposo después de la traición sexual? ¿Significa tal confianza que tu esposo dejará todos los comportamientos sexuales? ¿O los pensamientos? ¿O las miradas a otras mujeres? ¿Significa que nunca más mentirá, distorsionará la verdad o te esconderá algo? ¿Significa que tiene que vivir una vida perfecta antes de que puedas comenzar a amarlo de nuevo?

Cuando me casé con Mark, le entregué una gran parte de mí con la etiqueta de «Mi confianza». Tan solo se la di. No hablamos acerca de por qué hice eso o qué simbolizaba; solo pensé que intercambiar los votos matrimoniales implicaba que nunca más tendría que pensar acerca de confiar en mi esposo de nuevo. Me fiaba ciegamente en todo lo que decía y hacía; nunca le cuestioné nada. Si en algún momento no me sentía feliz o satisfecha, asumía que había algo malo en mí. Tenía un concepto muy inocente y poco desarrollado de la confianza. La confianza solo existía: no tenías que trabajar en ella; no tenías que ganártela; estaba ahí hasta que alguien la rompiera.

Ahora, después de muchos años de crecimiento a lo largo del camino, entiendo mejor lo que significa la confianza matrimonial para mí. Al confiar en Mark, mi motivación es crecer emocional, espiritual y físicamente cerca de él. Quiero conocerlo como ninguna otra persona lo conoce; y deseo que él me conozca de la misma forma. La confianza es querer ser vulnerable con él sin ser lastimada. Si no puedo confiar en lo que dice, en términos de dónde está yendo, con quién está o lo que está haciendo, dejaré de compartir con él lo que hay en mi vida. Mi deseo de conocerlo y que me conozca se irá marchitando hasta que pierda toda la confianza en que somos en verdad especiales el uno para el otro. Busco ser una persona en la que se pueda confiar y vivir con una persona digna de confianza para que ambos podamos crecer y experimentar la intimidad más profunda posible como marido y mujer.

Estoy segura de que la confianza se rompió de muchas maneras pequeñas a lo largo del matrimonio, solo que no lo había visto así: cuando no podía contar con el tiempo de Mark, cuando las historias no encajaban exactamente con los hechos que conocía, cuando se rompían las promesas porque el trabajo parecía abarcarlo todo. La confianza se rompió de muchas maneras pequeñas. Y pesar de que pueda haber tenido sentimientos acerca de esos quebrantamientos menores de la confianza, no los expresé. No escuché a mi intuición, la cual me decía que algo estaba mal.

Estos quiebres menores de la confianza siempre involucraban algún tipo de ocultamiento... ya fuera por mentiras directas o mentiras de omisión. Sin embargo, como eran tan pequeños, la mayoría de las veces los minimizaba o negaba su importancia. Para mí la confianza significaba creer ciegamente que Mark sería honesto con todo: lo que pensaba, a dónde estaba yendo, con quién estaba, qué estaba haciendo. Pensé que al confiar en él obtendría de modo automático todas las pistas, los indicios acerca de lo que fuera o hiciera mi marido. Era casi como si quisiera ser su dueña en algún sentido. Como si me perteneciera porque me había casado con él.

Entonces cayó la bomba que derrumbó mi inocente confianza de casi dos décadas. Me impactó conocer los comportamientos de mi esposo, porque no encajaban con el hombre que pensé que conocía y había amado todos esos años. No obstante, lo que más me impactó fue darme cuenta de que me había estado mintiendo durante toda nuestra vida de casados. Escucho a muchas mujeres que afirman que es más duro que te mientan que ser traicionada sexualmente. No puedo más que estar de acuerdo.

El problema con la mentira es que comienzas a cuestionar la verdad acerca de todo. Si Mark había mentido acerca de su pecado sexual, ¿acerca de qué otras cosas podría haber mentido también? ¿En cuanto a si me amaba? ¿A si era feliz? ¿A si estaba haciendo lo que en realidad quería hacer? ¿A si planeaba continuar casados? ¿A si en verdad disfrutaba de su familia? Cuando las mentiras de un cónyuge salen a la luz, comienzas a investigar cada momento.

Rachel dijo que su familia se había divertido ese fin de semana cuando fueron al parque, pero mientras estaban allí, se preguntó si su marido estaba en verdad pasando un buen momento o solo estaba fingiendo. Reconstruir la confianza después de la traición tiene mucho que ver con el deseo de que haya honestidad en todos los aspectos de tu relación, así como deseas la pureza sexual.

El valor de la revelación total

¿Cómo hace tu esposo para edificar la confianza luego de que la misma se ha derrumbado debido a la traición sexual? Lo primero que quise luego de la revelación inicial era escuchar a Mark, que confesara sus malos comportamientos. Necesitaba que se hiciera responsable, que admitiera las actitudes sexuales específicas que habían quebrantado nuestros votos matrimoniales.

Aun después de que los sueños destruidos se discutan abiertamente, las mujeres pueden sentirse confundidas, angustiadas y enojadas. Algo no se siente bien. Cuando les pregunto si conocen todos los detalles de los malos comportamientos de sus esposos, muchas veces me dicen que no están seguras. Pueden haberse enterado de algunos comportamientos, pero todavía experimentan algo de incertidumbre en sus mentes y desasosiego en sus cuerpos.

La revelación incompleta de la traición sexual puede hacer que las esposas sientan que enloquecen. Cuando un esposo todavía tiene secretos, hay cierta «energía» en la relación que tiene sus raíces en el engaño y la decepción. Esta tensión hace que se dispare la paranoia en la esposa más veces de las que imaginas. Es probable que la esposa se convierta en un detective privado porque necesita resolver la discordia entre lo que sabe (o teme que no sabe) y cómo se siente al tratar de confiar en el hombre que la traicionó. Así que ahí va ella en busca de hechos, de secretos que cree que su esposo sigue ocultándole. No obstante, los cónyuges detectives no son buenos compañeros, y las sospechas no permiten la conexión. Estar constantemente alerta buscando una señal de un posible engaño no promueve la sanidad en una relación rota.

Si tienes alguno de estos sentimientos o comportamientos y quieres experimentar la sanidad verdadera con tu esposo, te recomiendo que descubras por completo la verdad acerca de tu cónyuge. Conocerla es algo fundamental para edificar una vida nueva juntos, porque la nueva estructura debe construirse sobre la honestidad y la sinceridad. Y esto no requiere que tú descubras todos los hechos.

Cuando Mark y yo trabajamos con parejas que se están preparando para la revelación total, Mark ayuda al esposo a crear una secuencia de su vida entera y del desarrollo de su actividad sexual, incluyendo el momento de su despertar sexual, algún abuso sexual, las experimentaciones sexuales y las relaciones sexuales. Con el tiempo, él comparte estos detalles con su esposa. Yo por mi parte trabajo con la esposa para establecer los límites en cuanto a la información que quiere y necesita saber. Ella necesita tener la motivación correcta para las preguntas que hace. También hablamos acerca de las expectativas que tiene en cuanto a la sesión de descubrimiento. Durante la revelación total, el esposo tiene una oportunidad de hablar sobre la secuencia de su vida que ha creado sin que lo interrumpan. Después de ese tiempo, su esposa puede responder con cualquier sentimiento que tenga o cualquier pregunta que quiera hacerle. Muchas veces se revela información nueva, aun cuando la esposa pensaba que lo sabía todo. Y a veces esa información puede devastar una vez más a la esposa.

El propósito de la revelación total no es crear más trauma, enojo y desesperanza. En cambio, es revelar toda la verdad. Nadie puede reconstruir la confianza sobre cimientos debilitados por mentiras. Mientras la mayoría queremos sanar de la traición y encontrar una manera de perdonar, ninguna está dispuesta a continuar viviendo con el engaño y la decepción. Necesitamos la verdad acerca del pasado. Precisamos un compromiso de que en el futuro nos dirán la verdad. Y requerimos de un lugar para comenzar. La revelación total puede darnos ese punto de partida aunque pueda ser en extremo doloroso.

Christine y su esposo han estado trabajando muy duro en su recuperación luego de que Nathan le revelara una ocasión de mal comportamiento sexual dos años atrás. Finalmente, Nathan admitió cierta información adicional que no había compartido con ella. Confiando en que ahora Christine continuaría con la relación, él estaba listo para completar su revelación en su próxima sesión de terapia. Confesó que había estado contratando prostitutas y robado dinero para pagarles, actividades que para Christine resultaban mucho más hirientes que el uso de la pornografía y la masturbación, cosas que ya conocía. A pesar de que antes de la sesión Christine notificó que su propósito era que Nathan lo revelara todo, no tenía idea de que la información nueva pudiera ser tan traumática.

Los siguientes seis meses fueron duros para esta pareja. Christine tenía más pérdidas a las cuales enfrentarse y su enojo resurgió. Todo el proceso la llevó a más sufrimiento, lo que ahora aceptó como una parte necesaria para la sanidad. Muy lentamente emergió de su tristeza y enojo y comenzó a trabajar a fin de volver a confiar. Mientras tanto, Nathan se rodeó de otros hombres seguros para que lo apoyaran y con su ayuda fue capaz de ser paciente y permitirle a Christine tener su espacio para sanar.

A pesar de que la revelación total representa una prueba severa para tu relación, al menos sabes que has escuchado todo lo que hay que escuchar y no debería haber más sorpresas. Sabes por lo que tienes que llorar y eres libre de tomar la decisión que necesitas para ti misma. ¿Los riesgos de salud han sido muy altos? ¿Tu mejor amiga estuvo involucrada? ¿Se han malgastado grandes cantidades de dinero? A veces la traición sexual ha sido tan dañina que nada puede convencerte de que permanezcas en la relación. La revelación total te da la libertad de tomar esa decisión. Al mismo tiempo, tu esposo puede dejar de vivir con secretos que lo llevan a esconder sus comportamientos, mentir y caminar con sigilo por miedo a que lo descubras. Este es un momento honesto para ambos y lo único que permite una reconstrucción sólida y transformaciones permanentes.

Cuando Mark y yo estábamos trabajando para alcanzar la sanidad de ambos, nadie nos alentó al descubrimiento total. Aunque la mayor parte de las revelaciones de Mark tuvieron lugar en el centro de tratamiento, aparecían nuevas noticias en conversaciones posteriores que me hacían hervir de ira. Cada vez que algo más se descubría, me hundía en otro pozo. Recuerdo una sesión de consejería con los colegas de Mark que buscaba reconectarnos para establecer una relación más sana. Planeábamos compartir nuestros sentimientos, hablar acerca del perdón y fortalecer nuestra intimidad emocional. Sin embargo, poco después de comenzada la sesión, alguien mencionó a una mujer que había estado ayudando a Mark con su investigación de. Anteriormente Mark la había identificado como alguien con quien había tenido un contacto sexual inapropiado, pero ahora estaba enterándome por otra persona de una ocasión en que estuvieron juntos en otra ciudad, una información que era nueva para mí. ¡Enloquecí! Ni siquiera puedo describir lo descontroladas que estaban mis emociones. Hasta el día de hoy, no sé qué más sucedió en esa sesión. Solo sabía que recibir información en términos de un «programa a plazos» me estaba matando.

Si formaste parte del «programa a plazos», conoces el dolor al que me refiero. También sabes que sus efectos son determinantes para reconstruir la confianza: cuando la información sigue brotando, tu deseo de confiar es menor. A veces el «programa a plazos» es intencional. Tu esposo te da poca información para examinar tu reacción y ver si te quedarás. Luego revela un poco más. Revelarte los hechos poco a poco parece ser más la forma más fácil y segura de avanzar hacia la revelación total. Tal vez este sea el método que más usan los hombres para confesar sus secretos. Rara vez veo a un esposo desnudar su alma con honestidad y haciendo una completa revelación. Les recuerdo a las esposas que si ellos tuvieran la capacidad de ser totalmente honestos y vulnerables, quizás no hubieran tenido malos comportamientos sexuales desde un principio.

Otras veces el «programa a plazos» no es intencional. Para los esposos que han tenido un mal comportamiento durante muchos años puede ser difícil recordar cada detalle. En nuestro caso, ciertos incidentes que sucedieron en diecinueve años podían ser importantes para mí, pero durante el descubriendo inicial de

Mark no salieron a relucir. Recuerdo estar en un viaje de negocios cuando ya llevábamos diez años de recuperación. Estaba escuchando algunas cintas de varias conferencias y Mark estaba contando su historia en una de ellas. Entonces mencionó un detalle específico de un encuentro sexual que para mí era una noticia nueva... ¡diez años después! Durante alrededor de quince minutos mi corazón se aceleró y me sentí otra vez traumatizada por completo. Afortunadamente, pensé en llamar a Mark de inmediato y comentarle acerca de mis sentimientos y mi reacción. Él fue capaz de escucharme, contestar a mis preguntas y enterarse de mi desilusión. Sabiendo que no había tenido intención de omitir esta información, fui capaz de dejarlo pasar y no permitir que arruinara el resto de mi viaje o disminuyera la intimidad que habíamos construido.

Si tu esposo ya decidió firmar el divorcio, está involucrado en otra relación, o simplemente se niega a buscar ayuda, tendrás que aceptar que haya enormes huecos de información faltante que podría validar tu realidad. Es probable que nunca sepas toda la vedad acerca de su traición sexual. Este conocimiento incompleto puede hacer que te vuelvas loca, ya que tu cuerpo, tu mente y tu alma quieren tener congruencia; todas las partes de tu ser quieren estar alineadas con la realidad.

Hace poco, cuando Carmalita se unió a nuestro grupo, su enojo y su dolor eran inconsolables. Su esposo se había ido con otra mujer dejándola a ella con los tres niños, uno de los cuales era un bebé de seis meses de edad. Él planeaba divorciarse de Carmalita y ya había comenzado los trámites. Se había mudado enseguida y ahora estaba viviendo con su amante. Se negó a hablar o a buscar consejería, diciendo que no la amaba más. Cuando ella vino a terapia, parecía un tigre enjaulado que no había comido nada en un mes. Cada vez que él venía a discutir algún problema acerca del divorcio, ella lo ponía contra la pared y le exigía que les dijera a los niños por qué los estaba abandonando. Le pegaba, lo escupía y le arañaba los brazos con la esperanza de que él dijera algo. Necesitaba ser escuchada y valorada con desesperación.

En el contexto de una comunidad segura, Carmalita fue aprendiendo poco a poco cómo hablar acerca de su realidad —de la injusticia, la frustración y el egoísmo de la decisiones de su esposo— y la ayudamos a aceptar que tal vez nunca comprenda del todo sus motivos, sus pensamientos o la necesidad que lo llevó a decidir dejarla. La decisión de ya no intentar más que su esposo la escuchara fue un gran paso hacia la sanidad y la serenidad para Carmalita. Encontrar a otras personas que la ayudaran a reconstruir su realidad y definir su respuesta ante la situación era algo crítico para su sanidad. A pesar de que aceptar la verdad de que nunca conocería todos los hechos era algo en extremo difícil, tal cosa la condujo a una transformación espiritual que le permitió encontrar paz en el medio de su desconocimiento.

El poder del arrepentimiento activo

Una vez que Mark me reveló todo acerca de su pecado sexual, lo que yo necesitaba saber era que sus conductas sexuales de pecado se habían acabado. Necesitaba ver que él estaba arrepentido. Necesitaba ser testigo de su tristeza y su vergüenza para validar su arrepentimiento. Cuando comprobara que estaba quebrantado, podría comenzar a confiar en su deseo de buscar ayuda. Al ver su arrepentimiento en acción, así como su deseo de hacer lo que se necesitara para cambiar y sanar, me sentí deseosa y capaz de confiar en la intención de su corazón. Este fue un punto de inflexión para nosotros. Cuando el remordimiento es real, el cambio proviene del corazón. Un hombre con un cambio en el corazón se da cuenta del dolor que ha causado y asume la responsabilidad de su conducta pecaminosa. Es más paciente, está más lleno de gracia y más deseoso de buscar la sabiduría y la dirección de Dios. En resumen, es un hombre diferente. Tuve la buena fortuna de ser testigo del cambio inmediato en el corazón de Mark luego del descubrimiento. Era evidente que estaba quebrantado y mostraba una actitud de arrepentimiento. Se enfrentó a muchas consecuencias y dejó de escapar a la verdad. No tenía dudas de que su espíritu estaba quebrantado, quería ayuda para cambiar su vida, y su intención era no lastimarme nunca más.

En esta etapa temprana en el proceso de sanar de la traición sexual es crucial que confíes en la intención del corazón de tu esposo si expresa un arrepentimiento genuino. Por mucho que quieras que ahora él viva una vida perfecta —siendo sexualmente puro, nunca más volviendo a mentir, no distorsionando más la vedad, compartiendo siempre sus sentimientos, no guardando jamás un secreto y demás— ese deseo es sencillamente algo irreal. Él es humano; no es Dios. Todos tenemos errores, aun si nos comprometemos a ser rectos y confiables en todas las situaciones. Tu esposo nunca será perfecto, y si eres sincera admitirás que tú tampoco lo eres. No obstante, si puedes confiar en la intención de su corazón, puedes aprender a procesar las imperfecciones hablando acerca de ellas con honestidad. Si notas que su horario no concuerda con lo que te dijo, señala la incongruencia. Si parece estar mirando a otras mujeres, cuéntale cuáles son tus sentimientos. El proceso implica que tú eres franca acerca de tus sentimientos, necesidades y deseos. Y lo ideal sería que tu esposo se mantuviera conectado a ti haciendo exactamente lo mismo.

Mi siguiente paso para reestablecer mi confianza en Mark fue verlo participar en un programa que lo ayudara a mantenerse sexualmente puro. Necesitaba que tomara la iniciativa de convertirse en una persona confiable. Ya que él había sido el que rompió la confianza, necesitaba que fuera el que trabajara para restaurarla. Mark debía determinar las maneras en que podía recuperar su credibilidad conmigo. No era mi tarea descubrir qué necesitaba hacer él para demostrarme que deseaba ser sexualmente puro. Si estaba en verdad arrepentido y quebrantado, necesitaba demostrarlo teniendo el deseo de recorrer cualquier distancia para reconstruir la confianza en nuestra relación.

He aquí algunas de las cosas que Mark hizo por mí: Se mostraba dispuesto a notificarme dónde estaba todo el tiempo sin que yo tuviera que preguntárselo, una cosa que demostraba que quería ser considerado conmigo. También estaba dispuesto a decirme con quién se encontraba, y si tenía que pasar tiempo con alguna mujer, me hacía saber que estaba creando límites seguros. Estaba dispuesto a darme la contraseña para tener acceso a sus correos electrónicos y a dejarme revisar las llamadas de su celular si eso era lo que yo deseaba. (Por favor, recuerda que no estoy fomentando el trabajo detectivesco. Lo importante aquí es el deseo del esposo de compartir cualquier tipo de información.) Estaba dispuesto a comunicarme toda la información financiera: la ubicación de todo nuestro dinero, las cuentas de las tarjetas de crédito, las cuentas de teléfono, los retiros de dinero de las cuentas bancarias y demás. Para reestablecer mi confianza en él, me incluyó en todas las cosas de las que me había excluido en el pasado.

Si tu esposo tiene la voluntad de hacer lo que sea necesario para reconstruir la confianza, estará dispuesto a escuchar tu dolor y tu pena, aun cuando se vea tentado a huir o defenderse. Yo necesitaba practicar cómo compartir mis sentimientos cuando sentía que surgía algo que me provocaba y me hacía reaccionar: «Recién atendí una llamada para ti de una mujer que no quiso identificarse. Cuando terminaste de hablar con ella no me brindaste ninguna información acerca de quién era o por qué llamó. Estoy enojada porque no fue más considerada, y me siento triste porque no pensaste en hacerme partícipe de esa información. Lo considero como una omisión y me recuerda los antiguos patrones que tuvimos».

Mark escuchaba mis sentimientos con frecuencia y los entendía sin defenderse o explicar sus comportamientos: «Puedo ver que estás enojada y triste, y entiendo por qué preguntas quién era la persona que estaba al teléfono. Trataré de explicarte con quién estoy hablando si esto vuelve a suceder. Lo siento, no quiero lastimarte». Este proceso representa una edificación de la confianza en dos pasos: tú declaras con claridad tus sentimientos y las cosas que te hacen reaccionar, mientras que tu esposo te escucha y valida tus sentimientos.

Si tu esposo está haciendo todo lo posible para ser una persona digna de confianza, necesitará rendir cuentas, por ejemplo, ante otros hombres seguros que se dispongan a acompañarlo en su búsqueda para ser sexualmente puro. Si está quebrantado o arrepentido, sabrá que no puede hacer los cambios que desea por sí mismo. Tu esposo podría desear que seas la única persona a la que tenga que rendirle cuentas. Es probable que se sienta más seguro si no tiene que involucrar a nadie más en su vida secreta, porque hacer eso podría darle mucha vergüenza o poner en riesgo su carrera. No obstante, si eres la única compañera responsable, él podrá cambiar como debe. La relación que estás buscando es la de un esposo y una esposa, no la de una madre y un hijo. Alguien ante quien tengamos que rendir cuentas puede decirnos cosas que no queremos escuchar, o darnos consejos. Como esposa, no querrás ser la que crea los límites de tu esposo, hablándole acerca de sus tentaciones y examinándolo. Es imposible que produzcamos la intimidad que buscamos si asumimos ese rol. La confianza real y verdadera solo se puede construir cuando tu esposo se compromete a encontrar hombres seguros ante los cuales rendir cuentas y que lo acompañen mientras hace lo necesario para ser sexualmente puro.

Herramientas prácticas para restaurar la confianza

Al comenzar a recuperarse de la traición sexual una esposa necesita saber día a día que su esposo abandonó sus malas conductas sexuales. Algunas tienen miedo de preguntar, porque cuando lo hacen su esposo se enoja o se pone a la defensiva. Otras quieren evitar «ser su madre» y hacerles preguntas constantemente. Para evitar estos riesgos, Mark y yo sugerimos un proceso de chequeo llamado FANOS, un acrónimo basado en una palabra griega que significa «echar luz sobre algo» o «exponer a la luz». El mismo no solo expone a la luz la naturaleza de la pureza sexual, sino que también le ofrece a la pareja una manera de conectarse emocionalmente, de llevar luz al corazón del otro.

Cada letra del acrónimo representa un tema acerca del que hablarán juntos:

Formas de sentir: Comparte con tu cónyuge un sentimiento que tengas.

Afirmaciones: Afirma a tu cónyuge por algo que haya hecho.

Necesidades: Declara una necesidad que tengas hoy (no tiene que ser precisamente una necesidad que deba ser atendida por tu cónyuge).

Oportunidades de hacerse cargo: Responsabilízate y pide perdón por algo que hayas dicho o hecho.

Sobriedad: Aquí tu cónyuge tiene la posibilidad de declarar el estado de su pureza sexual ese día. Tú tienes una oportunidad para reportarte en algo sobre lo cual hayas trabajado (sobriedades cuanto a comer en exceso, montar en cólera, criticar, alejarte, etc.).

Uno de ustedes comenzará su chequeo y cumplirá con todo el proceso FANOS; luego el otro hará lo mismo. Recorrer todo este proceso no debería tomar más que unos minutos, pero les da a ambos una oportunidad cotidiana de compartir lo que están pensando, sintiendo y haciendo en su viaje hacia la sanidad de la traición sexual.

Vicky llevó a cabo el siguiente proceso FANOS con su esposo. Este nos brinda un ejemplo excelente a seguir.

Formas de sentir: Tengo algo de miedo, pero también tengo esperanza. En los últimos dos meses me acostumbré a estar sola. Estoy preocupada por el conflicto que pueda surgir cuando volvamos a vivir juntos.

Afirmaciones: Estoy agradecida por tu comportamiento durante la sesión de hoy. Parecías callado, reflexivo y amable. Me sentí amada y escuchada.

Necesidades: Necesito algo de reconocimiento de mi jefe porque la semana pasada lo ayudé a resolver un gran problema de la compañía. Corrí un gran riesgo al ser honesta y reportar algunas conductas inapropiadas y me doy cuenta de que deseo que me lo agradezcan.

Oportunidad de hacerse cargo: Siento que todavía necesito reconocer varios problemas de mi familia de origen. En particular, me reprocho mi fobia financiera. Tú eres un hombre generoso. Podríamos haber resuelto nuestros problemas financieros si yo no hubiese sido tan susceptible. Creo que mi conducta nos lastimó a los dos, y estoy arrepentida de eso.

Sobriedad: En estos días he practicado unos hábitos alimenticios sanos. A pesar de que a veces tengo períodos de hambre, estoy progresando en cuanto a ser más honesta acerca de la manera en que he utilizado la comida para lidiar con mis problemas.

Otra manera concreta de reconstruir la confianza rota en una pareja es hablar con franqueza acerca de las dinámicas que suelen llevar a la infidelidad de un esposo, en especial si su infidelidad se vuelve un patrón. Mientras Mark comenzaba a entender los patrones de su pecado sexual, reforzó su compromiso renovado hacia nuestros votos matrimoniales compartiendo conmigo los límites que estaba creando para evitar conductas tan incorrectas. Necesitaba cambiar ciertos rituales, incluyendo algunos comportamientos que no estaban directamente asociados con las decisiones sexuales. Por ejemplo, cuando Mark estaba sobrecargado de responsabilidades en el trabajo, sentía que debía permitirse algún tipo de placer. Si yo no estaba disponible a causa de mi trabajo o los niños, su opción podrían ser otros placeres sexuales. Parte del ciclo que llevó a Mark por el mal camino estaba conformado por ciertos provocadores del pecado sexual, así que nuestra relación mejoró una vez que identificó aquellas cosas que lo provocaban y estableció un plan para protegerse con límites apropiados.

El esposo de Karen habló francamente con ella de una manera similar. Ted se involucró en algunas aventuras amorosas durante sus viajes de negocios. Al hacer un análisis de sus decisiones pecaminosas, le contó a Karen que todo comenzó durante la «hora feliz» en los bares, cuando había tomado unos tragos y luego flirteaba con otras mujeres. En ese momento ya estaba cansado por el trabajo del día y aburrido de las horas nocturnas que le esperaban en su cuarto del hotel. La combinación del alcohol, el cansancio y el aburrimiento lo llevaron a un ciclo que no podía detener. Cuando decidió dejar de tomar como forma de relajarse con sus compañeros mientras viajaba y reemplazar las horas de los cocteles por el ejercicio físico, halló una de las maneras en que pudo comenzar a reconstruir la confianza que ella le tenía.

Si estás lista para comenzar a confiar de nuevo y tu esposo se unió a ti haciendo todo lo necesario, deberías pensar acerca de las cosas que necesitas en las que posiblemente no hayas pensado. A pesar de que todo va bien y él se esfuerza para obtener de nuevo tu confianza, es probable que encuentres que tus miedos y ansiedades se acallan cuando pides cosas específicas. Por ejemplo, cuando Mark y yo estábamos en público, le pedía que me presentara a las mujeres que pudieran acercarse para hablar con él. (Tenía bastantes responsabilidades comunitarias, de modo que era común que las personas se le acercaran.) Susan le pidió a su esposo que la llamara todas las noches antes de irse a dormir cuando estaba de viaje. Nancy necesitaba saber que podía hacer preguntas sobre las mujeres que trabajaban con su esposo si se sentía incómoda cuando las veía. No siempre logramos que se satisfagan nuestras necesidades en el momento, pero es saludable seguir identificando qué necesitas y solicitar una respuesta. Si aprendes a pedir las cosas de una manera que no sea exigente o crítica, tu esposo debería estar dispuesto a tratar de cumplir tus necesidades para así reconstruir la confianza que ha quebrantado.

Confianza o control

Confiar en tu esposo significa renunciar a querer controlarlo y permitirle ser responsable por su vida y sus acciones. Significa creer que estarás bien sin que importe cómo elige ser responsable por sí mismo. No implica que siempre te vayan a gustar sus decisiones, que estés de acuerdo o dispuesta a vivir con ellas, pero sí que serás capaz de tomar decisiones por ti misma y sabrás de forma intuitiva cuáles son los siguientes pasos que necesitas dar.

Es posible que pienses que la única manera en que puedes volver a confiar en tu esposo es sabiendo todo lo que está haciendo y regulando sus horarios, su uso de la computadora, sus comportamientos y sus decisiones, es decir, teniendo poder sobre todos los aspectos de su vida. Es probable que pienses que puedes tener poder sobre él como consecuencia de su traición, pero esta forma de control nunca desarrolla el tipo de confianza que buscas en tu matrimonio.

Tal vez te sientas tentada a controlar a tu esposo siempre y cuando comparta sus planes y promesas contigo. Cuando se te confía cierta información, puedes decidir que ahora necesitas monitorearla. Así que buscas inconsistencias, señalas los errores, criticas los intentos imperfectos de hacer las cosas de manera diferente, y juzgas si los esfuerzos de tu esposo son suficientes o no. Antes de que te des cuenta, vuelves a un patrón que los lleva a distanciarse: por medio de tus miedos y ansiedades intentas controlarlo todo, dejándole a tu esposo el sentimiento de que nunca puede hacer nada bien.

Entonces, ¿qué puedes hacer cuando lo que hace tu esposo no está bien y pareces no poder confiar en él? El esposo de Andrea no había asistido a ninguna terapia o grupo de apoyo durante un mes. No estaba compartiendo nada a excepción de su agenda laboral y su esposa no tenía idea de si estaba mirando pornografía o no. Ella no quería controlar su programa, pero no estaba satisfecha con la forma en que estaban las cosas.

Andrea puede decidir contarle sus sentimientos, necesidades y deseos: «Estoy sola, frustrada y preocupada. Necesito saber que me estás siendo fiel sexualmente y tomas en serio esto de hacer lo necesario para mantenerte puro. Quiero hacer algo por mejorar nuestra relación y seguir casados». Y luego necesita dejarlo por su cuenta y permitirle a su esposo hacer su trabajo. Puede elegir con qué puede vivir y con qué no, y ver cómo lidiará con el problema de una manera saludable.

El problema que surge al construir la confianza basándote en lo que ves que tu esposo está haciendo o no es que siempre pensarás que podría hacerlo mejor. Durante el primer o segundo año de recuperación lo que más me interesaba era ver que Mark estaba sobrio, que solo estaba comprometido sexualmente conmigo. Cuando era evidente que lo estaba, comenzaba a ver otras cosas que me molestaban. ¿Podía confiar en que me estaba diciendo la verdad acerca de su agenda de viaje? ¿Estaba olvidando detalles que creaban gran confusión con mi horario de trabajo? Cuando Mark compartía con otras personas detalles acerca de nuestra vida que yo hubiera preferido no contar, me preguntaba si podría confiar en sus límites en cuanto a hablar con los demás. Al trabajar para reestablecer la confianza luego de la traición sexual, abres muchas puertas a muchos otros temas que piden sinceridad y diálogo.

El esposo de Tuyen hizo uso de la pornografía durante años y ella todavía se encontraba preguntándose si podía confiar en que sería un buen padre.

Ellen estaba segura de que su esposo se había comprometido a tener una vida sexual pura, pero tenía muchas dudas acerca de la manera en que él manejaba el dinero de la familia. Cuando los problemas de confianza van más allá de la traición sexual, recuerda mantener en mente la meta de tu proceso. No puedes pasar de la desconfianza en tu marido a confiar en él de manera incondicional, pero puedes aprender a hablar sobre lo que ves y escuchas, y a mantener conversaciones saludables acerca de lo que te lleva a desconfiar.

Por supuesto que habrá quien rompa el pacto con comportamientos que te llevan a determinar que ya no puedes continuar con este matrimonio. No tienes el poder de cambiar a tu esposo; solo él puede tomar la decisión de cambiar. Tu confianza en él crecerá si ves que decide trabajar para solucionar sus problemas, pero igual de importante es que tu confianza en ti crecerá mientras trabajas en ti misma y practicas asumir la responsabilidad de tus conductas, dejando de querer tomar las decisiones por los demás y compartiendo tus sentimientos, necesidades y deseos... en otras palabras, siendo responsable y auténtica. Cada vez que practicas, demuestras tu capacidad de poder cuidar de ti misma.

Confía en ti misma

Jane estaba angustiada porque su esposo no dejaba de ver vídeos pornográficos mientras cuidaba a su hijo pequeño. Lloró cuando indicó que lo único que quería era poder confiar en su esposo. «No puedo vivir sin él; necesito que esté sobrio para ser capaz de criar a nuestro hijo». Jane tenía muchos miedos en cuanto a la vida de una madre soltera. Ella y su esposo ya se habían separado varias semanas antes, y se le hacía casi imposible llegar al trabajo a tiempo y cuidar de su hijo. Estoy segura de que quería confiar en su esposo, pero lo que la motivaba a confiar en él era ese miedo agobiante, ya que no creía poder manejar su vida por ella misma.

La situación de Maria era similar. Siendo madre y ama de casa, no había tenido que trabajar fuera durante más de diez años. Como su esposo era abogado, se contentaba con dejar que él se encargara de todas sus finanzas. Le contó a su grupo que necesitaba poder confiar en su esposo con desesperación porque no tenía cómo mantenerse.

Kristen estuvo casada por diez años con su primer esposo. Tuvieron dos hijos, y durante esos años Kristen había progresado en su compañía hasta volverse independiente en términos financieros. Su esposo era alcohólico y también solía usar pornografía. Con el tiempo, Kristen se cansó de la distancia cada vez más grande entre ellos y se resintió por la falta de atención de su esposo, así que se divorciaron. Luego de trascurridos tres años conoció a Kyle y se casó con él. Kyle le prodigaba atención y amor, y ella estaba convencida de que por fin había conocido al hombre de sus sueños. Solo dos años después encontró recibos que revelaron la vida promiscua y secreta que había estado llevando durante todo el tiempo que estuvo casado con Kristen. Ella era completamente capaz de vivir sola y proveer para sí misma y sus hijos. Sin embargo, comenzó a dudar de que fuera digna de amor, o lo suficiente atractiva para ser apreciada por cualquier hombre. Kyle fue el segundo esposo que la había traicionado. Ella no confiaba en su valor propio.

Confiar en ti misma incluye ser honesta acerca de tus sentimientos y las cosas que te hacen reaccionar, incluso si encuentras que es más fácil alejarte y esconder tus verdaderos sentimientos, o ponerte furiosa y dejar que tus emociones vuelen como si estuvieras loca. Sentir que aquellas cosas que te provocan te controlan significa que estás en un lugar doloroso, y trabajar con relación a tu angustia implica que tendrás que hablar acerca de esto. Es probable que requieras el apoyo de algunas mujeres cuando necesites desahogarte, o quizás precises aclarar tu mente antes de conversar con tu esposo. Tratar de resolver todos tus problemas por tu propia cuenta no es saludable. Resolverlos en una comunidad segura es parte de lo que necesitas hacer para rendir cuentas. ¡Como puedes ver, edificar la confianza no es un emprendimiento pasivo!

Si tienes necesidades que estás convencida que solo tu esposo puede satisfacer, necesitas con desesperación que él viva una vida perfectamente confiable, sin deslices, sin errores. Cuando él falla en ser perfecto, el mismísimo cimiento de tu vida se tambalea. No solo sientes que no te elige ni te incluye, sino que es probable que tampoco te sientas segura. Posiblemente comiences a preocuparte por cómo cuidarás de ti misma si tu esposo no se corrige. Debido a nuestra inmensa necesidad de sentirnos seguras o que cuiden de nosotras, es muy posible que seas exigente, crítica y controladora en cuanto a sus comportamientos en un intento de hacerlo perfectamente confiable. Por desdicha, no podemos hacer que alguien sea confiable, y nadie puede ser perfecto. La meta de confiar en ti misma significa saber que puedes hacerlo y que estarás bien aun si tu esposo no es todo lo que quieres que sea.

Katie todavía estaba recuperándose de las pérdidas que sufrió luego de la revelación de su esposo. Habían tenido juntos una vida sexual muy activa. Ella dijo que era muy satisfactoria para ambos. Ahora Bill había admitido sus relaciones con muchas prostitutas y que había usado pornografía durante años. «Arruinó mi sexualidad», lloraba en el grupo de mujeres. «No sé cómo podré hacer para recuperar mi sexualidad». Su sentimiento de pérdida era real. Sintió que le robaron su sexualidad porque ya no era la única en tener esta experiencia con su esposo. Sintió como si literalmente alguien le hubiera quitado algo que le pertenecía. Solo descubrió que esta percepción no era verdad cuando aprendió a confiar en sí misma.

Confiar en ti misma significa conocer la verdad acerca de quién eres basada en cómo tú te defines a ti misma, no en como lo hace alguien más. Nadie más puede darle o quitarle su sexualidad a Katie. Le pertenece a ella. Como persona puedes ser acusada, menospreciada o traicionada, pero eso no significa que esas palabras o esos comportamientos te describan a ti. Cuando haces algo que te lleva en confiar en ti misma, no permites que otra persona te quite cosas —en sentido literal o figurativo— o determine quién eres. Solo tú tienes el poder para hacerlo.

Confiar en ti misma implica reconocer tus miedos y ansiedades, y luego trabajar para crecer de manera que los elimines o manejes. También implica creer que solo tú tienes autoridad para definirte. Lo que haya hecho o dicho tu esposo no te quita lo que eres. ¡Aun más, lo que él haga en el futuro no define quién eres tampoco!

Al aprender a confiar en ti misma tendrás la seguridad de que estarás bien aun si tu esposo (o cualquier otra persona, dado el caso) te decepciona o prueba no ser confiable. Sin embargo, confiar en ti misma no significa que no vuelvas a sentir dolor, enojo o tristeza. Ya que es probable que tengas que tomar decisiones nuevas, puedes confiar en tu habilidad para crear una comunidad segura y aprender destrezas a fin de manejar tu vida. Si has estado trabajando duro para ser vulnerable con los demás, sabrás cómo identificar tus necesidades y pedir ayuda. También serás capaz de crear límites seguros para ti misma, aun si los demás a tu alrededor no los tienen. Cuando puedas confiar en ti misma de esta manera, podrás permitir que tu esposo sea humano (y otras personas también); no necesitas que él o los demás sean perfectos para que tu vida esté bien.

Ocupémonos de las tareas incompletas

Muchas veces una mujer que mantiene una relación con un hombre infiel ha experimentado una infidelidad similar proveniente de otros hombres en su vida. Si ciertas barreras en el camino parecen tratar de sabotear tu habilidad para confiar cuando en realidad quieres hacerlo, es probable que encuentres útil analizar tu pasado buscando tareas incompletas.

Reconstruir la confianza no es algo que tan solo sucede; tu esposo y tú necesitan trabajar en eso. Tu parte implica demostrarte a ti misma cómo eres en verdad, y también tomar la decisión de volver a confiar en tu esposo. Hasta que estés lista para tomar esa decisión, es probable que inconscientemente sabotees los esfuerzos de tu esposo para restaurar la confianza.

Analizar tu confianza en otros hombres a través de la historia de tu vida puede ser algo muy útil. Si fuiste víctima de abuso o te abandonaron otros hombres o muchachos durante tu vida, tu confianza en los hombres ya ha sido devaluada. Posiblemente hayas pensado que tu esposo sería por fin ese hombre en el que podías confiar plenamente... y ahora incluso él rompió tu corazón.

Si tienes una historia de vida con hombres en los que no pudiste confiar o que abusaron de ti, necesitarás algo de trabajo para sanar los recuerdos y los mensajes viejos. Si llevas contigo el mensaje de que los hombres simplemente no son confiables, tu esposo tendrá dificultades para obtener tu confianza aun si trabaja de manera diligente para ser una persona confiable. Es posible que te aferres a tu enojo y tu dolor como si fuera una coraza protectora a pesar de sus esfuerzos por arreglar las cosas y escuchar tus sentimientos. Algunos de esos sentimientos pueden muy bien estar conectados con los hombres de tu pasado. De ser así, tu esposo solo no puede curar tus heridas.

El padre de Amanda le fue infiel a su madre mientras vivían juntos. Antes de conocer a la madre de Amanda y casarse con ella, había estado casado con otra mujer, pero eligió no contarle acerca de su esposa anterior y sus dos hijos. Después que él muriera, los medios hermanos de Amanda (a los que conoció ya siendo adulta) mintieron sobre los deseos de su padre y lograron excluir a Amanda de la herencia monetaria que había quedado para los hijos. Además de las rupturas de confianza que había sufrido Amanda en su familia de origen, sus cuatro novios anteriores la habían traicionado sexualmente. Hace poco, cuando se enteró de que su esposo había estado usando la Internet para ver páginas pornográficas en secreto, se sintió furiosa y desesperanzada. No podía imaginarse confiando en él nunca más. En realidad, en las sesiones de consejería admitió odiar a los hombres. Para desarrollar la confianza en su esposo, Amanda necesitará sanar el dolor de su pasado.

Mira los patrones de confianza que aparecen en tu vida. Puedes trabajar para cambiar tu capacidad de confiar cuando tienes más información acerca de tus experiencias del pasado. También observa tus otras relaciones en la actualidad para ver cómo se rompió la confianza y de qué forma reaccionaste y restauraste tu confianza en esas personas.

Lidiemos con los tropiezos y las recaídas

Nick ha estado participando durante más de dos años en un riguroso programa de pureza sexual, yendo a reuniones de doce pasos y sesiones de terapia. Después de mudarse y conseguir un nuevo empleo, volvió a caer en el viejo patrón de mirar pornografía en el trabajo y lo atraparon. Las consecuencias de esta recaída fueron serias: perdió su empleo por segunda vez.

Michael le había sido fiel a Mallory por muchos años luego de haberle confesado una gran cantidad de aventuras. Cuando lo golpeó la tragedia y su hijo y su padre murieron inesperadamente de cáncer, recayó y tuvo otra aventura con una colega del trabajo. Él también volvió a sus viejos patrones de malas conductas sexuales.

Lo que distingue a un resbalón de una recaída es la frecuencia y la intensidad. Un tropiezo es apenas una pausa en el progreso. Para un hombre que ha estado luchando con la pornografía un tropiezo implicaría visitar un sitio de la Internet después de meses de abstinencia de cualquier tipo de mal comportamiento sexual. Para un esposo que ha tenido una aventura, un tropiezo podría ser contactar a la amante por teléfono «solo para hablar». Un tropiezo puede ser una experiencia de una vez, o es posible que implique solo pensar en volver a las viejas conductas. Por otro lado, una recaída es un regreso completo a las conductas y patrones sexuales de pecado. Su intensidad se ve determinada por las posibles consecuencias de tales comportamientos. En el caso de Nick, su decisión de mirar pornografía en su lugar de trabajo creó grandes riesgos y consecuencias significativas: lo despidieron.

Si solo se evalúan los comportamientos declarados, el potencial para la reconstrucción de la confianza luego de un tropiezo o una recaída puede destruirse. Sin embargo, entender cuidadosamente y procesar un tropiezo o recaída puede servir para construir la confianza. Lo que sucede en el camino a la recuperación no siempre es tan importante como lo que puede aprender una pareja del mismo... así como lo que se puede cambiar en el futuro como resultado.

Shashawna no había hablado conmigo por seis semanas o algo parecido, ni tampoco había venido ella ni Arman a la consejería para parejas. Me comentó que las cosas estaban muy bien en su matrimonio, de modo que los dos dejaron de trabajar en la recuperación. Arman había viajado por motivos de negocios la semana anterior y recayó en un viejo patrón: al final de su largo día de trabajo se permitió ir a un bar y comenzó a beber y flirtear con las mujeres allí. Para el momento en que regresó a su habitación, ya eran las dos de la mañana. Él y Shashawna se habían comprometido a llamarse todas las noches cuando estuviera de viaje como una manera de reportarse el uno con el otro, pero esta noche en particular su llamada llegó muy tarde y era obvio que estaba borracho. Shashawna estaba agradecida de que por primera vez Arman admitiera que había tropezado. En el pasado hubiera mentido acerca de lo que estaba haciendo, o minimizado el hecho de que había bebido demasiado alcohol. Sin embargo, también se sintió enojada y atemorizada porque sabía que beber tanto lo llevaba a participar en actos sexuales promiscuos y no estaba dispuesta a vivir con más aventuras. «Parece ser solo cuestión de tiempo antes de que vuelva a suceder», decía ella.

Esa noche Shashawna decidió no hablar mucho con Arman, pero le pidió tiempo para procesar el incidente cuando él regresara. Le comunicó que había hablado bien claro acerca de sus sentimientos, sus miedos y su deseo de tener un esposo fiel. Él fue capaz de escuchar y contarle cómo había tropezado. Meses antes no hubieran podido tener este tipo de conversación saludable.

Más tarde hablamos acerca de la necesidad de Shashawna de ver que su esposo participara en un programa si estaba pensando seriamente en sus conductas. Esa era una de las piezas faltantes. Tampoco iba a dejarle a él la tarea de planificar el horario de citas, ya que para ella era importante que fuera a terapia. Aprendió que podía establecer puntos principales que no siempre se referían a la elección entre seguir casados o separarse. En este caso, ella solo necesitaba que Arman se comprometiera a rendir cuentas con seriedad y en un lugar que resultara seguro para procesar sus sentimientos. Su tropiezo fue algo que sirvió para que ella (y él) reevaluaran el camino en el que estaban. ¿Qué salió mal? ¿Qué cambios necesitaban hacer? Cuando puedes utilizar los tropiezos y/o las recaídas como una manera de aprender y corregir el camino, estos pueden ayudarte a fortalecer la confianza. Por supuesto que el tropiezo o la recaída pueden ser demasiado dolorosos y tal vez tomes la drástica decisión de irte. De cualquier manera, tener toda la información te llevará al próximo paso correcto.

Hablar acerca de las razones del pecado sexual puede ayudarlos a ambos a entender el dolor subyacente que lleva a las decisiones infieles. Si este entendimiento conduce a un cambio, límites nuevos, apoyo adicional, mayor rendición de cuentas o un mejor descubrimiento del trauma original, tú y tu esposo pueden crecer como individuos. Si el proceso te ayuda a aprender a hablar de temas difíciles de manera saludable, estarás profundizando tu intimidad emocional. Aun cuando el proceso es doloroso, ambos crecen mientras luchan juntos. Recuerda que en el capítulo tres dijimos que el problema nunca es el problema: el verdadero problema radica en la manera en que procesas y lidias con el problema. La confianza edificada sobre unos cimientos de conductas perfectas, sin tropiezos, no creará la conexión emocional y espiritual en tu matrimonio. Lo que sí edifica la intimidad es el proceso.

Al final, nadie puede evitar cometer errores o lastimar a los que amamos. Al aprender a confiar en nosotras mismas para pedir ayuda y hablar acerca de cómo se ha quebrado nuestra confianza, sabremos cuándo poner límites en lo que toleraremos. Descubriremos que podemos cuidar de nosotras mismas si tenemos que hacerlo y que en realidad podemos controlar solo nuestros propios comportamientos y decisiones, no los de alguien más. También aprenderemos a confiar en la intención del corazón de nuestro esposo en lugar de obsesionarnos con todo lo que él hace o no hace mientras progresa en la recuperación.

Confía en Dios

¡Si me has entendido, comprenderás que la verdad en la que puedes confiar es que no puedes controlar a tu esposo! No importa cuánto lo intentes, no importa cuánto tiempo le des, no importa cuánto trates de ser una esposa «que sigue a Dios», solo él puede controlar su vida y depender de Dios para ser un esposo honorable. Es probable que la transformación no suceda en el tiempo que tú esperas. Tal vez no se desarrolle según tu plan. Sin embargo, puedes confiar en que Dios cuidará de sus preciosos hijos: tú y él.

Puedes dar por seguro que siempre hay trabajo que hacer en tu propia vida: habilidades que aprender, una confianza que desarrollar, honestidad que practicar, necesidades que atender. Y luego puedes entregarle tu vida a Dios, confiando en que él sabe exactamente lo que necesitas y cuándo y cómo te lo brindará. Puedes confiar en que él ve tus esfuerzos, conoce tus deseos y busca darte «un futuro y una esperanza» (Jeremías 29:11). Es posible que tu propio proceso de crecimiento no ocurra con tanta rapidez como quisieras, ni esté tan cuidadosamente empacado como esperabas. Tal vez ya te esforzaste más, tomaste más iniciativas y fuiste más paciente de lo que jamás imaginaste posible. Tu confianza en Dios para que te haga prosperar en todas las circunstancias está siendo ahora evaluada de una manera concreta que para ti puede ser nueva. ¿Pondrás tu confianza en el único que la merece en realidad?

Por último, necesitarás confiarle tu matrimonio a Dios. Cómo lo protege, cuándo permite ciertas adversidades para evaluarlo, a quién trae para apoyarte en tus luchas, qué está planeando darles a cada uno de ustedes en su trabajo... todas estas cosas a veces son un misterio. No obstante, si confiamos en que Dios es fidedigno, él nos guiará (Proverbios 3:6). Si los comportamientos hirientes no se detienen, debes confiar en que Dios te guiará al siguiente paso correcto. Este puede ser que te vayas, que afrontes la situación; que encuentres una ayuda más idónea. Siempre tienes opciones.

La Real Academia Española define el término «confianza» como una «esperanza firme que se tiene de alguien o algo». Tal vez hemos depositado nuestras esperanzas en la persona equivocada al tratar de edificar la confianza. A los veintiún años yo solo sabía poner mi confianza y mis esperanzas en aquél que me había brindado el amor más profundo que hubiera experimentado jamás: mi flamante esposo Mark. Solo a través de la lucha después de la traición sexual y la crisis resultante en mi vida fue que en verdad comencé a depositar mi confianza a Dios.

El incidente destructivo en nuestro matrimonio me despertó de un sacudón hacia mi viaje espiritual. Me sentía tan abrumada por los muchos mensajes que interioricé acerca de los roles en mi vida, que no estaba segura por completo de a dónde me estaban llevando. ¿Qué se supone que debe hacer una «buena esposa»? ¿Cómo pasaba sus días y criaba a sus hijos una buena madre? ¿Qué tipo de carrera debería seguir para usar mis talentos y dones? ¿Cómo era el éxito? ¿Cómo debía servir a Dios con mi vida? La vida que conocía se terminó en la sala de mi casa mientras leía When Bad Things Happen to Good People [Cuando a la gente buenas le pasan cosas malas], de Harold Kushner. No creí que mi elección del libro fuera pura coincidencia. ¿Por qué nos estaban sucediendo estas cosas terribles? Yo creía que ambos éramos buenas personas. Mi viaje espiritual a través de esta adversidad me ayudó a aclarar mi propósito: Dios me ayudaría a crecer y me guiaría a depender de él y servirle de una manera que nunca antes había conocido.

¿Es posible que Dios me diera la gran tarea de tener problemas con la confianza para que pudiera depositar mi confianza en él antes de expandirla a otras relaciones? Creo que en gran parte de eso se ha tratado mi viaje a través de la traición sexual. Si nunca hubiera tenido que trabajar para edificar la confianza, habría confiado en mi esposo para todo lo que necesitaba. Nunca hubiese llegado a entender por completo las palabras que leía y escuchaba con tanta frecuencia: «Confía en el Señor de todo corazón, y no en tu propia inteligencia. Reconócelo en todos tus caminos, y él allanará tus sendas» (Proverbios 3:5-6).

Cuando depositas tu confianza en el Padre divino, él satisface las necesidades más profundas de tu corazón, aun cuando tus relaciones terrenales no puedan hacerlo. Tal vez no lo haga de la manera que esperas, pero según su tiempo y con su guía él te dará las personas, los recursos y la experiencia que necesitas para sobrevivir y seguir creciendo. Desarrollar la capacidad de confiar profundamente involucra mucho más que solo crecer para confiar en los comportamientos sexuales de tu esposo. Se trata de confiar en Dios para poder liberar los miedos y las ansiedades con relación a otras personas y las demás actividades de tu vida, sabiendo que estarás bien sin importar qué suceda a tu alrededor.

Afirma lo que Dios es

Mark era el ejemplo patente del arrepentimiento y el quebranto. Estaba en verdad arrepentido y deseoso de ser un hombre nuevo. Participó fielmente en su programa de recuperación; cada día buscaba ser una persona digna de confianza y responsable. Era paciente con mis sentimientos y estaba dispuesto a hacer lo que hiciera falta para mantenerse sobrio sexualmente y asegurarme de que lo estaba. Sin embargo, yo no siempre apreciaba los cambios que estaban ocurriendo porque todavía estaba liberando mis sentimientos de enojo, miedo, tristeza y confusión. En realidad, mi antena estaba preparada y en busca de cualquier cosa pequeña que validara mi punto o justificara mi sentimiento actual. Con seguridad podía encontrar algunas cosas: «Tardaste veinte minutos más de los necesarios para llevar a la niñera a su casa». «Olvidaste comentarme acerca de tu viaje de la semana que viene». «Esa mujer de la conferencia te abrazó con demasiado afecto». Aprendimos a hablar acerca de cada uno de estos hechos y poco a poco comenzamos a confiar en las intenciones del corazón de Mark de ser un esposo y un padre que sigue a Dios.

Si tú y tu esposo están comprometidos a edificar la confianza mutua y se encuentran dando pasos para lograrlo, anímate a notar y afirmar lo que es bueno en tu proceso de construir la confianza. Es muy fácil encontrar las fallas, señalar los errores, reaccionar ante las imperfecciones. Edificar la confianza tiene que ver con hacer cambios. Y el proceso de cambio involucra tiempos de caos mientras practicas cómo incorporar comportamientos nuevos. Hacer cambios nunca es una operación cuidadosamente organizada. Debes atravesar momentos de confusión, frustración, riesgo y práctica antes de aprender algo nuevo. El proceso requiere de mucha paciencia y perseverancia. Al trabajar para construir un nuevo tipo de confianza en tu vida encontrarás útil el consejo que Pablo les dio a los filipenses: «Por último, hermanos, consideren bien todo lo verdadero, todo lo respetable, todo lo justo, todo lo puro, todo lo amable, todo lo digno de admiración, en fin, todo lo que sea excelente o merezca elogio» (Filipenses 4:8). Tienes la opción de ver los comportamientos que están cambiando para mejor o puedes enfocarte en todo lo que está saliendo mal.

El tipo de confianza que vale la pena tener para toda la vida te permite vivir el momento: disfrutar todo lo que puedas hoy de tu relación en la etapa en la que está ahora... sin mirar hacia atrás ni hacia adelante. Sabrás que estás aprendiendo acerca de la confianza cuando puedas comenzar a vivir de esa manera.

Pensándolo de nuevo

1. ¿Confiabas en tu esposo de manera incondicional cuando te casaste? ¿Cómo manejaste los quebrantamientos menores de la confianza?
2. ¿Quién más en tu vida ha quebrantado tu confianza?
3. ¿Puedes identificar aspectos o formas en que tu esposo está trabajando para ser digno de confianza?
4. ¿Cómo estás trabajando para confiar en ti misma?
5. ¿De qué maneras Dios te está protegiendo, proveyendo y guiando a través del dolor y las complejidades de la traición sexual?

CAPÍTULO 8

¿Es posible en realidad perdonarlo?

Es más fácil y más difícil de lo que imaginas

La vieja ley del ojo por ojo deja ciego a todo el mundo.

Martin Luther King Jr.

Abandonen toda amargura, ira y enojo, gritos y calumnias, y toda forma de malicia. Más bien, sean bondadosos y compasivos unos con otros, y perdónense mutuamente, así como Dios los perdonó a ustedes en Cristo.

Efesios 4:31-32

Uno de los desafíos más difíciles en el viaje a través del dolor de la traición sexual es el de deshacerse del enojo, el resentimiento y la amargura. Perder kilos cuando estamos en un programa de reducción de peso es parecido a perder el peso de las emociones que cargas luego de haber sido traicionada. El proceso no es rápido... al menos no lo es si resulta auténtico y duradero. No puedes perdonar a tu esposo de inmediato por las decisiones pecaminosas que han lastimado los recuerdos de toda una vida y también la confianza, y luego esperar que todo esté bien. El perdón no funciona de esa manera.

Tim vino con su esposa Jenna a una sesión de consejería para revelarle al fin la completa naturaleza de sus malos comportamientos sexuales. Estos incluían años de pornografía, visitas a masajistas y varias aventuras. Él fue nombrando cada una de estas cosas sin mostrar casi emoción alguna y luego dijo: «Jenna, te estoy pidiendo que me perdones. ¿Me perdonas?» Cuando ella no pudo pronunciar la respuesta que él quería, se acercó y le recordó que según la Biblia ella tenía que hacerlo. Hasta citó las Escrituras: «Y cuando estén orando, si tienen algo contra alguien, perdónenlo, para que también su Padre que está en el cielo les perdone a ustedes sus pecados» (Marcos 11:25).

Jenna comenzó a llorar en voz baja y dijo: «Necesitaré algo de tiempo».

Tim estaba claramente irritado y enojado porque su esposa no lo había «obedecido». En su mente, ella no estaba siendo una buena esposa cristiana. Su presión sobre Jenna para que lo perdonara continuó; y en realidad, sus malos comportamientos también. Ambos discutieron acerca de perdonar y olvidar el pasado durante muchos meses. Tim insistía en que Jenna tenía sus propios pecados que necesitaba declarar y tratar, alegando que él no se enfocaría en serio en sus comportamientos hasta que ella lo hiciera. Es muy común que los hombres como Tim que sencillamente no entienden —aquellos que no se sienten quebrantados por su traición y no reconocen los errores que cometieron— se excusen y culpen a su esposa por las decisiones pecaminosas que han tomado. Cuando la esposa está bajo un ataque continuo, no tiene mucho tiempo para resolver sus propias pérdidas, sentimientos, patrones de comportamiento u otras cosas; ella tiende a usar toda su energía en protegerse a sí misma de un dolor futuro. Como Tim se obstinaba tanto en culpar a Jenna y exigirle que estuviera de acuerdo con su interpretación de la obediencia bíblica, su enojo nunca se calmó y el dolor y el enojo de Jenna permaneció sin ser escuchado. Así que se divorciaron unos meses después.

Para mí, el perdón fue un proceso lento que involucró una serie de pasos. Nunca me cruzó por la cabeza el pensamiento de decirle a Mark algo apresurado. La frase «Te perdono querido» no salió de mi boca en esos primeros momentos. (¡Aunque sí dije muchas otras cosas!) Fue el proceso de concentrarme en mí misma y mis propias imperfecciones lo que me llevó del juicio a la compasión. Estoy segura de que algunas personas se sienten llamadas a ser más oficiales en sus declaraciones de perdón; mi estilo era mostrar perdón convirtiéndome en una mujer que se comportaba con el ánimo de perdonar. Sin importar cuál sea tu estilo, te aliento a que hagas que tu perdón sea auténtico y duradero. Si las palabras surgen con facilidad pero no así la coherencia, el hecho de vivir demostrando en la práctica tu perdón un día a la vez puede ser más congruente con el deseo de perdonar de tu corazón. Sabrás que todo está funcionando porque al ir pasando el tiempo te librarás de las barreras de la amargura y el resentimiento.

Afortunadamente, Mark estaba tan quebrantado por sus comportamientos y las consecuencias que no tenía expectativas de que yo lo perdonara. Nunca me presionó para que le dijera algo. Nunca me pidió que olvidara el pasado. Yo experimenté grandes pérdidas, y tenía mucho enojo y dolor que procesar antes de estar lista para perdonarlo de un modo auténtico. Necesitaba tiempo para caminar a través de las etapas del llanto antes de poder hacer algo.

Unos años después me encontré con un libro que describía y validaba el viaje hacia el perdón mejor que cualquier otra cosa que hubiese leído o escuchado antes. La premisa del libro Total Forgiveness [Perdón total], de R. T. Kendall, es que el perdón no es algo que uno puede «ignorar» acerca de la conducta de otros.[1] No tiene que ver con olvidar el pasado y seguir adelante, ni tampoco se relaciona necesariamente con la reconciliación. Este es un proceso que requiere un cambio en el corazón. Al perdonar a aquel que te ha traicionado, te encontrarás a ti misma hablando y pensando diferente acerca de él, así como ofreciéndole piedad. Este tipo de perdón te invita a ser parte del proceso por ti misma, reconociendo que puedes ofrecer perdón verdadero solo si has estado en el lado del que lo recibe.

Errores acerca del perdón

Es probable que demores o evites perdonar a tu esposo porque percibes que el perdón significa que tienes que hacer algunas cosas que no sientes que sean auténticas. En Total Forgiveness [Perdón total], Kendall presenta una lista de errores comunes acerca del perdón. Entender lo que no es puede ser un paso fundamental en tu búsqueda de vivirlo en una relación dañada por la traición sexual.

Concederle el perdón a tu esposo no significa que debas aprobar lo que él hizo. Parte de mi viaje incluyó aprender acerca de la adicción, las raíces de los comportamientos y la motivación detrás de las decisiones pecaminosas de Mark. Al conocer el «porqué» detrás de sus comportamientos, aprendí a aceptar más. También llegué a creer que sus decisiones no tenían que ver conmigo. Sin embargo, aun con esa información, no tenía por qué aprobar sus decisiones. Tampoco necesité excusar o justificar lo que él hizo. El perdón no tiene nada que ver con convertir en buenas las cosas que son malas.

Para perdonar a tu esposo no necesitas liberarlo de las consecuencias de sus comportamientos... en otras palabras, no necesitas indultarlo. Los malos comportamientos sexuales de Mark pusieron en peligro la estabilidad financiera de nuestra familia. Había juicios pendientes y era muy probable que lo perdiéramos todo. Necesitaba protegerme a mí misma y a los niños, y lo hice creando cuentas bancarias a nombre mío y de mis hijos, así como separando otros recursos por un tiempo. A pesar de que Mark estaba destrozado por el pensamiento de dividir nuestras finanzas no necesité perdonarlo de esa consecuencia. La misma fue un resultado natural de sus comportamientos anteriores.

Probablemente te sientas obligada a perdonar una gran cantidad de otras consecuencias naturales, pero otorgar el perdón no significa que estés obligada a proteger a tu esposo del costo de sus acciones. Algunos hombres se alejan de los miembros de la familia, rehusándose a hablar acerca de su pecado. Es posible que para mantener la paz familiar debas mantener abiertas las líneas de comunicación o tengas que esforzarte por arreglar visitas con algunos miembros de la familia. No obstante, tú no eres la responsable de mantener a todos conectados e informados, en especial si estás encubriendo la verdad en el proceso. Tampoco tienes que negar la traición de tu esposo. No se te pide que escondas la verdad con el propósito de mantener la paz. No tienes que actuar como si todo estuviera bien cuando no lo está. Ni se te pide que olvides la traición. A menos que te hayas vuelto una experta en el arte de la disociación, no puedes olvidar ciertos sucesos significativos de tu vida, ya sean positivos o negativos. Aun más, no desarrollarás una salud emocional si tratas de borrar de tu mente aquellos recuerdos que no quieres tener. No hay manera sana de eliminar los sucesos que nos cambian la vida. Debes aprender a integrar los sentimientos creados a partir de ellos y a crecer a través de los mismos. A partir de tus heridas puedes ministrar a otros. Si tan solo olvidas tu dolor no puedes ser un agente de cambio al servicio de Dios. No permitas que nadie te convenza de que debes «perdonar y olvidar». El perdón auténtico requiere que aceptes tus sentimientos y tomes decisiones conscientes en medio de ellos.

Kendall también indica que el perdón no significa que te niegues a tomar lo malo en serio. No necesitas minimizar la severidad del pecado sexual. Solo porque muchos otros puedan estar haciéndolo, o porque tu esposo no se dio en verdad cuenta de cuán fácilmente pudo ser seducido para tomar decisiones que no son saludables, o porque no estaba al tanto del poder de su propia historia abusiva, no significa que su mal comportamiento sexual no sea algo serio.

Uno de los mayores miedos que tienen las esposas en cuanto al perdón es que tendrán que renunciar a cualquier sentimiento futuro de dolor o enojo si eligen perdonar. Puede ser que pienses que «del perdón en adelante» tengas que fingir que ya no sientes dolor. Shelly le dijo a Steve que lo perdonaba por la aventura que había tenido cuando nació su primer hijo. «A pesar de que hoy en día nunca lo culpo por tal aventura ni tampoco le cuento a nadie acerca de ella», me comentó, «me siento triste y solitaria cuando lo veo pasar tiempo con una mujer, como en el picnic del vecindario. Cuando he tratado de compartir con él mis sentimientos y las reacciones que las situaciones como esas me producen, él se pone impaciente, se enoja conmigo y me dice: "Creí que dijiste que me perdonabas por esa aventura. Se ve que no lo decías en serio"». ¡El perdón auténtico no significa que debas renunciar a tus sentimientos!

Aun más, el perdón total no necesariamente requiere que te reconcilies con tu esposo. Es probable que creas que si decidiste perdonar, también debes elegir reconciliarte. Sin embargo, estas son dos decisiones diferentes. A veces ni siquiera tienes la opción de reconciliarte. Tu esposo puede ser el que decidió dejarte, a pesar de sus decisiones de infidelidad. O tal vez haya optado por no buscar ayuda y siga tomando decisiones no saludables que deshonran tu relación. No necesitas dejar que las personas te lastimen; los límites seguros pueden requerir que te separes de tu esposo.

Finalmente, recuerda que el perdón no es sinónimo de confianza. Solo porque perdonaste a tu esposo por su infidelidad no significa que necesites estar lista para confiar en él de nuevo. Estos son dos temas diferentes. El esposo de Linda la enfrentó con estas palabras: «Me acabas de decir que me perdonabas por las aventuras que tuve el año pasado, ¿por qué no confías entonces en mí? No debes haberlo dicho en serio». ¡La verdad es que ella sí lo dijo en serio! El trabajo de él es comenzar el proceso de convertirse en un hombre en el que se pueda confiar. Puedes perdonar, pero todavía tener ciertas reservas con respecto a la confianza.

Si te sientes lastimada y amargada, ¿estás teniendo dificultad para creer que en algún momento serás capaz de perdonar? Tal vez te preguntes si estás siendo demasiado compasiva y complaciente con tu esposo y negando tus propios sentimientos afligidos. Te aliento a tomarte tu tiempo en lo que al proceso del perdón se refiere. Dios quiere que tu perdón sea auténtico, y el comienzo de tu proceso puede involucrar solo una visión para perdonar algún día. No te sientas presionada a apurarte. Si estás trabajando en tu propia sanidad, el perdón llegará a su debido tiempo.

La verdad acerca del perdón

Después de examinar lo que el perdón no es, Kendall explica lo que sí es. Antes de siquiera pensar en perdonar a alguien necesitas saber qué estás perdonando. El concepto parece ridículamente elemental, pero aun así muchas mujeres se atascan en este primer paso porque sus esposos les niegan la revelación total de sus traiciones. Ellas ansían avanzar en el proceso hacia la sanidad, pero de modo intuitivo se dan cuenta de que no saben lo que en realidad necesitan saber: todo.

Mark tuvo un mal comportamiento con otra mujer por primera vez relativamente al principio de nuestro matrimonio, tal vez al cuarto año más o menos. A pesar de haber luchado con la masturbación y la pornografía desde los doce años de edad, hasta este momento no había cruzado la «línea de la carne». Él acudió arrepentido a un pastor supervisor para confesar sus acciones. Estaba buscando que lo guiaran, aprovechando la oportunidad para confesarlo todo, buscar ayuda y hacer cambios. Aunque tuvo la buena disposición en ese instante para vivir la vida de una manera diferente, le aconsejaron ocultar su pecado sexual: «Mark, no le comentes nada acerca de tu comportamiento a Deb, tan solo la lastimarás. Y nunca más vuelvas a hacerlo». Como consecuencia, no hubo confesión, ni arrepentimiento, ni lamento, ni oportunidad para que yo supiera la verdad (como última consecuencia). Al principio de nuestro matrimonio nos robaron la oportunidad de experimentar el quebrantamiento, la rendición y el perdón. Los siguientes diez años podrían haber sido muy diferentes si se hubieran expuesto los hechos y pudiéramos haber comenzado el proceso del perdón y la sanidad.

Cuando aliento a las parejas a la revelación total, la motivación más importante es dar lugar al perdón y la edificación de la confianza. Si buscas hechos, hazlo para lograr el perdón. Cuando tu esposo te ofrece los detalles de su traición, básicamente está entregándote un arma nuclear. Su descubrimiento es una decisión que lo hace en extremo vulnerable. Ahora tienes el poder de hacer un gran daño... a los demás y a tu matrimonio. Si tu enojo y amargura están fuera de control, quizás no mereces el poder que te han confiado. Debes saber que estás siendo llamada a entrar en un lugar de sanidad sagrado. Tienes la elección de destruir o aprender a tener piedad. El perdón auténtico significa no llevar cuenta de las ofensas (véase 1 Corintios 13:5). ¿Comprendes lo que se te está pidiendo aquí? No llevar cuenta de las ofensas de tu esposo significa que debes dejar de marcar el puntaje. Debes dejar de evaluar quién hizo cosas peores en el matrimonio y quién es el peor cónyuge. Debes dejar de sustentar tu caso... encontrando un ejemplo tras otro del pasado para probar tu punto de hoy en día. Significa que debes renunciar a la sentencia de «cadena perpetua» con la cual piensas que te encuentras obligada a vivir. Aun más, significa que debes dejar atrás todo tipo de etiqueta que se han estado poniendo el uno al otro: adicto, coadicto, codependiente, esposa que reacciona de forma exagerada, esposo abusador y demás. Somos hombres y mujeres. Todos cometemos errores; todos nos quedamos cortos; todos tenemos dificultades. Y todos necesitamos reconciliarnos con Dios a través de su Hijo, Jesucristo, porque solos no tenemos esperanza de salvarnos.

Kevin ha estado participando debidamente en su programa de recuperación, confesando sus errores, encontrando a otros hombres a los que rendirles cuenta de sus decisiones sexuales y compartiendo sus sentimientos, necesidades y deseos con su esposa. Aun así, Jessica parece no poder dejar el pasado atrás. Ella anunció en su grupo: «La adicción de Kevin lo mantiene alejándose y escondiéndose, y eso me lastima mucho». Sin embargo, su descripción de su esposo como adicto no tiene nada que ver con el hecho de que él se estuviera alejando. Muchas personas se alejan... algunas con adicciones y otras sin ellas. La verdad era que Kevin estaba sintiendo algo, tal vez miedo o tristeza, y lidiaba con eso alejándose. Por otro lado, Jessica estaba tratando con su dolor siendo crítica. Las etiquetas y las generalizaciones no nos ayudan a encontrar el entendimiento y la empatía.

Si estás trabajando en el perdón, te rehusarás a castigar a tu esposo por sus comportamientos. Podemos castigar a los demás ya sea de manera pasiva o agresiva, de formas directas e indirectas.

El sarcasmo es una manera sutil de castigar que es difícil de controlar y se utiliza con facilidad, ya que es recibida con risas. Si todavía te sientes enojada hacia tu esposo, pero no quieres que los demás lo sepan, puedes encubrirlo con humor, lo cual resultará en sarcasmo. Carla estaba en el vestíbulo de la iglesia con unas amigas cuando llegó su esposo y la elogió diciéndole que estaba muy linda. Ella se dio la vuelta mirando a sus amigas y dijo: «¡Sí, mi esposo es un experto en seducir a las mujeres lindas!» La raíz en latín del término sarcasmo significa «desgarrar la carne»; el comentario sarcástico de Carla desgarró la carne de su esposo, que previamente la había herido a ella con su infidelidad, pero hoy estaba tratando de honrarla.

Beth decidió comenzar a gastar dinero desmedidamente, tomando venganza contra su esposo de manera subconsciente porque él había utilizado el dinero de la familia para contratar prostitutas. Ella estaba furiosa de haberse sacrificado durante años para hacer que el presupuesto de la familia funcionara, y todavía no había encontrado una manera saludable de expresar su enojo.

Otro aspecto del perdón es usar la discreción al compartir los hechos de la traición sexual con los demás. No chismorrees con el propósito de contarles la noticia a cualquiera y a todos. No alivies tu dolor contándole tu sufrimiento a cualquiera que parezca estar escuchándote. Protege la reputación de tu esposo a pesar de que te haya herido. En lugar de hablar indiscriminadamente acerca de los errores que tu cónyuge ha cometido, encuentra a varias mujeres seguras que escuchen toda tu historia y te den su apoyo. Todos necesitamos tener personas y lugares seguros en donde podamos hablar acerca de nuestro dolor, y sí es posible hablar con discreción.

Mientras sorteaba algunos obstáculos para escribir este libro, me di cuenta de que uno de ellos tenía que ver con esta dimensión del perdón: quería proteger la reputación de Mark y la verdad acerca de quién él era: un hombre muy bueno. Al compartir mi historia de dolor y redención, sabía que sería necesario compartir algunas de las decisiones sexuales pecaminosas de Mark. No estaba convencida de querer hacer eso... sacar a relucir detalles y partes de nuestro doloroso pasado. Cuando hablé con Mark acerca de mi dilema, me agradeció por mi sentido común y luego me aseguró que nada de lo que escribiera podría diferir de lo que él comparte cuando cuenta su historia al escribir y hablar. Solo acepté escribir un libro para mujeres cuando tuve su completa bendición.

Otro rasgo del perdón es el de ser misericordioso. Kendall nos recuerda que la misericordia significa no recibir algo que sí merecemos. La misericordia es diferente a la gracia, que significa recibir algo que no merecemos. Si le ofreces misericordia a tu esposo, estás renunciando a la venganza por el daño que te ha causado. Tomas la decisión de no estar a la par, de no darle lo que se merece. Ofreces misericordia negándote a hacer justicia por su traición. La decisión de ser misericordiosa es la decisión de entregarle la justicia a Dios. Si él decide que la justicia es necesaria, proveerá las circunstancias. Querer que las cosas sean justas hoy es una urgencia difícil de abandonar. La mayoría somos tan impacientes que no podemos imaginarnos esperando meses, años o hasta una vida entera por la justicia de Dios. Y la verdad es que tal vez ni siquiera podamos presenciar tal justicia durante nuestra vida. No nos dan esa garantía. En realidad, Dios puede decidir ofrecerle misericordia a nuestro esposo, tal como nos ofrece misericordia a ti y a mí por nuestros pecados.

Tonya me confesó que estaba muy enojada cuando su esposo le admitió haber tenido una aventura. «Anton sabía lo devastada que estaría porque hablamos acerca del dolor que sentí al ver que mi padre engañaba a mi madre. No podía creer lo que escuchaba cuando al fin me admitió su relación secreta. Ni siquiera llamé a una amiga o permití que mi dolor penetrara en mí antes de llamar a un antiguo novio e invitarlo a tener relaciones sexuales conmigo». Tonya hizo justicia por su propia mano. Su intención era demostrarle a su esposo cómo se sentía la traición. Trabajar para perdonar significa estar dispuesto a de alguna manera no desquitarse.

Kendall dice que cuando decides perdonar, buscas ser misericordiosa en el proceso. Tienes muchas oportunidades para decir la verdad... toda la verdad. Ser misericordiosa es elegir qué no decir cuando podrías decir mucho más. Este elemento del perdón es engañoso, porque he estado presentándote el desafío de la autenticidad. Sin embargo, creo que ser auténtica al principio incluye discernir cuándo es seguro hacerlo. ¡No se les pueden hacer todas las confidencias a todas las personas, así que debes decidir el tipo de compañía que tienes! Si estás en compañía de gente segura, puedes decidir cuán brutalmente honesta serás o cuán autentica serás en lo general. La elección no es entre blanco y negro, entre decir todo o no decir nada.

Hace poco, cuando visité a mi suegro que vive en una residencia para personas mayores, me preguntó cómo estaba Mark y acerca de qué estaba hablando en estos días. Quería ser honesta con relación a la sana influencia que Mark estaba teniendo sobre muchas personas heridas. Sin embargo, Mark y yo acordamos previamente que no queríamos divulgar la naturaleza de sus discursos, que a veces exponían el abuso al que su padre lo había sometido. Decidí ser misericordiosa, pero auténtica: «Papá, estarías orgulloso de Mark y de todo lo que está haciendo por la personas heridas debido a la traición sexual. Habla desde el corazón con una gran compasión».

El verdadero perdón es una elección del corazón. No es un punto de la agenda que hay que cumplir. Es una decisión que tomas cuando confías lo suficiente en tu corazón como para saber que estás preparada. Solo tú sabrás cuando has sanado lo suficiente para no elegir más castigar, llevar la cuenta de las ofensas, descubrir más hechos, regar chismes o juzgar a tu esposo.

Kendall dice que el perdón total también significa que posiblemente tengas que perdonar a Dios... en otras palabras, liberarte de la amargura que sientes hacia él. Si crees en que Dios es omnisciente, omnipresente y omnipotente, es posible que te preguntes cómo pudo permitir que te sucedieran cosas tan terribles. ¿Por qué él, en su poder, no frenó a tu esposo para que no tomara esas terribles decisiones? Después de todo, Dios ama el matrimonio y la fidelidad. En tus esfuerzos por encontrar la sanidad, puede ser que te enfrentes a cualquier tipo de enojo y amargura porque sientes que un Dios misericordioso permitió que sufras.

Después del descubrimiento de la traición de Mark, estaba muy enojada con Dios. Pensé que había sacrificado todas las fibras de mi ser para ser una buena esposa y una buena madre. «¿Por qué yo?», me preguntaba. «¿Soy tal decepción para Dios que ha dejado de cuidar de mí?» Años después, cuando pude ver de manera más clara el propósito de mi sufrimiento, fui capaz de abandonar mi enojo hacia Dios por no evitarme los dolorosos acontecimientos y las adversidades de mi vida.

Por último, el perdón total significa que necesitas perdonarte a ti misma. No estoy segura de si este párrafo debería ir al final, porque ahora sé que al buscar perdonarme a mí misma me di cuenta de cómo perdonar a los demás. Fui consciente de mis propios errores mientras atravesaba el dolor de la traición. Yo también herí a otros y dañé relaciones. Yo también minimicé las verdades acerca de quién soy en Cristo. Al creer que no valía, no era digna de amor, no era importante ni merecía ser elegida, lidié con mis problemas de maneras hirientes y que no eran sanas. No era todo lo que podía ser... todo lo que Dios tenía la intención que fuera cuando me creó.

Kendall nos habla directamente a algunas mujeres cuando escribe: «Probablemente lo que todos quisiéramos decir es: "¡Bueno, lo que yo hice no es tan malo como lo que hicieron los demás!" ¡Y ahí es donde nos equivocamos! Dios odia tanto la justicia por nuestra propia mano como la injusticia que consideras tan horrible, y la verdad es que a él no le gusta cuando nosotros juzgamos. De modo que si debes perdonar los pecados por los cuales Dios te perdonó a ti, por lo menos recuerda que uno de los peores pecados es hacer justicia por nuestras propias manos».[2] Dejar a un lado mi propia justicia y hacerme responsable por lo que hago (y lo que he dejado de hacer) permite que Dios cambie mi carácter.

No pude comenzar a saber cómo perdonar a Mark por completo sin antes experimentar el perdón para mí misma.

¡Y necesitaba saber de qué me estaba perdonando a mí misma antes de poder hacerlo! No podría haber examinado mi vida si no hubiera sufrido tanto dolor como para hacerlo. Por eso, este proceso del perdón fue lo que más me iluminó para encontrar un propósito mayor en medio de mi dolor... capacitándome a fin de ser una compañera para otros en el dolor, en especial para mi esposo, mientras exploramos y perdonamos cómo hemos tratado silenciosa y secretamente de manejar nuestras vidas de maneras inefectivas y dañinas.

Pensándolo de nuevo

1. ¿Estás lista para pensar en perdonar a tu esposo? ¿Cuáles son tus miedos en cuanto a hacerlo?
2. ¿Qué estás perdonando en específico?
3. ¿Eres capaz de trabajar para perdonar a tu esposo sin confiar en él por completo o tomando una decisión acerca de la reconciliación?
4. Si no has perdonado a Dios por permitir que la traición sexual dañara tu matrimonio, ¿cómo puedes comenzar este proceso?
5. ¿Por qué cosas crees que debes perdonarte a ti misma? ¿Hay algo específico que te impida hacerlo?

CAPÍTULO 9

¿Cómo podemos reconstruir nuestra relación?

Crea una versión compartida para una alianza apasionada

Elige a quién amas; ama a quien elijas.

Anónimo

Más valen dos que uno, porque obtienen más fruto de su esfuerzo. Si caen, el uno levanta al otro. ¡Ay del que cae y no tiene quien lo levante!

Eclesiastés 4:9-10

Hace poco me desperté sorprendida por un sueño que tuve: soñé que estaba sola. Después de más de treinta años de decidir permanecer en mi matrimonio y recuperarme de la traición sexual, no pude descifrar qué podría provocarme este sueño.

He estado escribiendo durante meses acerca de mi viaje hacia la sanidad... desde los sueños destruidos hasta una visión renovada. Capítulo a capítulo, he discutido mi necesidad de mantenerme enfocada en mí, los cambios que quería hacer y las lecciones que Dios me estaba dando a través de mi dolor. Estos capítulos tratan sobre dejar de pensar que otra persona era responsable de brindarme seguridad, pasión y valor.

Pienso que mi sueño fue un recordatorio de que necesitaba estar bien sola, aun si me mantenía en una relación de amor. No debía perderme a mí misma al no dedicar un tiempo a fin de conocerme, crecer y crear una visión para mi vida. Incluso si mi esposo y yo creábamos una visión compartida, no debía abandonar mi visión personal. Antes de mi viaje hacia la sanidad, esperaba que mi matrimonio me brindara todo lo que necesitaba para estar completamente satisfecha y feliz en la vida. Como consecuencia, me había divorciado de mi propio ser entregándole todo el poder a Mark para que hiciera que mi vida fuera feliz.

Ahora mi visión para nuestra relación se construye sobre mis *deseos* no sobre mis *necesidades.* No necesito crear una visión con mi esposo; *quiero* hacerlo. Este tipo de alianza de amor debería ser la meta para cualquier relación madura: «No te necesito; te quiero». Cuando puedas pensar de esta manera en tu matrimonio, estás lista para diseñar una visión auténtica para ti y tu esposo como pareja.

Reemplaza lo viejo con lo nuevo

Una primavera, Mark y yo decidimos reparar nuestro pórtico trasero. Había lugares donde la madera se estaba pudriendo y Mark pensó que el problema se solucionaría reemplazando algunas tablas. Cuando comenzó a sacar las que peor estaban, pudimos ver que el clima también había debilitado la armazón. Nuestro proyecto llegó a su fin antes de lo previsto: ¡teníamos que reemplazar toda la estructura! Me miró con ojos cansados y dijo: «Esto me recuerda nuestro viaje. Tuvimos que remover por completo todas las partes dañadas y debilitadas de nuestro matrimonio, y ahora es tiempo de reconstruir».

En los primeros meses y años de sanidad de la traición sexual, la mayor parte de tus esfuerzos por recuperarte pueden dedicarse a controlar el daño. No es para nada gracioso pisar la madera debilitada preguntándote si te caerás o cuándo irás a caerte. Si no reemplazas las tablas, pronto decidirás que lo mejor es ni siquiera pisar el pórtico. Es tiempo de reemplazar lo viejo por lo nuevo. Si han estado trabajando duro para acabar con la traición, los secretos, los comportamientos que asumen a fin de lidiar con los problemas y las expectativas, están listos para crear una visión juntos. Cuando me enteré de la traición de Mark, me vi tentada a pensar que solo quería volver a tener la vida que teníamos antes. Algunas partes de ella eran buenas y satisfactorias. No obstante, teníamos que experimentar mucho más al ir transformando nuestra relación... construir algo nuevo por completo. Edificar una visión para tu relación es un proceso intencional, y como sucede con cada emprendimiento nuevo, el mismo es impulsado por la pasión y la conexión.

Ya que Dios te guía a través de los pasos necesarios para sanar del dolor de la traición sexual, no desperdiciará los esfuerzos que pones haces entender tu vida y la de tu esposo. Él utilizará esta crisis para darte una oportunidad de profundizar en las historias de cada uno, en las experiencias de tu pasado que formaron la persona que eres hoy. Dios usará el crecimiento del carácter que has estado cultivando y la información nueva que has reunido a fin de prepararte para una relación más rica y madura. Tu dolor te sirvió para crecer en muchos aspectos. Eres más sabia, más madura y más capaz de establecer una conexión espiritual y emocional más profunda.

Mark y yo comenzamos a crear juntos una nueva visión al comenzar de nuevo simbólicamente: renovando nuestros votos matrimoniales. Elegimos una fecha nueva para celebrar nuestro nuevo comienzo. Como si fuéramos una pareja recién comprometida, fuimos a comprar nuestros anillos juntos y luego invitamos a varios amigos de la recuperación para que compartieran nuestra ceremonia.

Al intercambiar votos escritos personalmente y anillos nuevos, nos rededicamos al propósito de Dios, a su plan y su visión para nuestro matrimonio: nuestra unión en un solo cuerpo.

Habíamos atravesado una etapa en la que tratamos de ser todo el uno para el otro. Pensamos que estar de acuerdo en todo significaba tener una visión. Y luego nos adentramos en una fase de vivir dos vidas separadas, creando una visión personal, pero no una visión compartida. Algunos esposos y esposas se dejan guiar por sus visiones personales, pero no logran trabajar en una visión compartida, creando así una división. Es vital para una relación sana que ambos tengan una visión personal y una visión como pareja.

Para trabajar a fin de crear una visión como pareja necesitamos estar del mismo lado... ser aliados, por así decirlo. Necesitamos abandonar la tentación de pensar: «Yo estoy en lo correcto y tú estás equivocado», «Mis ideas son mejores que las tuyas», «Yo soy más importante que tú», «Mis talentos son más valiosos que los tuyos», y cosas como esas. Siendo aliados, buscamos combinar nuestras fuerzas y debilidades. Aceptamos que juntos somos mucho mejores que estando cada uno por su lado. ¡Si mi visión es ser como mi esposo o hacer que mi esposo sea como yo, uno de nosotros sería irrelevante! Dios puso a dos personas juntas con dos capacidades y temperamentos diferentes para que unidas puedan ser mejores que estando cada una por separado.

Cómo se desarrollan las parejas

Mientras estaba tratando de encontrarle sentido a lo que le sucedió a nuestro matrimonio, sentí una gran fortaleza luego de aprender cómo se desarrollan las parejas. Este conocimiento me llevó a entender cosas importantes acerca de mí misma. También me ayudó a determinar dónde fue que Mark y yo nos atascamos como pareja mientras tratábamos de acercarnos más el uno al otro, pero en lugar de eso terminábamos cada vez mas alejados.

En su libro In Quest of the Mythical Mate [En búsqueda del compañero mítico], los doctores Ellyn Bader y Peter Pearson describen cinco etapas del desarrollo de las parejas: conexión, diferenciación, práctica, renovación del compromiso e interdependencia mutua.1 De acuerdo con Bader y Pearson, las parejas crecen y se desarrollan de manera muy similar a la que se desarrollan los niños. Así como un niño debe pasar por diferentes etapas a fin de desarrollar habilidades para crecer y prosperar, nuestra relación también tiene que navegar a través de esas etapas para progresar. Cada etapa requiere que las parejas dominen tareas específicas y cada una es más compleja que la anterior. Muchas veces la distancia entre dos personas en una relación se crea cuando uno o ambos son incapaces de desarrollar las habilidades necesarias para pasar a la etapa siguiente del desarrollo. Entonces, al mirar más de cerca las tareas que se cumplen en cada etapa, podemos ver dónde es probable que estemos atascados, tanto individualmente como en pareja.

Conexión

La primera etapa del desarrollo de la pareja es la conexión. En esta etapa de encaprichamiento, los individuos son como misiles que persiguen el calor. Se forma un vínculo intenso. Durante la conexión te enamoras locamente y nunca tienes tiempo suficiente para hablar y compartir todo lo que deseas. Rara vez notarás que tienen diferencias, en realidad, te enfocarás casi exclusivamente en las coincidencias o semejanzas. Este es un período de locura temporal, así que harás lo que sea para complacer a tu compañero. En esta etapa no tienen interés alguno por cambiar. Cada uno parece nutrir por completo las necesidades del otro, y se sienten amados y aceptados de forma incondicional. En esta fase también comienzan a confiar de un modo incondicional el uno en el otro, a pesar de que no se conozcan hace mucho. El propósito final de esta etapa es la unión, convertirse en una pareja.

Para la mayoría de nosotras este tiempo es difícil de olvidar. Durante el mismo construimos sueños para nuestro matrimonio. Las películas y las revistas validan este tipo de amor conectado, y por un momento creemos que encontramos la tierra prometida en la relación. Pensamos que estaremos satisfechas por siempre y que nunca volveremos a tener necesidades insatisfechas. Encontramos a nuestra alma gemela... la que nos hará felices por siempre.

Recuerdo cuando Mark y yo nos comprometimos, soñando con el día en que al fin pudiéramos vivir juntos. Recuerdo en específico haberle dicho a Mark que no me importaba dónde viviéramos; mientras estuviéramos juntos sería feliz. ¡Solo dieciocho meses después nos mudamos de la pintoresca Universidad de Princeton, Nueva Jersey, a los campos de maíz de Iowa, y yo me sentía muy infeliz! Mientras estábamos en la etapa de la conexión en nuestra relación, me gustaba cualquier idea o plan que Mark tuviera para nosotros. Sin embargo, ahora que nos estábamos mudando a una etapa nueva para el desarrollo de nuestra relación, me di cuenta de que no siempre estaba de acuerdo con sus gustos o decisiones.

Durante la conexión miras lo mejor de cada uno y niegas que a veces tengan diferencias. Esta etapa tiene que ver con forjar una unión más fuerte entre ustedes dos.

Diferenciación

Tan pronto como nos instalamos en esa nueva tierra de los sueños recién fundada, llegamos a la siguiente etapa del desarrollo de la pareja: la diferenciación. En esta etapa la realidad nos golpea y comienzan a emerger las diferencias. Te das cuenta de que ambos tienen sentimientos y pensamientos diferentes y necesitan establecerse como individuos. Notas cosas acerca de tu compañero que te toman por sorpresa. ¡Ya no aman todo acerca del otro! Durante esta etapa cada uno baja a su pareja del pedestal surrealista creado durante la conexión. Se preguntan por qué no se sienten como cuando estaban en la etapa de conexión, y comienzan a sentir culpa y miedo. Como la excitación y el entusiasmo del período de conexión ya pasaron, en esta etapa muchos deciden que se casaron con la persona equivocada y abandonan la relación. La aparición de tantas diferencias es demasiado desestabilizadora. Otros se sienten sobrecogidos y confundidos por los cambios de esta etapa, así que es probable que recurran a mecanismos para lidiar con los problemas medicando cualquier sentimiento que no se discuta de manera sana... sentimientos como la desilusión, la soledad, el miedo o el enojo.

Poco después de casarnos me di cuenta de que a Mark le gustaba quedarse despierto hasta tarde y mirar la televisión antes de dormir; yo prefería ir a la cama antes, leer y levantarme temprano por la mañana. A él le encantaba estar rodeado de muchas personas; yo me sentía satisfecha estando sola. A él le gustaba comer temprano; a mí me gustaba comer tarde. Él buscaba distenderse mirando televisión; yo odiaba estar quieta. Las diferencias entre nosotros brotaban por todos lados, y mis sentimientos acerca de ellas eran más intensos. En esos primeros años de matrimonio no estábamos preparados para establecer conversaciones significativas acerca de nuestras diferencias, de modo que cada uno lidiaba con los problemas a su manera para manejar los sentimientos que no se expresaban.

Práctica

Luego de la etapa de la diferenciación la pareja pasará a la práctica. En esta etapa cada uno practica ser un individuo único, desarrollando su autoestima y su valor en la relación. Es probable que estén creciendo en su carrera o comenzando a formar una familia, de modo que se enfocan en sus necesidades individuales. No están tan interesados en hacer crecer la relación como lo están en hacer crecer su identidad individual. Necesitan más tiempo a solas y dejar de estar juntos a todo momento. Para superar este estado necesitas encontrar tu propia voz, lo que requiere que te identifiques y expreses tus sentimientos, necesidades, pensamientos y deseos. Si estás siendo auténtica, no escondes (o lidias con) tu proceso interior. Más bien, compartes francamente lo que te está sucediendo por dentro. Esta etapa es muy difícil y muchas veces involucra conflictos mientras las parejas se alejan para trabajar en su desarrollo personal.

Los mensajes religiosos o familiares pueden impedir que entres en la etapa de la práctica. Si tu único trabajo como «buena mujer cristiana» es complacer a tu esposo, o si no te permitieron tener necesidades propias, pensar acerca de ti misma y concentrarte en tus necesidades puede parecer egoísta. Llegará un momento en el que tengan que reenfocarse en servir al otro, pero es esencial madurar en su matrimonio desarrollando lo que son como individuos dentro de la relación. Si alguna vez has sentido que te estás perdiendo a ti misma, es probable que hayas sacrificado todos tus sentimientos, necesidades y deseos para cumplir con tu esposo y los demás.

Ambos deben ser capaces de resolver los conflictos de manera sana para continuar creciendo como pareja. Como mencioné antes, la etapa de la práctica produce un gran cambio en la relación mientras tu esposo y tú crean cierta distancia entre sí. Si bien antes estaban preocupándose de un modo tan intenso el uno del otro, ahora están alejándose para enfocarse en sí mismos. Es probable que surjan sentimientos de abandono y rechazo que demandan tener conversaciones difíciles. ¿Cómo eres lidiando con el enojo y el resentimiento? ¿Qué haces o cómo hablas cuando estos sentimientos salen a la superficie? Si no te gusta la confrontación o no sabes cómo tener conversaciones sanas, no estarás preparada para pasar a la etapa siguiente del desarrollo.

La etapa de la práctica también es un momento en el que puede llegar a establecerse más una visión personal en el contexto del matrimonio. Para muchas parejas, esta idea parece extraña. No obstante, si niegas tus propias pasiones y necesidades, te estarás preparando para la desilusión en la relación. Al establecer un plan para mantener la sanidad emocional, física, sexual, social y espiritual, puedes abandonar la expectativa de que tu esposo debe ocuparse de todas tus necesidades. Tu esposo no puede serlo todo para ti, ni tú tampoco lo puedes ser para él.

Renovación del compromiso

La cuarta etapa para el desarrollo de la pareja es la renovación del compromiso, un tiempo de idas y venidas. Después de establecer tu identidad personal, vuelves a ser más vulnerable en tu relación. No temes perderte a ti misma como lo hacías en las etapas anteriores. Disfrutas de la conexión íntima tanto como de los momentos a solas. Cuando aparece la tensión en cuanto a las maneras en que pasarás tu tiempo, estás más preparada para resolver los conflictos. Comienzas a ver cómo aquellas cosas que te hacen reaccionar en tu relación despiertan el dolor del pasado.

Mark y yo viajábamos con frecuencia a causa de nuestras carreras. Cuando estábamos separados, trabajábamos en nuestra visión personal: cómo fortaleceríamos nuestra vida espiritual individualmente, qué tipo de trabajo podríamos hacer por nuestra propia cuenta, cómo criaríamos a nuestros hijos cada uno por separado, cómo se vería nuestra vida social cuando estábamos solos, cómo manejaríamos los asuntos financieros por nosotros mismos, y así por el estilo. Cuando los dos estábamos en casa, hacíamos cambios para incluirnos el uno al otro en el crecimiento espiritual, el trabajo, la crianza de los niños, la vida social y las finanzas. Sin embargo, aun cuando estábamos juntos aprendimos a no negar los aspectos individuales de nuestra vida.

El desafío es tener pasión y planes tanto para tu vida personal como para tu matrimonio. Ya sea estando sola o con tu marido puedes encontrar placer y propósito en tu vida para no perpetuar una etapa de conexión poco saludable.

Interdependencia mutua

En la etapa final, la interdependencia mutua, experimentas la constancia en tu relación. Como cada uno de ustedes se siente confiado y satisfecho de su propia identidad, su relación se construye sobre el crecimiento, no sobre la necesidad. Han encontrado un vínculo de amor que es profundo y satisfactorio. Y puedes aceptar la realidad de tu relación mientras abandonas tu necesidad de que sea perfecta. En esta etapa tu relación refleja autenticidad e intimidad: está bien sentir; está bien tener conflictos; está bien tener necesidades; comprometerse es seguro; es seguro ser vulnerable.

Cada etapa le presenta a la pareja los problemas de cómo manejar el acercamiento y el distanciamiento. En la conexión la pareja busca todo el tiempo el acercamiento y evita el distanciamiento. En la diferenciación la pareja continúa estando cerca, pero cada uno comienza a desear algo de distancia. En la práctica la pareja lleva a cabo un distanciamiento intencional, y el esposo y la esposa no se sienten tan cercanos. En la renovación del compromiso la pareja se acerca y se distancia de forma esporádica, aprendiendo a negociar y equilibrar los dos extremos del espectro. Por último, en la interdependencia mutua, la pareja experimenta cercanía y distancia, pero los cambios entre ellos son más fluidos, esperados y constantes. En esta última etapa los individuos puedes estar solos sin sentirse en soledad.

Encontré útil poder identificar en qué etapa estábamos trabajando Mark y yo como pareja. El conocimiento de cada etapa ayudó a normalizar lo que estaba sucediendo en nuestra relación y nos ayudó a no sentirnos desesperanzados o como si nos estuviéramos cayendo a pedazos o no nos importara el otro. Toda pareja supera estas etapas si ambos, esposo y esposa, están comprometidos a crecer juntos. Yo había dicho y escuchado a otros decir: «Deseo tener algo más en mi matrimonio». Y cuando estudié este proceso, pude ver de manera mucho más clara cómo quería crecer personalmente y como pareja.

En los primeros años de nuestro matrimonio tenía miedo de pensar que estábamos separándonos. A pesar de que había muchas razones por las cuales la distancia entre nosotros se hacía mayor (el trabajo, los niños, la compra de una casa), pensé que el estado de sentirme enamorada por completo debía durar para siempre. Cuando ansiaba tener tiempo para hacer más cosas relacionadas con mis intereses personales y talentos, me sentía culpable, pensando que solo debía querer estar con mi esposo. Cuando Mark se vio más comprometido con su exigente carrera, me sentí pronto excluida y poco importante; me era muy difícil permitirle buscar su propia vida individual.

En el momento en que la crisis golpeó nuestro matrimonio todavía estábamos tratando de resolver la etapa de la diferenciación. Nos habíamos enfocado solo en la etapa de la práctica; no sabíamos cómo hablar de los sentimientos que teníamos en cuanto a nuestras diferencias y por lo general encontrábamos más fácil vivir vidas separadas mientras compartíamos una casa y a los niños. Anhelaba ese algo «más» en mi vida que ni siquiera sabía describir. Ahora sé que ansiaba la interdependencia mutua en nuestro matrimonio. Necesitaba saber que ambos podíamos sentirnos confiados con relación a nosotros mismos y que estábamos eligiendo la relación no por necesidad, sino por el deseo de estar juntos.

Forja una alianza saludable

Cuando Mark y yo nos casamos estábamos conectados... ¡de eso no hay duda! Teníamos mucho que aprender para disfrutar del tipo de matrimonio que yo había soñado. No tenía idea de que para desarrollar una relación madura hacía falta tanto trabajo. Había escuchado decir que una persona no debería casarse hasta no haberse completado a sí misma, pues entonces tendría más posibilidades de ser feliz. La verdad es que la relación comprometida es el lugar donde resolvemos cómo manejar el acercamiento y la distancia sin perdernos a nosotros mismos o perder a aquellos que amamos. Este es un curso de niveles graduales, y no puedes hacer el trabajo tú sola.

En Sacred Marriage [Sagrado matrimonio], Gary Thomas habla sobre el viaje que yo sabía que quería hacer:

> Ya que entre nosotros hay mucha inmoralidad —no solo lujuria, sino egoísmo, enojo, control exagerado y hasta odio— deberíamos establecer una relación cercana con la otra persona para poder trabajar sobre esos problemas a la luz de lo que nos revelará nuestra relación matrimonial en cuanto a nuestro comportamiento y nuestras actitudes. Encontré que hay mucha inmadurez [y heridas] dentro de mí que mi matrimonio directamente confrontaba. La clave fue que tuve que cambiar mi punto de vista acerca del matrimonio. Si el propósito del matrimonio era simplemente disfrutar de un encaprichamiento y hacerme «feliz», tendría que conseguir un matrimonio «nuevo» cada dos o tres días. No obstante, si en realidad quería ver que Dios me transformara de adentro hacia afuera, necesitaría concentrarme en cambiar *yo* en lugar de cambiar a mi *cónyuge*.[2]

Entonces, ¿qué los hace ser aliados? ¿Cómo se convierten en compañeros de equipo? Mira el gráfico a continuación e identifica cuáles de las características se aplican a ti:

¿Enemigo o aliado?

Características de los enemigos	Características de los aliados
Pensar que el cónyuge es el enemigo (problema)	Piensan que trabajan en equipo
Alguien gana/alguien pierde	La meta es ganar/ganar
Manipulación	Cooperación
Control extremo	Brindan apoyo, confianza, aliento
Actitud egoísta, creen que sus necesidades son más importantes	Hay una visión en común
Valores conflictivos	Tolerancia, paciencia
Críticos	Empatía
Buscan el poder	Acomodan las diferencias
Explotan las debilidades de los demás	Admiten las debilidades y las vulnerabilidades
Atacan/Se culpan entre ellos	Combinan fuerzas
Motivados por la autopreservación, el miedo, el orgullo, el enojo, la vergüenza, la victimización	Se les puede enseñar, no tienen miedo a aprender o cambiar
Conducen a vidas de asilamiento	Conducen a vivir vidas como compañeros, desean estar juntos

¿Alguna de estas características describen tu relación cuando piensas en tu matrimonio? ¿Trabajan la mayoría de las veces como aliados o como enemigos? Este cuadro no mide lo bueno y lo malo, lo que está bien y lo que está mal. La intención es señalar algunas herramientas específicas que los ayudarán a trabajar mejor como compañeros. Recuerda que siempre puedes comenzar a trabajar en tus características de «aliada», no importa si tu esposo decide hacerlo o no. Las dinámicas de un equipo cambian en cuanto cambia cada uno de los jugadores.

Jennifer me mandó un correo electrónico describiendo el giro de su matrimonio:

Me di cuenta de que mi recuperación había sido como estar en un equipo. En nuestras sesiones de terapia para parejas, tú y Mark nos hablaron de ser aliados o enemigos, y a pesar de que siento que Chad y yo hemos estado en el mismo equipo, la naturaleza del mismo ha cambiado desde que estamos en la recuperación.

Antes de la recuperación yo era definitivamente la capitana del equipo. Era la primera. Se podría decir que Dios era el segundo en el equipo, y si en algún momento pensaba que necesitaba ayuda con algo, le pediría su opinión. Chad estaba allí en algún sitio, tal vez en tercer lugar o un poco más abajo. En realidad, cuando me lastimó traté de imaginar lo que él necesitaba hacer, ¡o tal vez decidiría que necesitaba echarlo del equipo durante un tiempo! A veces le preguntaba a Dios qué hacer con él (o los niños), y entonces trataba de arreglarlos.

Sin embargo, ahora siento como si nuestro equipo fuera diferente. El jugador número uno en nuestro equipo sin duda es Dios. Y Chad y yo somos los segundos. No obstante, ya no trato de decidir qué hacer por todos los del equipo. Si las cosas no están saliendo bien, Chad y yo acudimos a Dios y esperamos que él nos diga qué hacer. Definitivamente somos aliados y compañeros de equipo, ninguno es más importante que el otro.

Jennifer ha sido traicionada por años de pornografía y aventuras sexuales, de modo que mi corazón se conmovió al escuchar cómo describía la victoria de ser aliados. Por grande que sea la traición o el dolor, no debes permitir que te impidan dar los pasos del autoexamen, el quebranto, la rendición, el perdón y la confianza, a fin de poder resurgir y estar lista para ser parte del equipo. Si has decidido que puedes ser una aliada, debes estar lista para incluir actividades alegres y llenas de propósito en tu vida con las cuales reemplazar las cosas que tanto te esforzaste por eliminar: los secretos, el aislamiento y la hiriente manera de lidiar con los comportamientos. Cuando puedas hacer eso, estarás jugando en las ligas mayores.

Crea una visión compartida

Una visión es una imagen mental clara de hacia dónde deseamos ir en el futuro. Esta surge de nuestra percepción del llamado, el plan y el propósito que Dios tiene para nuestras vidas. Cuando desarrollamos dicha visión, podemos tomar decisiones diarias basándonos en la coherencia de las mismas con la visión.

Mark y yo sentimos el llamado de Dios en nuestras vidas para que trabajáramos juntos ministrando a parejas que estaban lidiando con la adicción sexual. A medida que nuestra visión crecía, comenzamos a buscar un espacio físico en el que pudiéramos desarrollar este trabajo. Comenzamos a fijarnos en los avisos de venta y al final encontramos un lugar que hoy en día es donde está instalado nuestro centro de consejería. Con la visión de trabajar juntos plantada firmemente en nuestras mentes, comenzamos a ver posibilidades que nunca antes hubiéramos notado.

Crear una visión compartida te mantiene avanzando cuando las cosas se ponen difíciles. Y las cosas se pondrán difíciles, créeme. Tener una visión para el futuro implica hacer cambios en el presente... y un cambio siempre trae pérdidas, caos y emociones mezcladas. Aun si el cambio que buscas es bueno, dejas algo atrás cuando te mueves hacia un desafío nuevo. Cuando buscan crear una visión compartida, no solo experimentan la alegría de construir algo nuevo, sino también la tristeza de abandonar cosas conocidas. Aprender a hablar acerca de esos sentimientos juntos es otra manera de conectarse emocionalmente como pareja.

Una visión compartida debería abarcar cada área de su vida como pareja. Sin embargo, ya que no puedes afrontar todo a la vez, permíteme que te sugiera que te enfoques en cinco áreas reveladoras como punto de partida: la salud emocional, el trabajo, la vida social, la sexualidad y la vida espiritual.

Salud emocional

Tener una visión para la salud emocional como pareja tal vez signifique decidir cómo quieren manejar los sentimientos que están fuera de control, los que son conflictivos, o los «lugares de atascamiento» en su relación. Decidir de antemano cómo buscar ayuda es una manera proactiva y sana de alentar la salud emocional en tu matrimonio. Esta visión también puede requerir que encuentren parejas seguras con las cuales puedan compartir problemas y sentimientos reales. Es posible que algunas de estas personas se conviertan en compañeros ante los cuales pueden rendir cuentas, esos que te ayudarán a seguir con tus planes de hacer cambios en tu vida.

Pasé un tiempo hablando con Clara acerca de sus recientes citas románticas luego de haberse divorciado. Ella estaba muy preocupada en cuanto a su próxima relación. Un día vino y me dijo con orgullo que había decidido preguntarle a su novio actual si estaría dispuesto a asistir a sesiones de consejería si las cosas se ponían difíciles. Ella le dijo que no se casaría con alguien que no estuviera de acuerdo en buscar ayuda si peleaban. ¡Clara es una mujer con una visión clara en cuanto a la salud emocional!

Trabajo

Cuando digo «trabajo» me refiero a la tarea que tú y tu esposo comparten. A pesar de que cada uno pueda tener su propia carrera, también necesitan tener algo que lograr juntos. Es posible que se trate de un trabajo que produzca ingresos o no, un proyecto para mejorar la casa, o una responsabilidad que compartan en la iglesia. Pueden iniciar una pequeña empresa o hacer trabajos comunitarios, involucrarse en el comité de la escuela o tener una organización sin fines de lucro. O tal vez encuentren maneras de apoyarse el uno al otro en sus trabajos actuales. Por ejemplo, Alan ayudó a su mujer a diseñar volantes para su compañía porque él tenía más habilidad con la computadora. Leslie ayudó a su esposo a organizar los resultados de su último trabajo de investigación. Tener una visión para la manera en que se conectan a través del trabajo los ayuda a sentirse incluidos en la vida del otro.

Lynn era decoradora de interiores, de modo que le fue fácil tomar el control de las decisiones en cuanto a la casa. Durante los primeros años de matrimonio, Lynn tomaba todas las decisiones en cuanto al color de las paredes, los muebles y los adornos de su hogar de forma independiente. A Ben no le importaba, ya que pasaba mucho tiempo ocupado en la oficina. Sin embargo, cuando comenzaron a crear una visión compartida, él empezó a mostrar más interés en involucrarse en las decisiones de la casa, de modo que comenzaron a ir de compras todos los domingos juntos en busca de muebles y obras de arte. No solo disfrutaban de las salidas que planificaban, sino también tenían historias acerca de las obras de arte que compraban. El espacio que compartían en la casa comenzó a ser cada vez más de ambos.

Vida social

¿Cómo es la vida social de ustedes como pareja? No estás sola si admites no tener muchos matrimonios amigos. Hablar acerca de lo que deseas como pareja es de suma importancia aquí. Algunas parejas están principalmente satisfechas socializando con la familia. Otras carecen de interacción con distintas parejas, pero no saben cómo hacer para establecer relaciones nuevas. Saber lo que quiere cada uno es el primer paso para hacer que eso suceda.

Cuando se crea una visión compartida para cualquiera de las cinco áreas, primero debes hablar acerca de tu historia de vida en cuanto a esa área. En el caso de la vida social encontrarán muy útil considerar los siguientes aspectos: ¿Alguna vez tuvieron una buena relación con otras parejas? ¿Tuviste el modelo de que tus padres disfrutaran de unas relaciones cercanas con otros matrimonios? ¿Tuviste relaciones que te lastimaron y ahora te hacen tener más cuidado con las relaciones del presente? Hablar acerca de estos problemas los ayudará a entender mejor al otro y también a determinar los obstáculos que les impiden crear una visión nueva y actuar de acuerdo a la misma.

Danielle estaba muy involucrada con algunas amigas que compartían su profesión y la mayoría de sus salidas sociales las hacía sin su esposo. Él era doctor y no tenía mucho tiempo para pensar acerca de la vida social, de modo que no le había insistido en hacer amistad con otras parejas. Sin embargo, al volverse compañeros en su viaje hacia la sanidad, sus deseos comenzaron a cambiar. Ambos expresaron la necesidad de encontrar matrimonios con los cuales disfrutaran al pasar algo de tiempo. Su visión inicial era encontrar a dos parejas a las que pudieran invitar a comer o a un evento. Acordaron socializar con una pareja por mes. Poco a poco pudieron establecer amistades cercanas con las que ambos se sentían cómodos, y no ejercieron mucha presión en su relación para lograr el cambio.

Sexualidad

La sexualidad en su relación es mucho más que solo una decisión en cuanto a la frecuencia. Si están aprendiendo a ser íntimos sexual y emocionalmente entre ustedes, la interacción sexual no debería ser la única manera en que se sientan más cerca el uno del otro. Muy a menudo la cercanía sexual es el barómetro que las parejas utilizan para determinar la cercanía emocional. Si están teniendo un buen sexo, es probable que piensen que se encuentran cerca y conectados. No obstante, la intimidad verdadera con tu esposo se logra cuando comparten sentimientos, necesidades, percepciones, creencias y deseos en un ambiente seguro, sabiendo que si lo hacen no serán culpados, juzgados o rechazados. La intimidad tiene que ver con ser amado de forma incondicional. Y cuando puedes conectarte de tal manera, compartir la sexualidad será una expresión más.

¿Cómo decidirás crear una visión sexual sana? Hablar acerca de la vida sexual es tan importante como hablar sobre las demás áreas de la visión compartida. Deberás incluir información acerca de qué tipo de actividad sexual disfrutas. ¿Qué tipo de caricias sexuales te agradan? ¿Cada cuanto deseas tener relaciones sexuales? ¿Qué tipo de cosas te ayudan a estar disponible para compartir tu sexualidad? La mayoría de las parejas sienten vergüenza de expresar el deseo de tener relaciones sexuales o de hablar acerca de los sentimientos antes, durante y después del acto sexual. Así que pueden tener una conversación en cuanto a la vulnerabilidad que sienten al respecto. Podrían comenzar hablando sobre los mensajes que recibieron acerca de su sexualidad cuando eran jóvenes, provenientes de su familia, la iglesia y la cultura. Podrían describir cómo se sienten acerca de iniciar la relación sexual o cómo responden. Es posible aprender mucho acerca de cada uno al hablar de los momentos en que se sienten rechazados en su vida sexual y las maneras en las que lidian con tal rechazo. También podrían decidir abstenerse durante un tiempo con el propósito de hacer que su unión crezca a través de otro tipo de actividades. Por último, si desean ayuda adicional para lograr la sanidad sexual en su matrimonio, podrían leer libros juntos, o consultar a un terapeuta que pueda ayudarlos a resolver los problemas más profundos que quizás lleguen a tener.

Roberto y Rena luchaban para disfrutar el uno del otro en las relaciones sexuales luego de participar por dieciocho meses en un programa de recuperación debido a la adicción sexual de él. Durante el proceso, ella comenzó a hablar por primera vez acerca de su abuso sexual cuando niña y sobre las cosas que la hacían reaccionar, las cuales ahora era capaz de reconocer. Él estaba preocupado de que si tenían relaciones sexuales de cualquier tipo esto lo llevaría a tener pensamientos sexuales compulsivos, y se sentía tentado a abstenerse de todo contacto sexual para mantenerse sobrio. Después de lograr la intimidad emocional y espiritual por medio de su esfuerzo, se comprometieron a buscar a un terapeuta sexual que pudiera guiarlos a fortalecer su intimidad sexual con ejercicios específicos. Con herramientas que los ayudaran a expresar los sentimientos honestamente, establecer límites seguros, pedir que se atendieran sus necesidades y practicar la empatía el uno con el otro, se encontraban en buen camino para crear una nueva visión sexual y una vida sexual mucho más satisfactoria.

Vida espiritual

La mayoría estaría de acuerdo en que nuestra vida espiritual como pareja es importante, pero muchas veces tendemos a pensar en lo que podemos hacer individualmente para que nuestra fe crezca en lugar de en cómo podemos crear una visión compartida. La mayoría de las iglesias tienen ministerios de hombres y ministerios de mujeres, pero los ministerios de parejas son muy poco comunes. Encontrarán una intimidad espiritual mayor si buscan maneras de compartir sus vidas espirituales. Si creen que Dios utilizará su dolor con un propósito, encontrar manera de compartir su dolor o sus talentos y servir a los demás bendecirá su matrimonio. Como pareja piensen acerca de las adversidades en las que Dios los ayudó a sobreponerse. ¿De qué manera pueden aprovechar lo que aprendieron y brindarles esperanza a otros? O tengan en cuenta sus dones especiales. ¿Qué hacen bien? ¿Cantar? ¿Crear juegos? ¿Brindar hospitalidad? ¿Ofrecer consejería? ¿Orar juntos por las parejas? ¿Abrir tu casa para realizar estudios bíblicos? ¿Enseñar a los niños? Hay innumerables manera en las que pueden formar un equipo y honrar a Dios con su visión espiritual para servirle como pareja.

Luego de haber trabajado en su crecimiento individual durante dos años en un grupo de terapia, Sheila y Luke decidieron ofrecer una serie de seis semanas para parejas en su iglesia. Utilizaron algunas de las herramientas que aprendieron para brindarle una base amistosa a las parejas que querían hablar acerca de algunos problemas verdaderos en su relación. Como parte de la serie, Sheila y Luke compartían su testimonio de las luchas que superaron.

Katrina y Paul eran misioneros y vivieron durante años en el campo de misión manteniendo en secreto su adicción sexual. Luego de regresar a los Estados Unidos para su propia sanidad, retornaron con una visión mejor acerca de su vida espiritual: eligieron ser honestos en cuanto a sus peleas y guiar a otros a una vida de pureza. Trabajaron como un equipo, hablando con los hombres, las mujeres y las parejas. Y a través de su propio dolor, profundizaron su vida espiritual juntos.

Henrietta y Karl decidieron crear un coro para muchachas. Además de creer en las chicas y ser sus entrenadores en cuanto a la confianza y la verdad acerca de sí mismas, Henrietta y Karl planearon ofrecer las ganancias de los conciertos a causas que valieran la pena.

Las posibilidades de servir a Dios como pareja son infinitas, pero para hacerlo se requiere planearlo con toda intención. Comiencen con una declaración de visión corta acerca de cómo se ven a ustedes mismos sirviendo a los demás y avancen a partir de eso.

Prioriza, sacrifica y llora las pérdidas

Como pareja es probable que tengan que explorar muchas otras áreas de visión: la crianza de los hijos, la educación, la recreación, las carreras, la salud física y las finanzas, por nombrar algunas. Cuando están creando una visión compartida, se hallarán entretejiendo estas dimensiones continuamente, priorizando algunas sobre otras cuando sea necesario. Por ejemplo, su deseo de apartar cierta cantidad de dinero para la recreación puede ser sacrificado con el propósito de gastar sus ahorros yendo a un viaje misionero (vida espiritual). O su visión de pasar más tiempo con los amigos (vida social) puede retardarse por un tiempo mientras buscan alcanzar la sanidad emocional. O pueden elegir reducir los ingresos durante un tiempo para volver a los estudios. Cuando tienen la intención de poseer una visión compartida pueden soportar las pérdidas que suelen aparecer cuando un aspecto de su visión reemplaza a otro. Tener una visión compartida los ayuda a saber qué es lo que quieren hacer como pareja. Ser intencionales los ayuda a encontrar la pasión y el propósito en sus decisiones.

Recuerdo cuando Mark y yo creamos nuestra visión de trabajar juntos a tiempo completo en el ministerio. Nuestra declaración de visión era «enseñar, hablar, escribir y ofrecer consejería para la integridad y la entereza sexual». A fin de lograr nuestra visión, necesitaba dejar a un lado mi compañía, en la cual había trabajado por más de veinte años. Ambos nos sentíamos guiados por Dios para lograr esta visión nueva juntos, así que elegí hacer a un lado mi antiguo trabajo. Sin embargo, también sentí una gran pérdida al abandonar algo que amaba con pasión. Al principio mis emociones eran confusas: ¿Cómo podía sentirme tan triste cuando lo que quería era compartir esta visión nueva con mi esposo? Me di cuenta de que al cambiar podía experimentar las dos cosas: tristeza y excitación. Necesitaba un tiempo considerable para llorar la vida que estaba dejando atrás. La libertad que disfruté de estar triste junto a Mark, así como su paciencia y compasión mientras me ocupaba de mi tristeza, nos permitió ser aliados y mantenernos conectados íntimamente entretanto trabajábamos en nuestra visión nueva.

En Sacred Marriage [Matrimonio Sagrado], Thomas escribe: «Lo que ambos queremos más que nada en el mundo es estar íntimamente cerca del Dios que nos creó. Si esa relación está bien, no tendremos tantas exigencias con nuestro matrimonio, pidiéndonos cosas el uno al otro, esperando cosas del otro para compensar el vacío espiritual».[3]

Un «Acepto» nuevo

Tan importante como lo que hacemos juntos es en quién nos convertimos en nuestra relación. Si llegas a alcanzar la visión en pareja con tu vida llena de pasión, valor y compañerismo con el Señor, serás capaz de poner a un lado por momentos tus necesidades y deseos mientras sirves a tu esposo. Cada uno podrá convertirse en el «Jesús con piel» para el otro, brindando paciencia, gracia, misericordia, empatía, perdón y compasión. Ese es el tipo de carácter similar al de Cristo que busco tener.

A continuación comparto las palabras que le escribí a Mark cuando renovamos nuestros votos matrimoniales diecisiete años después de estar casados. Mi visión para nuestra relación había cambiado de manera significativa de aquella que tenía cuando pronuncié mi primer «Acepto» a los veintiún años de edad.

Permíteme amarte sin poseerte...

Permite que comparta mis sentimientos contigo, sabiendo que los manejarás con cuidado, pero sin responsabilidad ... Permíteme expresar mis necesidades, sabiendo que solo a veces podrás cumplirlas ... Permite que mi necesidad de soledad de vez en cuando no se sienta como un rechazo hacia ti, sino como un momento de nutrición para mí ... Permite que no dependa de tus afirmaciones en cuanto a mi persona, sino que viva con la seguridad de que mi alma está bien.

Permite que seamos honestos el uno con el otro...

Sabiendo que no seremos ridiculizados, amenazados o ignorados ... Permite que los dos encontremos buenos amigos sin que esas amistados sean una amenaza para la vida que compartimos ... Permite que nos respondamos el uno al otro sin juzgarnos o sin tener expectativas, gozando del momento que compartimos íntimamente ... Permite que a veces seamos débiles o fuertes, sabiendo que ambos contribuimos al crecimiento de nuestra relación.

Permite que soñemos juntos...

Con el espíritu alegre de un niño ... Permite que nuestro amor sea una fuente para la renovación de nuestro propios «niños pequeños», el lugar seguro para nutrir todos nuestros sentimientos, el parque de juegos para experimentar la abundancia de la vida de Dios.

¡Permite que hoy comencemos de nuevo!

Pensándolo de nuevo

1. ¿Has perdido algunas partes de ti misma mientras buscabas servir a tu esposo y tu familia? ¿Qué sacrificaste que deseas reclamar? ¿O qué desearías hacer o ser que todavía tienes que comenzar?

2. ¿En qué etapa estás ahora mientras desarrollas tu relación: conexión, diferenciación, práctica, renovación del compromiso o interdependencia mutua? ¿En qué necesitas trabajar para ser capaz de pasar a la etapa siguiente?

3. ¿En cuál de las dimensiones de la visión: salud emocional, trabajo, vida social, sexualidad o vida espiritual te gusta trabajar más? ¿Con relación a cuáles de ellas te resulta más difícil hablar o pensar?

4. ¿Cuáles son algunos de los obstáculos para crear una visión propia o una compartida con tu esposo?

5. ¿Qué sientes acerca de la «alianza pasional»? ¿Cómo puedes hacer para tener una mayor intención en cuanto crear una visión compartida?

Toma tu lugar en el camino

«No quiero pasar toda mi vida en terapia», exclamó hace poco una mujer en el grupo. ¡Yo tampoco! El propósito de sumergirte en un viaje hacia la sanidad con la ayuda de otros es equiparte a ti misma para «tomar tu lugar en el camino». Al practicar durante horas y horas junto a mi entrenador y mis compañeros de equipo para convertirme en una mejor tenista, mi verdadero deseo era llegar a jugar partidos en los que pudiera utilizar lo que había aprendido. Tú también has estado aprendiendo a «estar preparada para los partidos», y los mismos están esperándote dondequiera que vayas.

Con el tiempo, tu sanidad te llevará a poner en práctica tus nuevas habilidades para relacionarte con todos los que conoces: tus hijos, tus colegas, tus amigos y familiares, tu esposo y Dios. ¿Cómo te irá en tus relaciones cuando te alejes de tu ambiente «seguro»? ¿Te arriesgarás a ser vulnerable? ¿Cómo practicarás ser auténtica? ¿Cómo actuarás cuando estés estresada, enojada o presionada más allá de tus capacidades? ¿Qué harás si te lastiman de nuevo? ¿Con quién elegirás ser honesta? ¿Recordarás que tienes que rendir cuentas en tu vida, o volverás a intentar manejar todo por ti misma? ¿Cuidarás de ti? ¿Sabes cuán importante es renunciar al control? ¿En quién confiarás? Tomar tu lugar en el camino requiere que tengas respuestas sanas para estas preguntas.

Tomar tu lugar en el camino no significa que ya no tendrás que luchar, que todas tus relaciones serán maravillosas o que nunca vayas a tener sentimientos no deseados. Sin embargo, conocerás cuáles son aquellas cosas que te hacen reaccionar, tus necesidades, tus opciones y las lecciones que puedes aprender de cada situación. Es probable que en el pasado te haya tomado meses descubrir estos lugares donde te atascabas. Ahora tal vez seas capaz de salir de estos lugares o elegir comportamientos sanos en tan solo días, horas o minutos. Esa es una señal de crecimiento espiritual y emocional. Dios utiliza toda nuestra vida para hacer que nuestro carácter crezca. Él aprovecha cada crisis o cada relación. Cuando estés dispuesta a pasar toda tu vida siendo su alumna, te encontrarás marchando por un camino lleno de posibilidades para crecer.

Cuando tomas tu lugar en el camino, necesitarás ser capaz de encontrar personas seguras en el mismo... no solo tu grupo de apoyo, tu terapeuta o tu pastor. Tener personas seguras te permite hablar acerca de los problemas reales de tu vida para que no vivas con asuntos inconclusos manifestándose en tu interior y matándote de forma silenciosa. Necesitarás mantenerte al tanto de tus sentimientos y no permitir que tus emociones se acumulen o estallen. Cuando tu interior concuerde con tu exterior, sentirás que tienes más paz y eres más genuina. Los viajes por la carretera requieren cambios de aceite y verificar la presión en los neumáticos, de modo que deberías estar atenta para reconocer cuándo necesitas que un profesional te revise a fin de examinar tu salud emocional.

Cuando estás «en el camino» luego de tu propio viaje, buscarás las historias que están detrás de las personas que conoces. Ahora que has sido entrenada para observar de un modo más profundo puedes buscar el significado de los comportamientos de la gente, todas las posibilidades de dolor y las heridas que llevan a que las personas hagan lo que hacen. Continuarás renunciando a pensar en blanco y negro, así como a la tentación de querer mejorar a las personas. Recordarás que no hay un camino correcto o una explicación correcta para cualquier cosa.

¿Llené el mundo de amor durante toda mi vida? Eso decía una placa de madera que colgaba en la puerta de nuestra casa cuando recién nos casamos. Era una visión de nuestra vida nueva juntos. No tenía idea de que a través de la traición sexual aprendería a amar de manera diferente. Hoy tengo ojos nuevos para ver el mundo. Mientras antes acostumbraba a enfocarme en qué estaban haciendo las personas, ahora me enfoco en por qué pueden estar haciendo lo que hacen. Las historias que veo detrás de sus vidas son dignas de ser notadas. Y cada vez que tengo el privilegio de conocer la historia de alguien mi capacidad de amar se agranda.

Nada acerca de tu traición y el trabajo consiguiente para entender y crecer fue un desperdicio. A menudo escucho muchas quejas: «¡Si tan solo hubiera sabido de sus luchas sexuales antes de casarme con él! Ahora desperdicié mi vida». No importa cuántos años viviste con una mentira ni cuál fue la mentira en cuestión, no importa cuánto tardaste en conseguir ayuda, cada día vale la pena si encontraste una vida nueva, ya sea juntos o separados. Los tiempos de Dios son como son por un buen motivo. La mayoría de las veces no entendemos por qué o cuándo tuvo lugar nuestra exposición a la traición. No obstante, si miras hacia atrás, ¿te hubieras anotado para semejante viaje de autodescubrimiento? ¿Conocerías el significado de rendirte ante Dios y depender de él si el Señor no hubiera permitido esta tragedia en tu vida?

Compartir con los demás tu sabiduría y tu experiencia es una manera de fortalecer tu crecimiento. Admiro la manera en que Mark puede leer o escuchar grandes ideas y recordarlas con mucha claridad en sus discursos o sesiones de terapia. Cuando le comenté que admiraba esta capacidad él simplemente dijo: «Si enseñas lo que escuchaste como lo hago yo es mucho más probable que lo recuerdes». Sustentar tu nuevo conocimiento en cuanto al crecimiento no es algo muy diferente a esto. Recalcamos las verdades que aprendimos y practicamos al compartirlas con los demás.

Tu camino te ha llevado a través de mucho dolor. En *Una vida con propósito*, Rick Warren nos recuerda: «Nuestras lecciones mayores nos llegan por medio del dolor ... Los problemas te fuerzan a enfocarte en Dios, te acercan a los demás en comunidad, construyen un carácter como el de Cristo, te proporcionan un ministerio y te brindan un testimonio. Todo problema tiene su propósito».[1]

Dios está listo para usar tu dolor. Has sido lastimada, pero mi esperanza es que a través de este libro puedas entender el propósito principal detrás de tu sufrimiento. La traición de tu esposo tuvo que ver con el dolor en su vida; tu reacción tuvo que ver con el dolor en la tuya. Te has tomado tu tiempo para sentir cómo te afectó la traición. Conoces la importancia de llorar tus pérdidas. Se te pidió que aceptaras que Dios tenía lecciones para que aprendieras en medio de tu dolor y que hay un significado en el sufrimiento que soportaste. Creciste y aprendiste que en todas las circunstancias tienes opciones; no necesitas ser una víctima limitada por el enojo o la amargura. Practicaste ser auténtica: conociendo tus sentimientos y declarándolos, expresando tus necesidades, obteniendo lo que se necesita para convertirte en la mujer que Dios quiere que seas. Eres más suave, más accesible, más serena, más comprensiva, más entregada a Dios. El fruto del Espíritu es tu recompensa por el duro trabajo de examinar tu vida: amor, alegría, paz, paciencia, amabilidad, bondad, fidelidad, humildad y dominio propio (Gálatas 5:22).

A veces ni siquiera te das cuenta de cuánto has crecido hasta que comienzas a mirar hacia atrás o a compartir lo que aprendiste con los demás. Dos mujeres que se unieron al grupo al mismo tiempo hace un año se volvieron a encontrar recientemente. Tina había abandonado el grupo después de unas cuantas semanas, pero cuando se encontró con Diane, que había estado trabajando en sus problemas por más de una año, se asombró al ver el cambio. «¿Cómo lo lograste?», preguntó Tina.

Diane se sorprendió, pues no se había dado cuenta de que ahora era muy diferente. «Luego de luchar por controlar cómo Scott usaba la computadora e intentar ser una detective para que nunca más pudiera esconderme nada, finalmente decidí mirar mis propios errores. Después de hacer una lista de todas las cosas que no me gustaban sobre mí, comencé a cambiar. Decidí que no me importaba a quién le caía bien y a quién no... ¡me iba a sentir a gusto conmigo misma! Comencé con mi cuerpo, luego siguió mi enojo, después mi miedo a la soledad, y más tarde mi necesidad de sentirme necesitada». Diane estaba describiendo el proceso para sanar de la traición sexual. Se estaba convirtiendo en una mujer nueva.

Mi vida habría sido muy diferente si no me hubieran arrastrado a un camino menos transitado cuando me golpeó la adversidad. Mis días hubieran estado plagados de relaciones superficiales centradas en intereses triviales: «¿Cómo están los niños?», «¿A dónde fuiste de vacaciones?», «¿Cómo es tu casa nueva?», «¿Dónde trabajas?» Sin embargo, la tragedia de la traición sexual me dio un nuevo ámbito con el cual conectarme: el dolor de la humanidad. Este es el lugar donde experimento a Dios más profundamente en mi vida mientras él me ama a través del dolor y me permite servir a los que sufren. Hace unos años George Eliot escribió uno de mis versos favoritos: «¿Para qué vivimos si no es para hacerle la vida menos difícil a los demás?»

La gran sabiduría de la «Oración de serenidad» de Reinhold Neibuhr me hace recordar la imagen completa.

Dios, concédeme la serenidad
para aceptar las cosas que no puedo cambiar,
el valor para cambiar las cosas que puedo
y la sabiduría para conocer la diferencia;
viviendo un día a la vez,
disfrutando un momento a la vez;
aceptando las adversidades como un camino hacia la paz;
pidiendo, como lo hizo Dios, en este mundo pecador
tal y como es, y no como me gustaría que fuera;
creyendo que tú harás que todas las cosas estén bien
si me entrego a tu voluntad;
de modo que pueda ser razonablemente feliz en esta vida
e increíblemente feliz contigo en la siguiente.
Amén

Hace mucho tiempo me preocupaba de que pudiera ser definida por la traición sexual durante el resto de mi vida. Hoy me definen los rasgos de mi carácter desarrollados en mi viaje a través del dolor. Solo Dios es lo suficiente grande como para mostrarme el triunfo por encima de la tragedia.

Oro que la lectura de este libro te haya ayudado a conocerte mejor y a comprender tu historia de una manera más completa. ¡Antes de comenzar este viaje hacia la sanidad de la traición sexual solo sabías lo que sabías! Ahora te has informado con las historias de otras mujeres que caminan a través del dolor, y al conocer dichas historias, has obtenido percepciones nuevas, más paciencia, mayor empatía y una habilidad para amar emitiendo menos juicios y críticas. Estás en el camino de demostrarle algo al mundo acerca del amor incondicional. Esta es una «demostración» que honrará a Dios y continuará sanando tu corazón.

Evaluación de la depresión

Cuando te enteras de la traición sexual en tu matrimonio te enfrentas a muchos sentimientos sobrecogedores: el enojo, la tristeza, la ansiedad, la confusión y la desesperanza son algunos de ellos. En los meses siguientes será importante que consigas la ayuda necesaria para procesar tus sentimientos y manejar tu vida. A veces hablar con otras mujeres seguras es suficiente. En otras ocasiones puede ser necesario conseguir ayuda médica a fin de encontrar alivio para ciertos sentimientos que se volvieron inmanejables.

Los siguientes síntomas identificativos están listados en Unveiling Depression in Women [Revelando la depresión en las mujeres].[1] Es importante recordar que al evaluar la depresión debes hacerte un examen físico completo para saber si puedes tener otra dolencia física, así como también ser valorada por un psicólogo, terapeuta o médico que esté calificado para evaluar tus síntomas en el contexto de las experiencias de tu vida.

He aquí la lista que nos ofrecen:

Ánimo/Emociones

☐ Ánimo deprimido: sentimientos de no saber qué hacer ni decir, tristeza, irritabilidad y pesimismo durante casi todo el día.

☐ Exceso de llanto o una inhabilidad para llorar o expresar las emociones.

☐ Sentir que no vales la pena, desesperanza, culpa inapropiada o considerarte la causa de tus problemas.

☐ Pérdida del interés en las actividades que antes te daban placer; incapacidad de disfrutar los pasatiempos o actividades, incluyendo el sexo.

☐ Problemas de llanto sin resolver.

Pensamientos

☐ Incapacidad para concentrarte, recordar las cosas, tomar decisiones o pensar con claridad, aun en las tareas de rutina.

☐ Obsesionarte en cuanto a experiencias o pensamientos negativos.

☐ Baja autoestima.

☐ Pensamientos recurrentes de suicidio o muerte; posiblemente ya te hayas decidido y estés pensando en tu funeral.

☐ Sentirte pesimista en cuanto a tu vida.

☐ Actitud de «¿Qué diferencia hace?»

Funcionamiento físico

☐ Desórdenes alimenticios, comer mucho más o mucho menos de lo normal.

☐ Desórdenes de sueño: incapacidad para dormir, dar vueltas y vueltas, no ser capaz de volver a dormirte, dormir demasiado o patrones de sueño irregulares.

☐ Fatiga constante y pérdida de la energía.

☐ Hablar de manera lenta y suave.

☐ Dolores y dolencias crónicas que no responden a los tratamientos.

☐ Ansiedad o ataques de pánico.

☐ Dolores de cabeza, espalda, abdomen, constipación, o malestares y dolencias generales que son inexplicables.

Factores espirituales

- ☐ Sentir que Dios está muy distante.
- ☐ Estar desilusionada y enojada con Dios.
- ☐ No tener esperanzas para tu futuro.
- ☐ Sentirte abandonada y dejada a un lado por Dios.
- ☐ Sentir pesadez en tu espíritu.
- ☐ Sentir como si tuvieras encima de ti una nube de oscuridad.

Factores de comportamiento

- ☐ Cansancio, irritabilidad o actividad disminuida observable.
- ☐ Abuso de sustancias tales como el alcohol o las drogas.
- ☐ Intentos de suicidio.
- ☐ Bajo rendimiento en el trabajo o la escuela.
- ☐ Alejamiento social: rehusarte a salir, ver a tus amigos o evitar el contacto con viejas amistades.
- ☐ Evitar situaciones que puedan causarte responsabilidad o fracaso.
- ☐ Rechazo a las multitudes.
- ☐ Dificultad para socializar con los demás.

Tal como lo resumen Hart y Weber, esta es una lista de los síntomas que te advierten de una posible depresión. Mientras más síntomas puedas identificar, más probabilidades de padecer de depresión habrá.

Yo experimenté muchos de estos síntomas luego de recibir la inesperada y paralizante noticia de la traición sexual. Nuestro trabajo es saber cómo definiremos y recibiremos el tratamiento para nuestros síntomas. No hay tal cosa como «una respuesta correcta».

Para más información, en la sección de recursos de su libro, Hart y Weber ofrecen una lista de muchos sitios en la Internet y libros que pueden ser de ayuda.

Recursos

Los recursos que brindan ayuda para los problemas de la pureza sexual cambian día a día. Con la Internet es posible buscar tópicos generales y encontrar muchas referencias. En lugar de aconsejarte o referirte a algunos terapeutas, organizaciones o ministerios específicos, te aliento a que busques en los recursos disponibles para encontrar lo que sea «indicado» para ti.

Hallé que con el tiempo, al sumergirme en los libros acerca de la recuperación, pude comenzar a confiar en lo que necesitaba y quería. Hay muchas personas y libros que tratan sobre la traición sexual y el crecimiento personal. Las teorías y las sugerencias varían tanto como la noche del día. ¡Al instruirte comenzarás a saber qué es lo que consideras «indicado» para ti! Escucha a la sabiduría que Dios te ha dado y sigue el camino.

Los grupos de doce pasos y los grupos de apoyo sirven mucho para conectarse con compañeros que están comprometidos a cambiar y crecer. Muchos solo requieren una cuota simbólica o son totalmente gratis. La calidad de los grupos de apoyo varía de un grupo a otro y de ciudad en ciudad. Si tienes una visión en cuanto a lo que deseas para tu vida, querrás rodearte de personas que apoyen dicha visión.

Libros

Esta lista incluye algunos de los libros que me ayudaron en mi recuperación. Han sido escritos por autores cristianos y laicos. Constantemente agrego «favoritos» a mi lista al ir recibiendo recomendaciones de otros durante el proceso de encontrar la recuperación auténtica.

Adicción sexual

Breaking Free: Understanding Sexual Addiction and the Healing Power of Jesus, Russell Willingham y Boba Davies, InterVarsity, Downers Grove, 1999.

Don't Call It Love, Patrick Carnes, Bantam, Nueva York, 1991.

Libro de trabajo de Sea fiel y confiable, Mark Laaser, Editorial Vida, ISBN: 0829735569.

Cómo sanar las heridas de la adicción sexual, Editorial Vida, ISBN 0829744606. Anteriormente titulado *Sea fiel y confiable*.

In The Shadows of the Net, Patrick Carnes, David Delmonico y Elizabeth Griffin, Hazelden, Center City, Minn., 1997.

¿Es amor o es adicción?, Brenda Schaeffer, Editorial Patria, interés general, ISBN: 968-39-0713-X.

A L.I.F.E. Guide: Men Living in Freedom Everday, Mark Laaser, Xulon, Faifax, VA, 2002.

Fuera de las sombras, Patrick Carnes, ISBN: 1568386214.

Pornography Trap, Ralph Earle y Mark Laaser, Beacon Hill, Kansas City, KS, 2002.

Coadicción / Codependencia

Back From Betrayal, Jennifer Schneider, Recovery Resoureces Press, Tucson, 2001.

Beyond Codependency, Melanie Beattie, Harper/Hazelden, Nueva York, 1989.

Límites, fronteras y relaciones: cómo conocerse, protegerse y disfrutar de uno mismo, Charles L. Whitfield, Plaza Edición: Vizcaya, ISBN: 9788433014375.

Libérate de la codependencia, Melody Beattie.

Codependent's Guide to the Twelve Steps, Melody Beattie, Simon & Shuster, Nueva York, 1990.

La codependencia: Qué es, de donde procede, cómo sabotea nuestras vidas, Pia Mellody, Plaza Edición: Barcelona, ISBN: 9788449315947.

A L.I.F.E. Guide: Spouses Living in Freedom Everday, Melissa Haas, Color House Graphics, Gran Rapids, 2005.

Lost in the Shuffle, Robert Subby, Health Communication, Inc., Deerfield Beach, FL, 1987.

Love Is a Choice, Robert Hemfelt, Frank Minirth y Paul Meier, Thomas Nelson, Nashville, 1989.

Abuso sexual y emocional

El coraje de sanar, Ellen Bass y Laura Davis, Plaza Edición: Barcelona, ISBN: 9788479531065.

Emotional Incest Syndrome, Patricia Love, Bantam, Nueva York, 1990.

Silently Seduced: Understanding Covert Incest, Kenneth M. Adams, Health Communications, Deerfield Beach, FL, 1991.

En el umbral de la esperanza, Diane Langberg.

Corazón Herido, Dan B. Allender, Editorial Caribe/Betania, 1996.

Familia de origen/ Observación de tu pasado

Adult Children: The Secrets of Dysfunctional Families, John Friel y Linda Friel, Health Communications, Deerfield Beach, FL, 1988.

An Adult Child's Guide to What's Normal, John Friel y Linda Friel, Health Communications, Inc., Deerfield Beach, FL, 1990.

La bendición, Gary Smalley y John Trent.

The Betrayal Bond, Patrick Carnes, Health Communications, Deerfield Beach, FL, 1997.

Sanar nuestro niño interior, Charles Whitfield, Ediciones Obelisco, ISBN: 8477205876.

Healing the Shame That Blinds You, John Bradshaw, Health Communications, Deerfield Beach, FL, 1988.

Volver a casa, John Bradshaw, Editorial: Libros del comienzo, ISBN: 978-84-87598-23-4.

Released from Shame: Recovery for Adult Children of Dysfunctional Families, Sara Wilson, InterVarsity, Downers Grove, 1990.

Sexualidad

The Celebration of Sex, Doug Rosenau, Thomas Nelson, Nashville, 1994.

Restoring the Pleasure, Cliff Penner y Joyce Penner, Word, Dallas, 1993.

The Secrets of Eve, Archibald Hart, Catherine Hart Weber y Debra Taylor, Word, Nashville, 1998.

Anorexia sexual, Patrick Carnes, Editorial Vergara.

Sexual Healing Journey, Wendy Maltz, Harper Perennial, Nueva York, 1992.

Talking to Your Kids About Sex, Mark Laaser, WaterBrook, Colorado Springs, 1999.

Recuperación de parejas

Before a Bad Goodbye, Tim Clinton, Word, Nashville, 1999.

Fit to Be Tied, Bill y Lynne Hybels, Zondervan, Grand Rapids, 1991.

Conseguir el amor de su vida, Harville Hendrix, Editorial Obelisco.

Open Hearts: Renewing Relationships with Recovery, Romance & Reality, Patrick Carnes, Debra Laaser y Mark Laaser, Gentle Path Press, Wickenburg, Ariz., 1999.

In Quest of the Mythical Mate, Ellyn Bader y Peter Pearson, Brunner/Mazel, Inc., Nueva York, 1998.

Sacred Marriage, Gary Thomas, Zondervan, Grand Rapids, 2000.

Torn Asunder: Recovering from Extramarital Affairs, Dave Carder, Moody Press, Chicago, 1991.

Recuperación general/ Bienestar

Adicción y gracia, Gerald May.

Adrenaline and Stress, Archibald Hart, W Publishing Group, Nashville, 1995.

The Anxiety Cure, Archibald Hart, W Publishing Group, Nashville, 1999.

Límites, Henry Cloud y John Townsend, Editorial Vida, Miami, Florida.

The Dance of Anger, Harriet Lerner, HarperCollins, Nueva York, 1985.

The Dance of Connection, Harriet Lerner, HarperCollins, Nueva York, 2001.

The Dance of Intimacy, Harriet Lerner, HarperCollins, Nueva York, 1990.

Gentle Path through The Twelve Steps, Patrick Carnes, Hazelden Center City, Minn., 1993.

How People Grow, Henry Cloud y John Townsend, Zondervan, Grand Rapids, 2001.

Love Is a Choice, Robert Hemfelt, Frank Minirth y Paul Meier, Thomas Nelson, Nashville, 1989.

Margin: Restoring Emotional, Phisical, Financial and Time Reserves to Overloaded Lives, Richard Swenson, NavPress, Colorado Springs, 2004.

Safe People, Henry Cloud y John Townsend, Zondervan, Grand Rapids, 1995.

Unveiling Depression in Women, Archibald Hart y Catherine Hart, Revell, Grand Rapids, 2002.

Inspiradores

Into Abba's Arms: Finding the Acceptance Tou've Always Wanted, Sandra D. Wilson, Tyndale Wheaton, 1998.

The Dream Giver, Bruce Wilkinson, Multnomah, Sister, Ore., 2003.

Todos somos normales hasta que nos conocen, John Ortberg, Editorial Vida, Miami, FL, ISBN: 0829738584.

Si quieres caminar sobre las aguas tienes que salir de la barca, John Ortberg, Editorial Vida, Miami, FL, ISBN: 0829735364.

La voz interior del amor, Henri Nouwen, Editorial Lumen, ISBN: 950-724-767-X.

Una vida con propósito, Rick Warren, Editorial Vida, Miami, FL, ISBN: 0829737863.

El regreso del hijo pródigo, Henri Nouwen, ISBN: 84-288-1532-1.

Shattered Dreams: God´s Unexpected Pathway to Joy, Larry Crabb, WaterBrook, Colorado Springs, 2001.

Perdón Total, R. T. Kendall, ISBN: 1591854792.

When the Heart Waits, Sue Monk Kidd, HarperCollins, Nueva York, 1990.

Meditación

Answers in the Heart: Daily Meditations for Men and Women Recovering from Sex Addiction, Harper/Hazelden, San Francisco, 1989.

Each Day a New Beginning: Daily Meditations for Women, Harper/Hazelden, San Francisco, 1982.

Meditations for Women Who Do Too Much, Anne Wilson Schaef, HarperCollins, Nueva York, 1990.

Serenity: A Companion for Twelve Step Recovery, Drs. Hemfelt y Fowler, Thomas Nelson, Nashville 1990.

Notas

Capítulo 1
¿Qué se supone que debo hacer ahora?

1. Jon Kabat-Zinn, *Wherever You Go, There You Are*, Hyperion, Nueva York, 1994, p. xiii.
2. Dr. Henry Cloud y John Townsend, *Boundaries for Your Marriage*, Zondervan, Grand Rapids, 1999, p. 20.

Capítulo 2
¿Por qué debería yo pedir ayuda si él es el del problema?

1. John Ortberg, *Everybody's Normal Till You Get to Know Them*, Zondervan, Grand Rapids, 2003, p. 15. Publicado en español con el título *Todos somos normales hasta que nos conocen*.
2. Ibid., p. 18.
3. Melissa Haas, *A L.I.F.E. Guide: Spouses Living in Freedom Everyday*, L.I.F.E. Ministries International, Lake Mary, FL, 2005. Puedes ordenar la guía en www.freedomveveryday.org.
4. Oí esta frase en una cinta grabada de un discurso que dio John Ortberg, titulado «Vive la vida que quieres», Conferencia de la Asociación Estadounidense de Consejeros Cristianos, Nashville.

Capítulo 3
¿Cómo pudo haber sucedido esto?

1. Mark describe su historia y esta dinámica de cientos de hombres en sus libros y discursos. Véase, por ejemplo, su primer libro: *Healing the Wounds of Sexual Addiction*, Zondervan, Grand Rapids, 2004. Publicado en español con el título *Cómo sanar las heridas de la adicción sexual*.
2. John Banmen, ed., *Applications of the Satir Growth Model*, Avanta, The Virginia Satir Network, Sea Tac, WA, 2006, p. 13.
3. Nuestro libro *The Seven Desires of Every Heart*, Zondervan, 2008, habla en mayor detalle del modelo del iceberg y los deseos del corazón. Publicado en español con el título *Los siete deseos de todo corazón*.
4. Gary Thomas, *Sacred Marriage*, Zondervan, Grand Rapids, 2002, pp. 25-26.

Capítulo 4
¿Dónde puedo esconder mi corazón?

1. Drs. Henry Cloud y John Townsend, *How People Grow*, Zondervan, Grand Rapids, 2001, pp. 227-28.
2. Definición de Mark Laaser en discursos y enseñanzas
3. Archibald Hart y Catherine Hart Weber, *Unveiling Depression in Women: A Practical Guide to Understanding and Overcoming Depression*, Revell, Grand Rapids, 2002, pp. 68, 41.
4. Cloud y Townsend, *How People Grow*, p. 234.

5. Judith Viorst, *Necessary Losses: The Loves, Illusions, Dependencies, and Impossible Expectations That All of Us Have to Give Up in Order to Grow*, Ballantine, Nueva York, 1986, p. 3.
6. Larry Crabb, *Shattered Dreams: God's Unexpected Pathway to Joy*, WaterBrook, Colorado Springs, 2001, p. 35.

Capítulo 5
¿Cuándo dejaré de sentirme tan fuera de control?

1. *Twelve Steps and Twelve Traditions*, Alcoholic Anonymous World Service, Nueva York, 1952, p. 73.
2. Ibid., p. 75.
3. Rick Warren, *Una vida con propósito*, Editorial Vida, Miami, Florida. ISBN: 0829737863.

Capítulo 6
¿Qué quieres decir con: «Deseo sentirme mejor»?

1. Warren, *Una vida con propósito*.
2. Emilie Barnes y Anne Christian Buchanan, *A Journey through Cancer*, Harvest House, Eugene, Oregón, 2003, p. 104.
3. Ibid., p. 100.

Capítulo 8
¿Es posible en realidad perdonarlo?

1. Los principios del perdón incluidos en este capítulo han sido adaptados de R. T. Kendall, *Total Forgiveness*, Charisma House, Lake Mary, FL, 2002, pp. 1-35. Utilizado con permiso.
2. R. T. Kendall, *Total Forgiveness*, Charisma House, Lake Mary, FL, 2002, p. 86. Utilizado con permiso.

Capítulo 9
¿Cómo podemos reconstruir nuestra relación?

1. Ellyn Bader, PhD y Peter Pearson, PhD, *In Quest of the Mythical Mate: A Developmental Approach to Diagnosis and Treatment in Couples Therapy*, Brunner/Mazel, Nueva York, 1998. Usado con permiso.
2. Gary Thomas, *Sacred Marriage*, Zondervan, Grand Rapids, 2002, p. 23 (cursivas del original).
3. Ibid., p. 24.

Epílogo

1. *Una vida con propósito*, Rick Warren, Editorial Vida, Miami, Florida. ISBN: 0829737863.

Evaluación de la depresión

1. Archibal Hart, PhD y Catherine Hart Weber, *Unveling Depresion in Women*, Revell, Grand Rapids, 2002, p. 37.